Dr. med. Arvid Neumann

Die Fitness-Lüge

Dr. med. Arvid Neumann
mit Thomas Lindemann und Carsten Jasner

Die Fitness-Lüge

Wie wir die Kraft der Faszie
nutzen und ein Leben
lang schmerzfrei und
geschmeidig bleiben

DUMONT

Für alle meine Patientinnen und Patienten

Inhalt

Vorwort

Neulich beim Kindergeburtstag. Die Eltern des gefeierten Kindes hatten ein Dutzend Jungen und Mädchen im Grundschulalter an einen Badesee geladen, darunter meinen Sohn. Ich hatte mich als Lifeguard angeboten und behielt die Planschenden im Auge. Von einem Baum hing ein Seil herunter, das die Kinder packten, sie schwangen sich daran übers Wasser und ließen sich jauchzend fallen. Sie schwammen um die Wette, spritzten sich nass, tauchten, prusteten und spielten Meeresungeheuer. Andere tollten am Strand, jagten sich über den Sand, ließen sich plumpsen, purzelten, rollten und rauften.

Irgendwann stand die Mutter des Geburtstagskindes neben mir. »Irre, oder?«, sagte sie. »Diese Energie! Wenn ich nur halb so viel davon hätte.« Ich schaute sie fragend an. Sie wirkte agil, und ich wusste, dass sie regelmäßig Sport trieb. Dann erzählte sie mir von ihren Beschwerden im Knie, die sie zunehmend am Joggen hinderten, vom verspannten Nacken nach stressigen Tagen im Büro, und dass sie im Fitness-Studio an ihrer Rückenmuskulatur arbeitete, weil sie einen Bandscheibenvorfall fürchtete.

Solche Geschichten höre ich oft. Von bekannten und befreundeten Eltern, die sich von mir als Orthopäden einen heißen Tipp erhoffen, und natürlich von meinen Patienten. Viele treiben mit besten Vorsätzen Sport, trainieren gezielt bestimmte Muskelpartien, feilen an ausgefuchsten Fitness-Plänen – und haben Schmerzen. Mal an dieser, mal an jener Stelle, seit Jahren. Diese Menschen glauben, die intensive Belastung ausgesuchter Muskeln in exakt festgelegten Zeiträumen fördere die Gesundheit. Eine Vorstellung, die weitverbreitet, aber falsch ist. Fitness-Training ist weder gesund noch befreit es von Schmerzen. Das Gegenteil wird zwar permanent behauptet, aber es stimmt nicht. Das ist die große Lüge, um die es in diesem Buch geht. Einerseits.

Sportliche Betätigung kann sich ungünstig auswirken, kann sogar krank machen, das verrät schon die Gleichzeitigkeit von zwei Trends. Da ist zum einen die Fitness-Industrie. Sie prosperiert seit Jahren. Ob freiberuflicher Personal Trainer, kleines Fitness-Studio an der Ecke oder internationale Kette mit riesigen Hallen: Gelegenheit zum Ächzen, Hecheln und Schwitzen gibt es überall in jeder Preisklasse mit den verschiedensten Methoden. Immer mehr Menschen machen mit. Doch gleichzeitig klagen acht von zehn Menschen über Rückenschmerzen. Nirgendwo in Europa werden so viele künstliche Hüftgelenke eingesetzt wie in Deutschland. Auch die Zahl der Kniegelenksimplantate steigt stetig. Und jedes Jahr werden Millionen orthopädische Einlagen verschrieben.

Wer für die Fitness-Lüge, die Gleichsetzung von Sport/Fitness und Gesundheit, verantwortlich zeichnet, wird zu klären sein. Kleiner Spoiler vorab: Es sind nicht immer nur die anderen. Der Mensch ist sehr gut darin, Argumente zu finden für das, was er gewohnt ist zu tun, oder meint, tun zu müssen. Auch wenn es ihm langfristig nicht guttut.

Aber wenn Sport und Fitness nicht die Lösung sind – was dann? Was ist die Alternative? Nichtstun etwa? Warum nicht, das wäre ein Anfang. Entspannung ist gut. Sich im Alltag richtig und mit Genuss bewegen ebenfalls. Und dabei: auf die Faszie achten! Um sie geht es andererseits in diesem Buch.

Die Faszie ist von zentraler Bedeutung. Sie ist der Schlüssel zum körperlichen und seelischen Wohlbefinden. Es wäre nicht überraschend, wenn Ihnen das neu wäre: Bis vor zwanzig Jahren war dieses weißliche Gewebe kaum erforscht, man kannte seine Aufgabe nicht. Heute wissen wir, es ist ein flexibles Netzwerk, das den gesamten Körper durchzieht: von der Hirnhaut über alle Knochenhäute, über Organbeutel, Muskelfaser-, Nerven- und Arterienhüllen, Gelenkkapseln, über Sehnen und Bänder bis zur Fußsohle. Die Faszie findet sich in allen Körperpartien, wiegt zusammengenommen rund 20 Kilogramm und verbindet alles mit allem. Sie nimmt wahr und kommuniziert, ermöglicht jede unserer Bewegungen und baut sich ständig um. Erkenntnisse wie diese bringt seit Jahren eine weltweit tätige Forschungs-Community von Medizinerinnen, Biologen, Schmerzforscherinnen, Physiotherapeuten und Osteopathinnen ans Licht. Wussten Sie, dass die Faszie mit rund 250 Millionen sensorischen Nervenendigungen unser empfindsamstes »Sinnesorgan« ist? Dass bei Verspannungen infolge von Stress nicht Muskeln krampfen, sondern Faszienfasern wuchern und verhärten? Dass Massage hilft, die Flüssigkeit im Fasziengewebe wohltuend zu erneuern? Dass schon wenige Handgriffe genügen können, um Schmerzen zu beseitigen, und zwar dauerhaft?

Um meine Faszination für dieses großartige Bewegungsorgan zu entdecken, musste ich verschiedene Lebensphasen durchlaufen. Als junger Leistungssportler erfuhr ich, was Schmerzen sind und zu welchen Schäden hohe Belastungen führen können. Als Orthopäde und Unfallchirurg lernte ich, wie engstirnig die Gesundheitsindustrie arbeitet und warum unsere Operationsmaschinerie wie geschmiert läuft. Als Sportwissenschaftler habe ich mich eingehend mit dem menschlichen Bewegungsapparat beschäftigt. Und als Therapeut stelle ich nun täglich fest, wie die Faszie unseren Körper ausbalanciert und in Schwung hält. Aus diesen Erfahrungen habe ich eine Erweiterung der Medizin entwickelt, die ich Faszien-Orthopädie nenne.

Die Faszien-Orthopädie bietet ein neues therapeutisches System, auch eine neue Denkweise, eine neue Art des Patientenumgangs und damit auch ein neues Selbstverständnis des Arztes und der Ärztin. Die Faszien-Orthopädie kommt ohne Hilfsinstrumente aus, sie arbeitet ganzheitlich und beruht auf zwei Säulen: der manuellen Modellierung am Körper des Patienten und der Vermittlung geschmeidiger, faszienfreundlicher Bewegung im Alltag.

In diesem Buch stelle ich erstmals diese Methode vor. Erprobt habe ich sie auch an meinen eigenen, chronisch gewordenen Schmerzen, die vollständig beseitigt sind. Die meisten Menschen, die ich behandelt habe, sind heute beschwerdefrei; beim Großteil der Übrigen konnte ich die Schmerzen stark lindern. Einige Patientinnen und Patienten kommen in diesem Buch zu Wort. Ich bin tief beeindruckt und freue mich sehr, dass sie bereit waren, sich zu öffnen und ihre Geschichten zu teilen. Sie handeln von Leiden und Hoffen, Behandlungsodysseen und Frustration, ersten Erfolgen und schließlich nachhaltiger Wandlung und Heilung. Ein weiterer wunderbarer Effekt der Faszien-Orthopädie ist, dass sie über den Körper auf die Psyche wirkt. Sie ist ganzheitlich. Wer lernt, aufrecht zu gehen, wird selbstbewusst. Wer sich geschmeidig bewegt, spürt neue Lebensenergie. Was für eine immense Energie das ist, lässt sich an Kindern beobachten – wie neulich beim Kindergeburtstag. Ihre Flinkheit, Energie und Ausdauer, mit der sie klettern, schwingen, tollen, rennen – und Spaß haben! –, rührt ganz sicher nicht von regelmäßiger Selbstkasteiung im Muskelstudio. Ihre Freude an der Bewegung verdanken sie zum großen Teil der natürlichen Spannung der Faszie.

Es gibt selten einfache Lösungen, aber hier ist mal eine: Richtig behandelt, können wir die ungeheure Kraft, die dem faszialen

Netzwerk innewohnt, als Erwachsene wiedererlangen. Schon in wenigen Monaten kann eine geschädigte Faszie gesunden. Dann verleiht sie uns Schmerzfreiheit und Geschmeidigkeit, Leichtigkeit, Elan und Vitalität. Bis ins hohe Alter.

Ich weiß nicht, in welcher Situation Sie sind. Aber vielleicht können auch Ihnen diese Erkenntnisse helfen. So oder so wünsche ich Ihnen eine aufschlussreiche Zeit beim Eintauchen in die zauberhafte Welt der Faszie.

Kapitel 1

Wer braucht Waschbrettbäuche? Muskeln sind überbewertet

Der Fitness-Industrie geht es bestens. Doch die Deutschen leiden trotzdem an Rückenschmerzen und bekommen künstliche Gelenke. Viele trainierte Personen kommen mit Schmerzen in meine Praxis. Wie kann das sein? Falsche Versprechen der Fitness-Anbieter verstellen den Blick auf das Wesentliche. Wir brauchen ein neues Verständnis von Schmerzen und ihren Ursachen – die Faszie ist dafür viel entscheidender als die Muskulatur.

Wenn ich durch deutsche Innenstädte fahre, muss ich an Laufbänder, Hanteln und Bauchmuskeln denken. Denn die Werbung für Sport und Fitness ist nicht zu übersehen im Stadtbild. Ich sehe die großen Tempel der Fitness-Studios, mal heißt der Slogan »einfach gut aussehen«, mal lautet er »Muskeln stärken, Schmerzen lindern«, mitunter auch nur schlicht »hier auf 2400 Quadratmetern trainieren«. Letzteres ist immerhin so viel wie die Fläche eines halben Fußballfelds. In manchen Studios schwitzen die Menschen direkt hinter dem Schaufenster, gut sichtbar für alle, die vorbeigehen. An Häuserwänden prangen meterhohe Werbebilder von Marken-Sportschuhen, und irgendwo ist an einer Fassade der bekannte Spruch »Just do it!« plakatiert. Hotels werben damit, dass sie auch ein Fitness-Studio haben. Und in bester Lage hat ein

Geschäft neu eröffnet, es verspricht auf riesigen Video-Leinwänden ein »Sport-Einkaufserlebnis« auf drei Etagen. Die großen Stores von Nike und Adidas liegen nur ein paar Schritte weiter.

Die Ware Fitness ist omnipräsent. Und mit dem Wunsch nach Fitness wird viel Geld verdient. So viel wie noch nie zuvor. Mehr als zehn Millionen Menschen gehen in Deutschland regelmäßig ins Fitness-Studio. Rund 32 Prozent der Männer und etwa 26 Prozent der Frauen. Ein gigantischer Markt. Selbst die finanziellen Einbußen durch die Schließungen in den Corona-Jahren sind wieder ausgeglichen. Eine Studie der Unternehmensberatung Deloitte ergab, dass der deutsche Fitness-Markt nach dem Corona-Einbruch sofort wieder ungefähr das Niveau von 2019 erreicht hat und nun weiter wächst. Es gibt heute rund 10.000 Studios im Land, die mehr als fünf Milliarden Euro Umsatz machen. Gewichte, Stepper und Laufband passen gut zum Zeitgeist. Denn wir wollen uns gesund, jung und fit fühlen. Der Anteil der Raucher sinkt seit Jahren, gerade bei Menschen unter 25, die zudem auch immer weniger Alkohol trinken. Rund 84 Prozent der Deutschen sagen, dass für sie die Gesundheit das Wichtigste im Leben sei. Das Frankfurter Zukunftsinstitut spricht von einem »Megatrend Gesundheit«. Und zur Gesundheit gehört im heutigen Denken eben auch der Sport. Knapp die Hälfte der Deutschen wollen laut einer Umfrage mehr Sport treiben – das war gemeinsam mit Geldsparen der Top-Neujahrsvorsatz für das Jahr 2024. Fitness ist gesund – davon sind heute alle überzeugt. Und wer trainiert, fühlt sich modern und als besserer Mensch. Um sich selbst etwas Gutes zu tun, den Schönheitsidealen zu entsprechen oder die eigene Diziplin zu demonstrieren, nehmen viele die Quälerei im Sportstudio in Kauf. Und die Fitness-Industrie weiß das zu nutzen. Sie hat unseren allgemeinen Wunsch nach Gesundheit geschickt mit dem verbunden, was sie eben ihren Kunden anbietet. Der Besuch im Fitness-Studio ist dabei vom Nischen- zum Massenphänomen geworden. Die Muckibuden der Neunziger waren oft noch Keller für Kerle, heute dominieren moderne Fitness-Ketten für alle den Markt. Das Publikum ist dabei auch weiblicher geworden. Weltweit machen Frauen schon 57 Prozent der Fitness-Studio-Kunden aus, in Deutschland sind es etwas weniger. Aber auch hier liegt der Frauenanteil bei etwa 45 Prozent. Vor allem aber trainieren sehr viel mehr Menschen. Vor zwanzig Jahren waren es nicht einmal halb so viele. Naheliegend wäre nun die Folgerung: Die Deutschen müssen in diesen Jahren fitter geworden sein. Aber stimmt das wirklich? Leben wir in einem Land der trainierten und orthopädisch gesunden Menschen? Der Eindruck, den ich als Arzt täglich bekomme, ist leider ein ganz anderer. Die medizinischen Statistiken sprechen nicht dafür. Rückenschmerzen gehören nach Angaben der Interessenvertretung der Innungskrankenkassen zu den Hauptgründen für Krankschreibungen. So entstehen jährlich 53 Milliarden Euro Kosten durch Arztbesuche, Physiotherapie, Reha und Arbeitsunfähigkeit. Mehr als 80 Prozent der Menschen haben mindestens einmal im Leben mit Rückenschmerzen zu tun, ein Drittel sogar jeden Monat. Pro Tag werden rund 2.000 operative Eingriffe am Rücken durchgeführt. Pro Jahr erhalten etwa 250.000 Deutsche ein künstliches Hüftgelenk. Auch künstliche Kniegelenke werden immer häufiger eingesetzt, allein von 2013 bis 2016 ist die Zahl dieser Operationen von 143.000 auf fast 170.000 gestiegen. Auch wenn die Werbung der Fitness-Ketten es verspricht: Menschen, die trainieren, sind weder von Schmerzen noch von orthopädischen Leiden ausgenommen. In den USA zeigte eine Studie im Jahr 2023, dass rund ein Fünftel der Leute, die ins Fitness-Studio gehen, über wiederkehrende Schmerzen klagen. In einer deutschen Studie über Hobby-Langstreckenläufer gaben etwas mehr als die Hälfte an, Schmerzmittel wie Diclofenac, Ibuprofen oder Indometacin einzunehmen. Das bedeutet, dass auch Freizeitsportler zu einem erschreckend hohen Anteil an Schmerzen leiden.

Wegen oder trotz des Sportes? Das ist die Frage, die sich kaum einer zu stellen scheint.

Kennt ein starker Rücken wirklich keinen Schmerz?

Die Fitness-Industrie suggeriert uns, wer ihre Angebote nutzt, werde mit hohem Wohlbefinden entlohnt. Doch so einfach ist das nicht. Erinnern Sie sich an den Slogan »Ein starker Rücken kennt keinen Schmerz«? Das Problem ist: Diese Aussage stimmt nicht. Sie ist nicht mehr als ein weitverbreiteter Irrglaube. Viele Forscher widersprechen ihr, der Sportwissenschaftler Martin Brink nannte sie in einem Zeitungsinterview sogar einmal »Volksverdummung«. Zwar ist körperliche Aktivität gut und wichtig für den Menschen, aber es muss die richtige sein. Viele Menschen zwingen sich heute beim Sport, sie belasten sich zu sehr und verschärfen manchmal ihre Schwachpunkte. In der Fitness-Industrie geht es immer um »Kraft und Ausdauer«, also letztlich um Muskelaufbau – Krafttraining stärkt die großen Muskeln, Ausdauertraining den Herzmuskel. Und starke Muskeln schützen uns vor Krankheiten. Das ist das Versprechen der Fitness-Industrie. Und die Menschen glauben so unhinterfragt daran, dass es zum Dogma geworden ist. Darin liegt die Fitness-Lüge. Über diese Lüge möchte ich sprechen.

Dabei schaue ich nicht nur von außen auf die Welt der Fitness-Studios – im Gegenteil, ich war lange mittendrin. Schon im Studium an der Sportwissenschaftlichen Fakultät der Universität Leipzig wählte ich den Schwerpunkt Leistungssport. Fußball, Handball und Kraftsport waren mein Leben. Bankdrücken, Langhantel-Kniebeuge, einarmiger Liegestütz – das alles ist mir wohl bekannt, ich habe eifrig trainiert. Bald hatte ich die sogenannte A-Lizenz der Deutschen Fitness-Lehrer-Vereinigung in der Tasche. Ich weiß genau, warum ich Fitness-Training heute nicht mehr praktiziere. Ich möchte das an einem willkürlich gewählten Beispiel erklären:

am Liegestütz. Er steht auf eigentlich jedem Fitness-Plan, und außerdem ist eine Modifikation, der Unterarmstütz, heute unter dem Namen »Plank« (englisch ausgesprochen) sehr in Mode. Ich habe in meinem Leben wohl schon Zehntausende Wiederholungen dieser Übung gemacht. Als Teenager war ich auch Ringer. Ich gewann nicht durch Technik, sondern durch Muskelkraft. Fünfzig bis hundert Liegestütze habe ich ganz locker zur Aufwärmung gemacht, auch »Klatsch-Liegestütze«. Dabei drückt man sich ab, klatscht in der Luft in die Hände und landet wieder auf beiden Händen und geht sofort in eine tiefe Liegestütz-Position, so nah wie möglich zum Boden, ohne diesen zu berühren. Davon hatte ich bald ordentliche Brustmuskeln, das sah super aus im Ringerkostüm beim Wettkampf. Und erfolgreich war ich auch. Oft endeten meine Kämpfe schnell durch einen sogenannten Schultersieg. Dabei muss man beide Schultern des Gegners auf dem Boden fixieren.

Ich galt als stark und war stolz darauf. Aber eigentlich waren meine Muskeln funktionell extrem angespannt. Kinder und Jugendliche haben weiches Gewebe, also merkt man das am Anfang nicht. Doch als junger Erwachsener war meine Schulterbeweglichkeit bereits eingeschränkt. Mit fünfunddreißig Jahren hatte ich chronische Schulter- und Knieschmerzen. Zuerst dachte ich: Mehr hilft mehr, besonders beim Trainieren. Also trainierte ich immer weiter. Im Liebscher und Bracht Gesundheitszentrum in Bad Homburg, wo ich fast zwei Jahre als ärztlicher Leiter der Schmerztherapie arbeitete, konnten wir einmal pro Woche in der Arbeitszeit sechzig Minuten lang trainieren. Dort gab es mal kurzfristig ein Spiel: Wir gingen in die Plank-Position, und dann ging es darum: Wer hält am längsten durch? Im Plank hält man den Körper steif wie ein Brett. Bald zittern die Muskeln, und irgendwann kann man nicht mehr und muss zu Boden gehen. Beim ersten Mal war ich schlecht, ich glaube sogar der Schlechteste unserer Trainingsrunde. Was tat ich natürlich? Üben! Und bei einem der nächsten

Treffen war ich der Beste, schaffte mehr als sieben Minuten. Das ist eine beachtliche Zeit. Aber was habe ich da gemacht? Was hat mein Körper gelernt, was konnte ich nun? Eigentlich nur dies: Ich war in der Lage, meinen Körper komplett steif zu halten, anzuspannen und diese Position ohne Bewegung festzuhalten. Und wo konnte ich diese erworbene Fertigkeit im Alltag gewinnbringend einsetzen? Nirgends. Zusätzlich habe ich durch Anspannung der Bauchmuskulatur dafür gesorgt, dass diese sehr fest wird. Genau wie die ganze Oberkörpervorderseite, die so an Flexibilität verliert. Dabei sitzen wir doch häufig genug, oft mehrere Stunden lang, ohnehin schon in einer ungünstigen Position (mehr dazu, wie man richtig sitzt, in Kapitel 6) und verrichten die meisten Tätigkeiten mit der Muskulatur unserer Körpervorderseite. Der Oberkörper und letztendlich die gesamte Faszie sind somit allein schon durch unseren Alltag nicht gerade darauf getrimmt, weich, flexibel und gelöst zu sein. Ist dann ein noch mehr die Vorderseite einengendes Training, wie ein Krafttraining von Bauch- oder Brustmuskeln, überhaupt sinnvoll? Wohl kaum!

In Kalifornien hat der Lehrer Charles Servizio im Frühjahr 1993 vor laufender Kamera 46.000 Liegestütze an einem Tag geschafft – Weltrekord. Ist er ein Held und ein Vorbild? Medizinisch betrachtet nicht wirklich. Was ich allerdings interessant finde: Der Mann war kein Kraftprotz, er wog nur gut 80 Kilo bei einer Körpergröße von 1,80 Metern. So orthopädisch unsinnig seine Leistung war, mir scheint er ein erster Beweis für etwas zu sein, das für uns sehr wichtig ist: Muskeln allein garantieren keine Höchstleistungen. Der Push-Up-Weltmeister hatte gar keine besonders dicken Muskeln. Etwas anderes muss sein Geheimnis gewesen sein. Meine Vermutung: die Faszie. Im folgenden zweiten Kapitel werde ich erklären, was sie überhaupt ist, wie ihre Bedeutung entdeckt wurde und was die Forschung alles »Faszienierendes« herausgefunden hat. Seit ich mich mit der Faszie beschäftige, sehe ich den Körper und seine Fähigkeiten ganz neu. Dieser neue Blick führte dazu, dass ich die Fitness-Welt hinterfragte.

Drei Irrtümer über Gesundheit und Fitness …

Aus meiner Sicht hat die Fitness-Industrie drei große Probleme. Die möchte ich kurz erläutern – und danach auch drei Lösungswege vorstellen. Sie alle hängen miteinander zusammen, es sind drei unterschiedliche Blickwinkel auf das eine Problem, um das es in diesem Buch geht. Den Fehler Nummer eins nenne ich: »Auf eine schlechte Körperstruktur noch falsche Belastung geben.« Das ist ein Problem, dessen Folgen ich leider in meiner Praxis sehr oft sehe. Ich habe schon imposante Muskelmänner auf meiner Liege gehabt, die dennoch überall Schmerzen hatten. Oft steckte unter dem harten Muskelpanzer eigentlich ein schwacher, aus der Balance geratener Körper. Solche Körper können entstehen, wenn jemand sehr intensiv mit Gewichten trainiert. Denken Sie etwa an den aktuellen Trend Kettlebell-Training. (Ich greife hier bewusst eine bereits besonders moderne Methode heraus.) Kettlebells sind gusseiserne Gewichte mit einem Griff, sie sehen ein wenig aus wie eine Kuhglocke, daher ihr Name. Eine der wichtigsten Übungen mit dieser Kugelhantel ist das Schwingen. Man schwingt das Gewicht zwischen den Beinen hindurch und dann aufwärts bis auf Schulterhöhe. Das soll unter anderem die Bauch- und die Gesäßmuskulatur sowie den unteren Rücken stärken. Vor allem der ist eine Region, die viele Menschen anscheinend sträflich vernachlässigen – schon wegen des langen Sitzens in Bürostühlen. Der Körper kann allerdings bei diesem Training während des gesamten Bewegungsablaufs nie loslassen, muss immer gegenhalten und anspannen. (Wir werden später noch sehen, dass es auch die Faszie ist, die für das Loslassen und Entspannen entscheidend ist. Sie kann ihre Kräfte nur im Wechselspiel von Länge und Kontraktion entfalten.)

Bei diesem Training wird zum einen ein unnatürlicher Bewegungsablauf eingeübt, zum anderen eher für Anspannung als für Lockerheit gesorgt. Das ist für den Körper, mindestens langfristig gesehen, überhaupt nicht zuträglich. So kann keine geschmeidige Körperstruktur entstehen. Viele Menschen, die mit Gewichten trainieren, haben starke Muskeln und eine hohe Festigkeit im Körper. Sie haben, ob es ihnen bewusst ist oder nicht, eher Schwierigkeiten beim Loslassen, Entspannen, Geschmeidig-Bleiben. Deswegen ist aus faszienorthopädischer Sicht hier bereits eine schlechte Körperstruktur vorhanden, die dann zusätzlich noch falschen Belastungen ausgesetzt wird. Schmerzen und Verspannungen werden bei einem solchen Training oft immer stärker. Die Betroffenen sind ratlos, weil sie doch glauben, sich etwas Gutes zu tun. Das Dogma ist so tief verinnerlicht, dass sie ihr Tun nicht infrage stellen, obgleich sie erleben, dass es ihnen nicht guttut. Häufig wird zusätzlich Dehnen empfohlen, man hofft, dass es dadurch besser wird, leider meist vergeblich. Diese Gruppe von intensiven Fitness-Sportlern steckt oft in einem Teufelskreis der schlechten Belastungen. Zudem ergibt es eigentlich wenig Sinn, dass wir erst etwas machen, das wir dann wieder aufwendig mit etwas anderem »ausgleichen« müssen. Sogar bei Menschen, denen ein solches Training hilft, tut es das nur temporär, da es nicht die wahre Ursache der Beschwerden bekämpft. Kräftigen und dehnen kann Schmerzen lindern. Das funktioniert aber meistens nur, wenn regelmäßig trainiert wird, am besten täglich. Sonst meldet sich der Körper wieder und signalisiert, dass das Problem nur symptomatisch »betäubt« wurde. Die wahre Ursache für die Beschwerden ist das suboptimale Fasziennetzwerk.

Fehlbelastungen gibt es nicht nur beim Gewichte heben. Wer zum Beispiel falsch geht, sollte nicht stolz darauf sein, wenn die zehntausend Schritte am Tag geschafft sind, welche die Smartwatch als Ziel vorgibt. Geht man ungünstig, ohne Länge im Körper, angespannt und unter zu hohem Kraftaufwand, hat man im schlimmsten Fall zehntausendmal etwas getan, was den Körper immer weiter von einer guten Struktur entfernt.

Der zweite große Denkfehler lautet: »Muskelaufbau tut immer gut.« Diesen falschen Glaubenssatz habe ich oben schon erwähnt, er ist aber so präsent und so weit verbreitet, dass man ihn sich genauer ansehen sollte. Im Zentrum dieses herkömmlichen Denkens steht immer nur die Kraft. Sie wird als Muskelkraft gesehen und in Form von messbarer Leistung bewertet. Wer 150 Kilogramm beim Bankdrücken stemmen kann, hat dann angeblich viel erreicht. Auch wenn die Fitness-Branche sich in jüngster Zeit verändert und modernisiert hat: Im Zentrum der Studios stehen immer noch große Maschinen mit Gewichten, an denen die Menschen Übungen ausführen. Beinpresse, Rudergerät, die sogenannte Latzugmaschine, bei der man mit beiden Armen von oben eine Stange hinunterzieht – sie alle sorgen dafür, dass man eine Übung immer gleich ausführt, kontrolliert, allein das Gewicht kann man verändern. Damit soll vorrangig ein Muskelbereich aufgebaut werden. Dieses »immer gleich« schadet aber unserem elastischen Fasziennetzwerk. Doch auch etwas freiere Übungsformen wie das Kurz- und Langhanteltraining oder das Üben an der Kabelzugmaschine zwingen die Trainierenden zu immer gleichen Bewegungen. Das bleibt also ein isoliertes Training, auch wenn eine Muskelkette anstatt des Einzelmuskels trainiert wird. Im richtigen Leben ist jede Bewegung einzigartig, es gibt die gleiche Bewegung niemals zweimal. Die Faszie ist chaotisch, sie strukturiert sich immer wieder anders. Das ist das Grundprinzip unseres Körpers – doch genau das übersehen wir beim Fitness-Training. Egal ob ich mein Kind hochhebe oder eine Kiste Wasser trage oder einen schweren Blumenkübel in den Garten stelle: Die Bewegung wird nie so sein wie die aus dem Fitness-Center. Dort panzert der Körper sich nur immer weiter, hält fest, engt sich ein.

Die dritte Fehlannahme ist, dass der zurzeit idealisierte Körper gesund sei. Die Körperideale unserer Gesellschaft sind ungünstig. Zum Beispiel der flache Bauch. Auf den Werbeplakaten der Fitness-Ketten und der Sporthersteller ist er sehr präsent. Und nicht nur da. In dem Hollywoodfilm »*Crazy Stupid Love*« von 2011, der auch auf Netflix sehr erfolgreich war, fordert Emma Stone ihren Filmpartner Ryan Gosling auf: »Zieh dein Hemd aus«. Als sie seinen Oberkörper sieht, zeigt sie lachend auf seinen Bauch und sagt: »Ist das dein Ernst? Du siehst aus wie gephotoshopt!« Natürlich verlieben die beiden Schönheiten sich dann auch. Gosling gilt als großes Sexsymbol Hollywoods. Es gibt Online-Petitionen von Fans, dass er endlich den Titel »Sexiest Man Alive« erhalten möge. Der Schauspieler sagte später in einer Talkshow, dass sein Bauch für diesen Film ironischerweise tatsächlich digital verbessert wurde – und verbessert heißt, mehr sichtbare Muskeln wurden hinzugeschummelt. Ein »Sixpack«, starke, konturierte Armmuskeln und auch gut sichtbare Brustmuskeln, das alles gilt als sexy. Inzwischen bemühen sich manche Filme und Serien zwar auch, dieses Körperideal zu kritisieren, aber dennoch halten wir als Gesellschaft anscheinend weiter im Wesentlichen daran fest – neuerdings auch noch unterstützt von etlichen YouTube- und Instagram-Stars. Man möge sich nur einmal anschauen, wie stolz etwa der sympathische Fitness-Influencer Sascha Huber auf seine Vorher-Nachher-Fotos verweist. Er entwickelte sich in nur fünf Jahren vom leicht adipösen »Mobbing-Opfer« zum selbstsicheren Muskelprotz – mehr als 1,7 Millionen Follower eifern ihm nach. »Körpertransformation« ist heute ein Schlagwort, zu dem es Hunderte Videos und Anleitungen gibt. Und die »optimale Body-Transformation« steht etwa beim Magazin *Men's Health* natürlich unter der Überschrift: »Du willst endlich mehr Muskeln sehen? Sieben Tipps zum Erfolg.« Aber der Sixpack-Bauch hält, wie oben schon beim Thema Liegestütze gesagt, die Struktur fest. Er erschwert manche Bewegungen, behindert sogar die Atmung. Genau wie mit vielen der anderen Schönheitsideale zwingen wir uns damit etwas auf, das die Menschen am Ende nur frustriert, ihnen schadet und auch davon abhält, auf ihren Körper zu hören und zu erspüren, was ihm wirklich guttut.

... und drei Vorschläge, wie wir es besser machen könnten

Falsche Belastung, sture Fokussierung auf Muskeln, einengende Körperideale – das wären aus meiner Sicht also die drei größten Probleme. Wie also könnte eine Lösung aussehen? Was würde bei einer schlechten Körperstruktur, die dann auch noch falsch belastet wurde, helfen? Hier sollte man nicht mehr die Kraft ins Zentrum der Körperarbeit stellen, sondern die Geschmeidigkeit. Das oberste Ziel sollte doch sein, dass wir uns wohlfühlen in unserem Körper. Und das tun wir, wenn unser Körper geschmeidig ist, nicht hart und unbeweglich. Geschmeidigkeit entsteht, wenn wir darauf achten, *wie* wir uns bewegen. Geschmeidigkeit kann man auch als »anmutig« bezeichnen. Das Gegenteil sind Bewegungsabläufe, die abgehackt, unrund, steif, eckig sind. In der Geschmeidigkeit liegt auch eine Schönheit. Geschmeidigkeit sollte unser Ziel und unser Ideal sein. Sie entsteht, wenn alles im Körper losgelassen wird und kein Körperabschnitt mehr sinnlos anspannt und festhält. Dieses Anspannen kann nämlich zur Folge haben, dass sich Körperbereiche nicht mehr ganz frei bewegen können. Wer die Schultern hochzieht und dort hält, kann keine sehr hohen Luftsprünge vollführen, weil diese Anspannung bis in die Hüften hinab und noch weiter wirkt, ich bezeichne das auch als ein »inneres Festhalten«. Wenn dagegen kein unnötiger Widerstand im Körper besteht, kann die Bewegung frei erfolgen. Dann ist der ganze Körper beteiligt, und zwar im Dienst der Bewegung, um die es gerade geht. So bleibt stets Länge im Körper, ob bei Bewegungen nach oben, nach unten oder zur Seite. Dann halten die Schultern nicht beim Gehen fest, der Kiefer ist nicht angespannt, wenn wir eine Leiter hinabsteigen, der Bauch ist nicht eingezogen, wenn wir sitzen. Alles fließt ineinander und Bewegungen sind harmonisch. Geschmeidigkeit zeugt von hoher Bewegungsqualität. Geschmeidigkeit ist die Magie, die unsere Bewegungen rund wirken lässt und einen Menschen mühelos und elegant. Um sie zu erlangen, bedarf es einer intensiven Beschäftigung mit sich selbst und Achtsamkeit hinsichtlich der Frage: Wie setze ich meinen Körper eigentlich ein? Bewusst und unbewusst? Wenn es irgendwann »wie geschmiert läuft«, bewegen wir uns auch ökonomisch, mit geringstmöglichem Energieaufwand. Und dadurch mit viel weniger Spannungen. Das ist das Ziel. Für alle Strukturfragen des Körpers ist die Faszie verantwortlich. Sie baut sich den Anforderungen des Alltags entsprechend stets um. Diesen Prozess kann man steuern. Ein Training, bei dem das geschieht, ist aber ein ganz anderes als das derzeit übliche Fitness-Training. Wenn wir bessere Beweglichkeit und Geschmeidigkeit erreichen wollen, müssen wir anders denken. Wir kämen dann nicht mehr auf die Idee, schwere Gewichte zu schwingen und uns dabei anzuspannen, bis alles wehtut. Eine gute Geschmeidigkeit bezieht den ganzen Körper mit ein. Um sie zu erlangen, verinnerlicht man Bewegungen, die wir im Alltag wirklich benötigen. Und jeder Mensch erhöht eigenverantwortlich bei diesen Bewegungen stetig die individuelle Bewegungsqualität. Denn: Jeder Mensch ist auf seinem persönlichen Weg, ganz unabhängig von denen der anderen.

Was den zweiten Denkfehler, »Muskelaufbau tut immer gut«, betrifft, ignoriert er, dass andauernde *Anspannung* unnatürlich ist. Denn das ist es, was Muskeln tun: sich anspannen. Doch erst durch das mindestens genauso wichtige Loslassen erfahren wir, wie der Körper funktioniert. Nehmen wir beispielsweise den Arm. Er hat viel mehr Gewichtskraft – die Kraft, mit der ein Körper aufgrund seiner Masse von der Erde angezogen wird –, wenn keine entgegengesetzte Kraft wie etwa durch Anspannung der Nacken- und Schultergürtelmuskulatur entgegenwirkt. Je elastischer und freier die Faszie ist, desto besser kann man dieses Eigengewicht nutzen, um Kraft zu erzeugen. Wenn ich einen Muskel anspanne, etwa den Bizeps im Arm, geht das nur so gut wie der Gegenspieler, hier der Trizeps, nachlassen und *entspannen* kann. Hält dieser fest, ist auch die Wirkung des Bizepses limitiert. Aber wenn ich mich aus dem ganzen Körper heraus bewege, die Schwerkraft nutze, alles Unnötige loslasse, kann viel Kraft frei werden. Uralte Kampftechniken wie Karate machen sich das zunutze. Da wird ein Schlag nicht nur mit dem Arm ausgeübt, sondern aus dem ganzen Körper heraus, aus der Drehung der Hüfte, den Knien, den Füßen. Und der Rest des Körpers lässt ganz locker. Es entsteht also Kraft, die nicht allein aus der Muskulatur kommt, sondern vor allem aus der Faszie. Um sie muss es gehen, wenn wir über Beweglichkeit und Schmerzfreiheit reden wollen. Das Ideal »je mehr Muskeln, umso besser« dürfen wir über Bord werfen. Das bessere Ziel für den Körper nenne ich »fasziale Freiheit«. Diese können alle erlangen, wenn sie an ihren Bewegungsabläufen arbeiten. Denn zum Glück ist die Faszie veränderbar, und zwar in jedem Alter. Wenn wir uns ungünstig bewegen, können deswegen ganz plötzlich Verspannungen auftreten. Manchmal sitzen sie im Nacken, obwohl wir doch nur den Fuß oder die Hüfte falsch belastet haben. Diese Zusammenhänge wären rein über die Muskeln nicht erklärbar.

Der dritte große Faktor, der zu gesundheitlichen Problemen führt, die falschen Körperideale, ist natürlich nicht so leicht aus den Köpfen zu tilgen. Dabei sollten wir nicht so sehr Festigkeit, sondern vielmehr Bewegungsfreiheit und Geschmeidigkeit feiern. Als ersten Schritt auf diesem Weg können wir uns fragen, was ist überhaupt an einem harten Bauch mit Sixpack so attraktiv? Was am starken Bizeps? (Übrigens gilt das alles für Männer wie Frauen: Auch Madonna war jahrelang nicht nur für ihre Musik, sondern auch für diese erstaunlich konturierten Oberarme berühmt. Ähnlich die Fitness-Influencerin Pamela Reif, dic ihr Sixpack gerne in Szene setzt.) Warum lieben wir bei Männern pralle, kompakte Brustmuskeln? Warum sollten bei Frauen die Oberschenkel dünn und fest sein? Wie sind diese Merkmale zu Idealen unserer Zeit geworden? Ich glaube, das hat auch mit Schutz und Selbstschutz zu tun. Und damit, dass wir den Tod, das Altern und die Schwäche in unserer Gesellschaft stark tabuisieren und verdrängen. Von diesen Themen wollen wir uns möglichst weit fernhalten. Wer sichtbare Stärke in seinem Körper konserviert, fühlt sich vor all dem sicher.

Und natürlich auch vor Schmerzen. Hier muss ich wieder an den Werbespruch »Ein starker Rücken kennt keinen Schmerz« denken. Stärke, glauben wir, schützt uns. Auch vor den Volkskrankheiten Rückenschmerzen, verspannter Nacken, steife Hüfte. So machen manche sich immer härter und fester, stellen dann aber enttäuscht fest, dass die Verspannungen bleiben. Und andere erreichen ihr Ideal nicht und fühlen sich schlecht. Ihr natürlicher Widerwille gegen intensives Muskeltraining gewinnt die Oberhand, doch dafür martern sie sich mit Selbstvorwürfen. So oder so: Muskeln sind kein Schutz vor den Belastungen des Alltags. Um die verfahrene Situation zu entspannen, möchte ich als Erstes vorschlagen: Ein großer Schritt in die richtige Richtung wäre es, wenn wir Training nicht mehr als *Ausgleich* für die schlechte Alltagshaltung begreifen. Wer ins Studio geht, hat oft den Ausgleich der ungünstigen Alltagsbewegungen im Sinn. Stellen wir uns also jemanden vor, der besonders engagiert ist und jeden Tag eine Stunde im Fitness-Studio trainiert. Was nützt das, wenn diese Person ansonsten jeden Tag 23 Stunden lang ihren Körper so benutzt, dass sie sich dysfunktional halten muss, unter der Schwerkraft leidet und Gelenke falsch belastet? Selbst wenn Fitness förderlich für die Gesundheit wäre, könnten wir mit der einen Stunde Fitness nicht die vielen Stunden Fehlbelastung ausgleichen. Ich weiß, dass das oft behauptet wird – aber auch das ist eine Fitness-Lüge. Es bleibt der falsche Weg. Das Sixpack ist sein Symbol. Orthopädisch gesehen ist ein ganz flacher, womöglich noch fester Bauch überhaupt nicht sinnvoll. Der Bauch braucht Flexibilität und eine gewisse Länge, damit sich der ganze Körper mühelos bewegen kann. Und auch die bei Männern so angesehenen Brustmuskeln halten im ungünstigen Fall den Oberkörper nur fest, panzern ihn regelrecht, was zu Schmerzen in anderen Bereichen führen kann. Und sogar die Atmung einschränken kann. Dieser Aspekt wird auch sehr oft missachtet. Die häufigste Bewegung, die auch in völliger Ruhe mehrmals pro Minute stattfindet, ist die Atmung. Es macht einen gravierenden Unterschied, ob die Lunge sich frei ausbreiten kann und wir tief einatmen können oder nur kurz und flach. Das gilt für alle Menschen, aber für Sportlerinnen und Sportler ist es sogar ein Gamechanger. Wir brauchen Länge, Weichheit und Flexibilität im Körper. An viel mehr Stellen, als die meisten denken.

Diese drei Fragen und drei Antworten waren dazu gedacht, die große Fitness-Lüge genauer einzukreisen. Zu den Details kommen wir in den folgenden Kapiteln. Eines sollte jetzt klar geworden sein: Wir quälen uns beim Fitness-Sport zu sehr, wir verhärten unseren Körper zu sehr, wir vertrauen falschen Idealen – etwa, uns mit Muskeln zu panzern. Wir sollten umdenken und die Faszie in den Blick nehmen. Weil sie so wichtig ist, möchte ich jetzt ausführlich über sie sprechen: Das nächste Kapitel erklärt, was die Faszie eigentlich genau ist, dieses lange verkannte Wunderwerk des Körpers, das im Zentrum meiner Theorie und Systematik steht.

Geschichten aus der Praxis

Karin, Krankenschwester, 58 Jahre

»Neulich stand eine Frau am Beckenrand. Sie lächelte mich an. Ich hatte gerade meine letzte Bahn geschwommen. Sie trug eine rotweiß gestreifte Badekappe, war vielleicht 65 Jahre alt, ich kannte sie nicht. ›Es ist wunderbar, Ihnen zuzuschauen‹, sagte die Frau. ›Sie schwimmen mit solch einer Leichtigkeit.‹

Das war so schön zu hören! Genauso fühle ich mich nämlich: leicht, als würde ich schweben. Dabei kam ich mir vor Kurzem noch vor wie gelähmt – ich hatte die schlimmsten Schmerzen meines Lebens.

Es begann harmlos. Wenn ich joggte, scheuerte die linke Achillessehne an einem Knochenvorsprung an der Ferse. Das tat weh. Zwar erst nach etlichen Kilometern, Freunde sagten deshalb: Karin, lauf doch einfach weniger! – aber Sport, vor allem Triathlon, ist meine Leidenschaft. Ich wollte schmerzfrei trainieren. 2017 ließ ich den Knochenvorsprung wegoperieren. ›Es gibt eine neue Methode‹, sagten sie im Krankenhaus. ›Wir legen ein Schmerzkatheter, dann wird nach dem Aufwachen nichts wehtun.‹ Das Gegenteil passierte.

Stehen, sitzen, liegen, laufen – was ich auch tat, ich hatte zwei Jahre lang durchgehend wahnsinnige Schmerzen. Der Anästhesist hatte mit dem Katheter aus Versehen den Tibialisnerv durchstochen, das ist ein Teil des Hauptnervs, der vom Rückenmark über Gesäß, hinteren Oberschenkel und Wade zur Ferse läuft. Kein Schmerzmittel wirkte, nicht mal die stärksten. Wenn ich zur Arbeit fuhr, wusste ich nicht, wie ich mich vom Parkplatz ins Haus schleppen sollte. Ich hatte viele Stunden Elektro- und Physiotherapie und medizinische Trainingstherapie, mit Fachpersonal in einem ambulanten Rehazentrum. An meinen Schmerzen änderte sich nichts.

Bis vor einem Jahr litt ich an Koordinationsstörungen, eierte mit dem linken Bein, als wäre ich ein Fahrrad mit einer Acht in der Felge. Die Wade hing wie ein Lappen herab, die Hüfte klemmte, der linke Fuß kippte nach außen, ich bekam eine O-Bein-Stellung. Wegen der chronischen Schmerzen gewöhnte ich mir Fehlhaltungen an, die Muskeln verspannten sich, der Schmerz wanderte über den Rücken hinauf bis zur linken Schulter. Ein Orthopäde diagnostizierte Arthrose am Iliosakralgelenk zwischen Becken und Kreuzbein und an der Lendenwirbelsäule. Er sagte: ›Finden Sie sich damit ab.‹

Wollte ich aber nicht. Ich recherchierte im Internet und stieß auf ein Gesundheitszentrum, das schmerzgeplagten Menschen Linderung durch eine eigens entwickelte Schmerz- und Bewegungstherapie versprach. Dazu drücken sie am Körper auf sogenannte Osteopressurpunkte und verkaufen Hilfsmittel wie Faszienrollen. Ich hatte dort sieben Termine, und nach jeder Behandlung waren die Schmerzen weg. Aber nur einen Tag lang, dann kehrten sie wieder. Ich machte deshalb sechsmal die Woche die vorgeschriebenen Übungen: drücken, rollen, dehnen. Zuletzt zwei Stunden pro Tag. Doch wenn ich mal zwei Tage pausierte, bauten sich die Schmerzen wieder auf. Außerdem hatte ich das Gefühl, meine Beinmuskeln wären durch das ständige Drücken platt. Ich versuchte zu joggen, doch es baute sich keine Spannung auf. Ich konnte nicht federn. Die Muskulatur war wie tot.

Ich lernte einen Therapeuten mit fachärztlich-orthopädischer Ausbildung kennen, er leitete dort die Schmerztherapie. Bei ihm hatte ich zwei Termine. Da war es anders. Er drückte nicht nur auf die immergleichen Stellen, sondern untersuchte meinen gesamten Körper. Schaute, wie ich stand und lief. Behandelte Regionen, die akut gar nicht schmerzten.

Er hat eine neue Therapieweise entwickelt, und auf die habe ich mich eingelassen. Die Folge: Im Alltag, zu Hause und auf der Arbeit bin ich jetzt schmerzfrei. Beim Sport ist es unterschiedlich. Schwimmen geht wunderbar, ich habe meine Leistung im 24-Stunden-Schwimmen innerhalb weniger Monate auf 15 Kilometer verdreifacht. Beim Radfahren tut meistens nichts weh, manchmal verspüre ich noch einen Zug im Gesäß, aber ich fahre wieder 40 Kilometer bergiges Terrain durch meine bayerische Heimat. Beim Laufen entwickelt sich im Bereich von Kreuzbein, Gesäß und Hüftgelenk nach ein paar Metern ein ziehender Schmerz, aber mit jedem Behandlungstermin wird er kleiner, und zwar bleibend kleiner.

Die Therapie ist ganzheitlich, ich lerne, ›loszulassen‹ und ›Länge‹ in den Körper zu bekommen. Zum Beispiel zieht und schiebt Dr. Neumann an meinem linken Bein und fragt dann, wie sich das Bein anfühlt. ›Länger‹, sage ich, stelle mich hin und habe plötzlich das Gefühl, schief zu stehen. Er behandelt das zweite Bein, auch das scheint sich zu strecken, anschließend stehe ich gerade. Durch seine Arbeit mit den Händen und seine Fragen zwischendurch, wie sich meine Schulter, mein Nacken oder mein Rücken anfühlen, habe ich gelernt, meinen Körper wahrzunehmen. Mein Kopf kann jetzt Kontakt zu jeder beliebigen Körperregion herstellen: zu meiner linken Gesäßhälfte, meinem Nacken oder einem kleinen Finger. Das mache ich auch beim Laufen: Ich spüre in den Körper hinein und lasse los. Je besser mir dies gelingt und je mehr Länge ich beim Joggen in den Körper bekomme, desto geringer sind Schmerzintensität und Schmerzdauer. Die Sicherheit, dass ich mir selbst helfen kann, entspannt mich auch mental. Ich fühle mich freier.

Mein Fasziengewebe ist durch die Behandlung weich und elastisch geworden. Als Kind war ich Leistungsturnerin, seitdem habe ich ein Sixpack am Bauch. Anfangs konnte Dr. Neumann es kaum eindrücken, der Bauch war hart und verspannt. Jetzt drückt er ihn bis zur Wirbelsäule ein, und es fühlt sich angenehm und harmonisch an. Auch mein Gang und meine Körperform haben sich geändert: Ich laufe vor allem über den Ballen, mein Rücken ist aufgerichtet, die Lendenwirbelsäule entlastet, Arme und Hüfte schwingen mit, der Blick ist gerade. Ich habe durch die Behandlung im wahrsten Sinn des Wortes Selbst-Bewusstsein entwickelt – und Zufriedenheit.

Ich arbeite als Fachgesundheitspflegerin – früher hieß das Krankenschwester – in einer psychosomatischen Klinik. Ich habe schon immer Abläufe im Klinikalltag gesehen, die ich suboptimal fand. Jetzt endlich traue ich mich, sie anzusprechen und Änderungen vorzuschlagen. Und stelle fest: Es kommt bei Kollegen und Ärzten gut an. Mein Ansehen steigt.

Ich habe mir Ziele gesteckt. Ich arbeite auf eigenen Wunsch öfter nachts, weil ich da mehr Zeit für Patienten habe, die nicht schlafen können. Ich möchte für meine Töchter da sein. Und ich möchte wieder an Laufmeisterschaften teilnehmen, auch im hohen Alter. Warum nicht mit 80? Mein linkes Bein wird sich nicht zu hundert Prozent regenerieren, aber um den geschädigten Nerv haben sich Umgehungsbahnen gebildet – 90 Prozent kann ich erreichen. Die Arthrose an Iliosakralgelenk und Wirbelsäule spüre ich nicht mehr. Ich will vollständig und dauerhaft schmerzfrei sein, strebe ein Lebensgefühl wie beim Schwimmen an, dieses Mir-kann-keiner-was-Gefühl. Traumhaft schön.«

Kapitel 2

Es lebe das Chaos: Die lebendige Anatomie der Faszie

Über Jahrhunderte straften Mediziner das weißliche Gewebe mit Geringschätzung. Jetzt wird langsam klar, was da übersehen wurde: ein faszinierendes, hochempfindliches, kommunizierendes Netzwerk, das den Körper in Form und Bewegung hält. Eine fachübergreifende weltweite Community von Wissenschaftlerinnen, Osteopathen, Medizinerinnen und Heilkundlern erforscht die Geheimnisse der Faszie und stellt fest: Sie ist sehr oft die Ursache für chronische Schmerzen. Und der Schlüssel für Geschmeidigkeit und Wohlbefinden.

Der Mann, der alles ins Rollen, oder besser ins Gleiten, brachte, heißt Jean-Claude Guimberteau. Er ist Chirurg, lebt in einem pittoresken alten Gutshof bei Bordeaux und erinnert mit seinem Schnurrbart, den er an den Spitzen sorgfältig hochzwirbelt, an den legendären »Hobbythek«-Fernsehmoderator Jean Pütz. Die beiden teilen nicht nur ihre Leidenschaft für spezielles Bartdesign, sondern auch fürs Tüfteln nach dem Do-it-yourself-Prinzip.

Für einen Chirurgen ist das erst mal nicht ungewöhnlich – mit Skalpellen, Hämmern und Sägen gelten Operateure als die Handwerker unter den Ärzten. Jean-Claude Guimberteau ist allerdings Handchirurg; einer, der sich auf winzigstem Raum in einem Wust an Gelenken, Knöchelchen, Sehnen, Muskelfasern und Blutbahnen zurechtfinden muss. Zudem ist er wissenschaftlicher Leiter seiner Klinik, das heißt, er ist scharf auf Innovationen und höllisch neugierig.

Vor 30 Jahren treibt ihn die Frage um, wie er geschädigte Beugesehnen der Hohlhand durch neue ersetzen könnte. Er beschließt, sich die Originale beim Menschen genauer anzusehen. Bei Operationen, wie er sie täglich durchführt, setzt er nun ein Mikroskop ein, das mit einer Kamera ausgestattet ist. Die erzeugten Bilder sind zunächst unscharf und verpixelt. Ab 2001 benutzt er ein Endoskop, das ihm erlaubt, um die Ecke zu gucken, in Abschnitte unter der Haut, die dem Mikroskop verborgen geblieben sind. Doch auch diese Bilder sind unbefriedigend. Den Durchbruch liefert vier Jahre später eine Software, die verschwommene Aufnahmen in hochauflösende, kontrastreiche Bilder übersetzt. In 25-facher Vergrößerung sieht Guimberteau, wie die Sehnen an der Unterseite der Haut entlanggleiten. »Wunderschön«, schwärmt er noch heute. Er beginnt, das Innere des Menschen zu filmen. Seine Bilder gehen um die Welt.

Wer einen grundsätzlichen Widerwillen spürt bei der Idee, in einen lebenden Menschen hineinzugucken, hat es vielleicht nicht leicht, die Begeisterung des Chirurgen nachzuvollziehen. Was Guimberteau mit Full-HD-Kamera und speziellem Kaltlicht während Hunderter Operationen (mit Einwilligung der Patienten) filmte, zuerst in Händen, später auch in Armen, Beinen und Bäuchen, mag auf den ersten Blick wässrig, schleimig und hier und da blutig scheinen. Doch ein zweiter, dritter und vierter Blick lohnen sich. Die Videos zeigen eine faszinierend verwebte Struktur von dickerem und hauchfeinem, straffem und fluffigem, weißlich bis klar durchsichtigem Gewebe. Und es ist überall. Die Sehnen etwa, denen das ursprüngliche Interesse des Chirurgen galt, sind über Zigtausende Verästelungen mit dem Bindegewebe der Haut auf der einen

Seite und mit der feinen Haut um die Muskeln auf der anderen Seite verbunden. Bindegewebe und Muskelhülle bestehen ebenfalls aus diesem elastischen Gewebe. Krümmt sich ein Finger, gleitet die Sehne, gehalten und geführt von diesen Verästelungen, an der Haut entlang und findet, wenn sich der Finger entspannt, zur ursprünglichen Position zurück.

Guimberteau kommt der große Verdienst zu, als Erster die Faszie in lebenden Körpern dokumentiert zu haben – mit arbeitenden Organen, funktionierendem Nervensystem und einer mehr oder weniger, besser oder schlechter durchfeuchteten Faszie. Eine Anatomie, die Erkenntnisse des lebenden Menschen betrachtet, ist für das Verstehen der Funktionsweise des Körpers erheblich bedeutsamer als das traditionelle Studium von Leichen. Erst die lebendige Anatomie, visualisiert unter anderem in Guimberteaus Filmen, zeigt uns, wie bedeutend und wunderschön und verflochten die Gewebearchitektur in Wirklichkeit ist. Sie durchzieht den gesamten Körper und wird heute, nach Übereinkunft der führenden Wissenschaftler, Faszie genannt.

Ich finde die Verflechtungen atemberaubend. Sie erinnern mich manchmal an einen Baum, verhangen von einem Mottengespinst im Morgentau. Eine verwirrende Ästhetik, fast verstörend schön. So ging es auch Guimberteau. »Ich liebe es, Prozesse zu verstehen«, hat er über sein Motiv zu forschen gesagt. Aber was er durchs Endoskop sah, habe sich seinem naturwissenschaftlich geschulten Verstand entzogen. »Das war Chaos.« Die Verteilung der Fasern schien völlig ungeordnet und unlogisch. Zugleich aber funktionierte das Zusammenspiel perfekt. Wie konnte das sein? Diese Frage markierte bei ihm, wie er einmal sagte, »den Beginn einer intellektuellen Reise, die mich weit weg von ausgetretenen Pfaden in die weitgehend unbekannte Welt der Fraktale und des Chaos führte«.

Und da sind wir noch heute.

Fraktale sind geometrische Muster, die sich in jedem Maßstab wiederholen, oft leicht variiert. Wird ein fraktales Muster vergrößert, sieht es ähnlich oder genauso aus wie die Figur, aus der es stammt. Man spricht von Selbstähnlichkeit. Und genau die findet man, wenn man ein Stück Faszie heranzoomt und es mit dem Gesamtbild vergleicht.

Chaos beschreibt ein unregelmäßiges, scheinbar ungeordnetes Verhalten. In Wahrheit herrscht im Chaos durchaus eine Ordnung, und die funktioniert bestens – nur dass der menschliche Verstand sie nicht versteht. Die gesamte Natur auf diesem Planeten stellt ein einziges gigantisches Chaos dar, das sich seit Millionen Jahren hocheffizient selbst reguliert. Blicken wir auf einzelne Phänomene, sehen wir Chaos im Kleinen: einen Bach, eine Wolke, ein Biotop um einen Weiher. Nicht der leistungsstärkste Computer, gefüttert mit den besten Algorithmen, ist in der Lage vorauszuberechnen, wo ein Wassermolekül als Nächstes hinfließen, wie sich eine Wolke entwickeln, wo eine Wildblume wachsen, eine Biene hinfliegen, ein Frosch laichen wird. Und doch unterliegt alles einer geheimnisvollen Ordnung. Es funktioniert – solange der Mensch nicht brutal hineingrätscht.

Vom Biomüll zur Schwarmintelligenz

Überhaupt, der Mensch: ein riesiges Chaos mit System, bestehend aus chaotischen Untersystemen. Eine Zelle zum Beispiel: Die Forschung versucht seit vielen Jahren, die komplexen Vorgänge im Innern mathematisch zu beschreiben – fraglich, ob das je gelingt. Der Darm in seiner Symbiose mit unzähligen Bakterienkulturen: beeinflusst den gesamten Organismus, und wir verstehen nur einen Hauch davon. Das Gehirn: Allmählich entsteht eine Vorstellung, welche Regionen für welche Sinne oder Emotionen zuständig sind oder sein könnten. Doch insgesamt bleibt die graue Masse ein Rätsel. Wie entsteht das Ich? Wie trifft das Unbewusste Entscheidungen?

Und jetzt die Faszie. Als sei nicht alles schon verwirrend genug. Bei ihr aber ist einiges anders. Schon wie sie entdeckt wurde. Über Jahrhunderte galt sie als langweiliger Lappen. Beziehungsweise als viele kleine langweilige Lappen. Es war ein bisschen wie beim Wald, den man vor lauter Bäumen nicht sieht. Nicht in ihrer Gesamtheit erkannte man sie, man sah nur viele kleine Teile der Faszie: Armsehne, Herzbeutel, Bindegewebe der Haut und so weiter. Und das Zeug war vor allem im Weg. Wenn Pathologen Leichen sezierten und ihren Studenten die menschliche Anatomie präsentieren wollten, schnippelten sie die weißliche Verpackung weg und warfen sie achtlos in den Müll, damit der Blick frei werde auf die vermeintlich eigentlichen Wunder: Muskeln, Organe, Gelenke.

Diese Geringschätzung begann sich vor etwa 30 Jahren zu wandeln, als Leute wie Jean-Claude Guimberteau beschlossen, sich die Faszie näher anzuschauen. Heute wissen wir, dass sie ein hochsensibles, den gesamten Körper durchziehendes, kommunizierendes Organ ist, ausgestattet mit Millionen Nervenzellen. Ein unter Spannung stehendes, von der Hautoberfläche bis zum Kern einer Zelle reichendes Netzwerk. Eine organische Architektur, die alles an seinem Platz und zugleich beweglich hält, die Stehen, Sitzen, Liegen ermöglicht, Freudensprünge, Purzelbäume und Umarmungen. Eine Art Schwarmintelligenz, die sich permanent um- und neu bildet, die unsere Launen und Leistungen beeinflusst, uns im gesunden Fall ein Gefühl von Vitalität und Ich-könnte-Berge-versetzen gibt, im schlechten Fall Schmerzen und Verspannungen beschert. Die Faszie ist wie ein unendlich verzweigter Faden, an dem unser Leben hängt.

Anders als die meisten Menschen, die sich derzeit mit diesem (Trend-)Thema beschäftigen, spreche ich daher nicht von vielen verschiedenen einzelnen Faszien – an Arm, Bein, Rücken oder wo auch immer –, sondern von *der* Faszie. Das möchte ich nochmals betonen. Das weißliche Gewebe spannt sich durch unseren Körper, alle Regionen sind miteinander verbunden, es gibt nur die eine Faszie. Mir geht es ähnlich wie dem filmenden, französischen Chirurgen und vielen anderen Menschen auf der Welt: Ich verstehe gern Dinge. Ich liebe Logik. Die Schönheit einer Gleichung; eine Formel, die ein immer wiederkehrendes Geschehen in der Natur mit wenigen Zeichen und Ziffern kurz und präzise als Regel beschreibt. Liebend gern würde ich auch für das Verhalten der Faszie eine Formel entwickeln, mit deren Hilfe ich krank machende Veränderungen mal eben schnell wieder in Ordnung bringen könnte. Doch so einfach ist es eben nicht. Die Faszie ist unbegreiflich – in ihrer Gesamtheit. Das ist die entscheidende Einschränkung. Annähern können wir uns ihrer Logik und Funktionsweise aber durchaus. Und hier kommt ein weiterer Aspekt ins Spiel, warum bei der Faszie manches anders ist. Es hat sich eine weltweite Community von Faszienforschern und -forscherinnen gebildet, die ihr Wissen auf zwei kulturell sehr unterschiedlichen Wegen mehrt: Europäische evidenzbasierte wissenschaftliche Methoden treffen auf traditionelle heilkundliche Schulen.

Der erste Ansatz, der in der modernen Medizin heute als das Ideal gilt, verlangt, dass die Versorgung der Menschen auf den besten und neuesten Wissensquellen beruht. Das sind vor allem empirische Studien, die von der Forschungsgemeinschaft überprüft werden. Dank dieses Ansatzes verfügen wir über gesicherte, klar umrissene Erkenntnisse, gewonnen durch Untersuchungen im Labor. Dies sind die Fakten: Eine Faszie wiegt, je nach Körpergröße, 18 bis 22 Kilogramm. Sie besteht zu 70 Prozent aus Wasser, der Rest sind vorwiegend Zucker-Eiweiß-Verbindungen. Sie ist durchsetzt mit hochaktiven Zellen, sogenannten Fibroblasten. Diese gelten als die Fabriken der Faszie, produzieren unermüdlich Eiweißketten –

einerseits straffe Kollagenfasern, andererseits dehnbare Elastinfasern. Praktischerweise beseitigen sie außerdem alte, verbrauchte Faserstrukturen. Je nachdem, welche Faserarten sich wie formieren – gestreckt oder in Schlangenlinien, parallel ausgerichtet oder verflochten wie ein Strickpulli –, erfüllen sie unterschiedliche Funktionen: zugfeste Bänder am Gelenk, lockere Füllung im Bauchraum oder dehnbares Häutchen um ein Organ. Sie bilden außerdem Gelenkkapseln, Sehnen und Bindegewebe unter der Haut, packen Nervenbahnen, Arterien und Venen ein, überziehen jeden Knochen, umschließen jede Muskelfaser und jeden Muskel als Ganzes.

Als dünne Häutchen sind sie bis zu 0,3 Millimeter dünn, besonders belastbares Gewebe, etwa am Rücken, ist rund drei Millimeter stark. Eingelagert in den verflochtenen Fasern einer Faszie befindet sich Hyaluronsäure (Fachbegriff: Hyaluronan). Sie besteht aus großen, wirkmächtigen Molekülen, denen die Kosmetikindustrie steigende Absätze verdankt. Denn Hyaluronsäure bindet große Mengen Wasser. In Gesichtscremes soll es die Hautfeuchtigkeit erhöhen und Falten füllen. Viele lassen sich damit derzeit die Lippen aufspritzen, auf dass diese voller und sinnlicher wirken. In der Faszie bindet Hyaluronsäure Wasser und hält sie so geschmeidig. Ein zarter Feuchtigkeitsfilm lässt die Faszie im Körper über-, unter- und aneinander vorbeigleiten.

Bemerkenswert ist schließlich die hohe Zahl an Nervenenden in der Faszie. Es sind etwa zweieinhalbmal mehr als in der Haut, die ja schon ein sehr sensibles Organ ist. Das dichte Nervennetzwerk der Faszie teilt dem Gehirn unaufhörlich mit, wo sich ein jedes Körperteil befindet, ob und wie es sich bewegt. So fühlen wir mit geschlossenen Augen, dass wir einen Arm ausstrecken. Die sogenannten Propriozeptoren machen auch unbewusste, komplexe Bewegungsabläufe möglich und ebenso, dass wir uns in völliger Ruhe bewusst spüren können. Das können wir als sehr angenehm empfinden, aber auch, je nach Zustand der Faszie, als schmerzhaft.

Soweit die naturwissenschaftlich gewonnenen Erkenntnisse. Der zweite Weg, sich den Geheimnissen der Faszie zu nähern, gründet auf Gespür und Erfahrung. Vor allem in asiatischen Kulturen finden seit Jahrhunderten Körpertherapien und Massagetechniken Anwendung, mit denen Schmerzen und verschiedene Krankheiten behandelt werden. Die Praktizierenden sprachen früher nicht von Faszie, auch dachten sie nicht an zelluläre Faserfabriken oder Zucker-Eiweiß-Verbindungen. Sie hatten eigene Theorien und Erklärungsmodelle. Vor allem aber spürten sie, wie sich bei bestimmten Griffen das Gewebe unter der Haut veränderte und Schmerzen in zum Teil ganz anderen Regionen des Körpers schwanden. Und das immer wieder unter ähnlichen Umständen bei verschiedenen Menschen. Die traditionellen Methoden wirken auf das weitverzweigte Netz der Faszie. Über die Akupunktur wissen wir inzwischen: Wird eine Nadel in die Haut gestochen und dann vorschriftsmäßig um ihre Achse gedreht, dann wickelt die Spitze Kollagenfasern auf wie eine Gabel Spaghetti. Die Nadeln »strahlen« nicht in ihr Umfeld, wie es manchmal heißt – nein, sie ziehen über die eingedrehte, gespannte Faszie daran. Die berühmten Meridiane der traditionellen chinesischen Medizin sind vermutlich wichtige Verbindungen der Faszie.

Angesichts dieser interdisziplinären Vielfalt finde ich die Erforschung der Faszie nicht weniger faszinierend als die Faszie selbst. Zum ersten Mal beschäftigen sich Menschen mit unterschiedlichen Ansätzen, Erfahrungen und Denkschulen gemeinsam mit ein und demselben Organ. Sie führen wiederholbare Messungen durch, entwickeln Ursache-Wirkung-Beweisketten und nutzen ebenso überliefertes und intuitives Wissen. Als Sportler und Sportwissenschaftler, Orthopäde und manuell arbeitender Faszientherapeut fühle ich mich hier wie da zu Hause und freue mich über die Zusammenarbeit. Forschende und Therapeuten mit unterschiedlichen Ansätzen und Hintergründen treffen sich auf Augenhöhe und schätzen einander. Denn ihnen ist klar: So umfassend und ganzheitlich, wie dieses Geflecht wirkt, kann es auch nur ganzheitlich verstanden werden.

Auf dem ersten internationalen Faszienkongress 2007 in Boston trafen sich Biochemikerinnen und Osteopathen, Physiotherapeuten und Ärztinnen für Psychosomatik, Feldenkraisspezialisten und Orthopädinnen, Rolfing-Therapeuten, Chirurgen und Körperpsychotherapeutinnen. Eine interdisziplinäre Gemeinschaft, die der Handchirurg Jean-Paul Guimberteau dort mit seinem ersten Film beglückte: »Strolling under the Skin«. Seither tauscht sich die weltweite Community aus, veranstaltet weitere internationale Kongresse, Guimberteau zeigt neue Filme, es bilden sich gemischte Forschungsteams und alle lernen voneinander. Einer der Initiatoren dieser Gemeinschaft ist Robert Schleip. Mit seiner Biografie verkörpert er geradezu die grenzüberschreitende Forschung.

Die senkrechte Linie

Schleip begann in den 1970er-Jahren mit einer Rolfing-Ausbildung, absolvierte parallel ein Studium der Psychologie, ließ sich anschließend zum Feldenkraislehrer schulen, wandte sich dann der wissenschaftlichen Forschung zu, bis er 2006 in Humanbiologie mit Auszeichnung promovierte. Seit 2008 ist er Direktor der Fascia Research Group der Universität Ulm und der Technischen Universität München. Im Labor hat er bahnbrechende Erkenntnisse über die Eigenschaften der Faszie gewonnen. Davon gleich mehr. Zunächst möchte ich von Rolfing und Feldenkrais erzählen, zwei Formen der Körpertherapie, die auch meine Arbeit stark beeinflussen. Ihre Begründer sind Ida Rolf und Moshé Feldenkrais. Sie entwickelten ihre Ansätze unabhängig voneinander ab den 1920er-Jahren. Interessanterweise waren bereits sie Wandler zwischen den

Welten. In ihrem Wirken suchten sie naturwissenschaftlich-mechanische Ansätze mit asiatischen Bewegungsschulen zu vereinen. Sie kamen der Lebendigkeit des Körpers in seiner Komplexität sehr nahe, indem sie feststellten: Eigentlich kommt es auf ein paar wenige Dinge an.

Als eine der ersten Frauen in den USA schließt Ida Rolf 1920 ihr Studium der Biochemie mit einem Doktorgrad ab. Anschließend beschäftigt sie sich als Biochemikerin am Rockefeller-Institut für Medizinische Forschung in New York mit der Struktur des Bindegewebes. Nebenbei praktiziert sie und interessiert sich für Yoga, Homöopathie und Osteopathie, was Folgen hat. Sie beginnt, über den Tellerrand zu gucken. Bald zieht sie dem linearen Prinzip der Wissenschaft die Idee unberechenbarer Wechselwirkungen vor. Durch Krankheitsfälle in der Familie und aus beruflichem Interesse fängt sie an, Menschen zu beraten, denen schulmedizinische Behandlungen nicht helfen. Sie zeigt ihnen selbst entwickelte, vom Yoga abgeleitete Übungen, kombiniert diese später mit Massagen der Faszie und entdeckt, dass sich so die Haltung und gesamte Statik eines Körpers verändern lässt. Physikalisch einleuchtend, findet sie. Die Manipulierbarkeit der Faszie entspricht den mechanischen Eigenschaften des kollagenen Gewebes, das sie als Biochemikerin eingehend untersucht hat. »Alle reden über Muskeln«, sagte sie damals schon, doch in Wirklichkeit »ist die Faszie das Organ der Körperhaltung«.

Ihre Beobachtungen, Behandlungen und Berechnungen bündelt sie zur Idee vom Ideal der senkrechten Linie. Der Körper, sagt sie, braucht umso weniger Energie, je mehr er sich an einer inneren gedachten Achse der Schwerkraft ausrichtet. Die meisten Menschen haben sich durch einseitige Belastungen im Alltag, durch Unfälle und Verletzungen von dieser Achse entfernt und sich Fehlhaltungen und unökonomische Bewegungsabläufe angewöhnt. Diesen passt sich die Faszie an, denn sie ist veränderbar. Ihr Gewebe verdickt und verhärtet sich, Fehlhaltungen werden fixiert, man fühlt sich steif und verspannt. Schmerzen entstehen. Durch Druck auf die Faszie, stellt Ida Rolf fest, lösen sich Verhärtungen jedoch und bessert sich die Körperstatik. Zudem wirke die Massage auch auf die Psyche positiv.

Ida Rolf entwickelt ein Behandlungskonzept mit zehn aufeinander aufbauenden Terminen, bei denen sie einerseits Körperstruktur und Haltung analysiert, andererseits die Faszie knetet. Ziel ihrer sogenannten Strukturellen Integration, des »Rolfings«, ist, nicht länger an Symptomen herumzudoktern, sondern dem Körper seinen Raum zu geben und Selbstheilungskräfte zu aktivieren.

Moshé Feldenkrais ist acht Jahre jünger als Ida Rolf. Während Rolf in New York studiert, baut Feldenkrais Straßen in Tel Aviv. Nebenbei gibt er Nachhilfeunterricht. In den 1920er-Jahren lernt er Judo, geht nach Paris, erlernt auch Jiu-Jitsu und vertieft seine Kampfsportkenntnisse bei japanischen Meistern. Als einem der ersten Europäer verleiht ihm die angesehenste Judoschule Japans den 1. und 2. Dan. Parallel studiert er Elektrotechnik und Mechanik und arbeitet als Ingenieur im Radium-Forschungslabor von Irène Joliot-Curie und Frédéric Juliot, die gerade gemeinsam den Nobelpreis in Chemie erhalten haben. Nach Feierabend bringt Moshé Feldenkrais den beiden Judo bei. Im Zweiten Weltkrieg hilft er der britischen Marine, U-Boote aufzuspüren, während er sich autodidaktisch mit Neurophysiologie und -psychologie beschäftigt.

Ähnlich wie Ida Rolf und sogar zur gleichen Zeit, in den 1950er-Jahren, verknüpft Moshé Feldenkrais seine Ideen – Mechanik, Judo, Neurologie – zu einer Schule der Bewegung, der er seinen Namen gibt. Er lehrt seine Schüler, Bewegungsabläufe im Alltag wahrzunehmen, diese zu überdenken und gegebenenfalls zu ändern. So ließen sich grundlegende menschliche Funktionen verbessern, Schmerzen lindern und eine Beweglichkeit erlernen, die sich leicht und angenehm anfühle. Zentrales Credo von Feldenkrais: Jeder Mensch entwickelt im Laufe seines Lebens teils unbewusst ein Bild von sich. Dieses Bild beeinflusst das gesamte Verhalten. Wer sein Leben ändern, seine Möglichkeiten erweitern, sich Wünsche erfüllen will, sollte sein Selbstbild erkennen und bearbeiten – durch langsame, bewusste Bewegungen.

Rolf und Feldenkrais haben ihre Ideen nicht aus dem Nichts entwickelt. Sie nehmen Anleihen bei früheren Pionieren wie Andrew Taylor Still, Erfinder der Osteopathie, und Frederick Alexander, Entwickler der Alexandertechnik. Von ihnen und welchen Therapietechniken sie den Weg gebahnt haben, erzähle ich im nächsten Kapitel ausführlich. Hier reicht zunächst der Verweis auf Rolf und Feldenkrais. Sie verstehen den Menschen ganzheitlich. Nicht in einem abstrakten Sinn, sondern konkret durch seine Physiologie. Sie sagen, Denken, Fühlen, Wahrnehmen und Bewegen seien untrennbar miteinander verbunden. Das ist für mich wegweisend; es ist auch zu meiner Philosophie geworden. Vor allem mit Ida Rolfs Logik sympathisiere ich. Feldenkrais sagt, durch bewusste Bewegungen verbessern wir die Struktur des Körpers. Rolf dagegen setzt bei jenem Körperteil an, das sie als Biochemikerin eingehend untersucht hat: der Faszie.

Wenn wir sie optimieren, sagt sie, optimieren wir die Struktur des Körpers und bewegen uns automatisch geschmeidiger und ökonomischer. Damit konzentriert sich Rolf nach meiner Überzeugung auf die Ursache. Das ist auch mein Ansatz. Die Faszie ist Ursache von Problemen – und zugleich ein effektiver Hebel zur Heilung. Doch wie genau sollen wir diesen Hebel betätigen? Wie kann ich als Therapeut von außen auf den Körper einwirken, damit die Faszie, die zum Teil tief innen verläuft, sich so bewegt, dass sich unsere Vitalität, unser Gesamtzustand verbessert? Um das zu beantworten, sollten wir uns näher anschauen, wozu die Faszie fähig ist. Einige Fakten über Struktur und Sensibilität habe ich schon genannt. Darüber hinaus gibt es eine Reihe von Studien, die zeigen, was passiert, wenn eine Faszie *nicht* gut funktioniert. Es liegt auf der Hand, warum die meisten Wissenschaftler auf das Fehlerhafte gucken: Wenn etwas aus dem Ruder läuft, entstehen früher oder später Schmerzen – und das Interesse, Ursachen von Schmerzen zu erkennen und zu beseitigen, ist naturgemäß hoch. Es existieren jedoch auch Untersuchungen, die die enorme Leistungsfähigkeit von gesunden Faszien veranschaulichen. Eine davon habe ich selbst vorgenommen (ehrlich gesagt etwas unbeabsichtigt). Die andere handelt von einem Känguru.

Der Katapult-Effekt

Meine Diplomarbeit als Sportlehrer war ziemlich ambitioniert, ich wollte eigentlich untersuchen, wie sich Sport auf das Immunsystem auswirkt. 59 Testpersonen erklärten sich bereit mitzumachen: 20 hochtrainierte, 20 Breitensport-Fußballer und 19 völlig untrainierte Männer. Ich veranstaltete mit ihnen ein Kraft-Ausdauer-Zirkeltraining, bei dem ich den Untrainierten viel Respekt zollte, denn sie quälten sich redlich. Viermal – vor dem Zirkeltraining, unmittelbar danach, 24 Stunden sowie 48 Stunden danach – wurde allen Blut abgenommen, um zu sehen, wie sich der Sauerstoffgehalt und einige andere Parameter veränderten. Ich dachte, hier würde ich die entscheidenden Ergebnisse für meine Studie einsammeln. Es kam aber anders. Denn als ebenso spannend erwies sich eine Übung, die ich eher nebenher veranstaltete. Vor und nach dem Zirkeltraining sowie 24 und 48 Stunden danach sollten nämlich alle einen Tapping-Test machen. Dabei stehen die Teilnehmer breitbeinig auf ihren Fußballen und sprinten auf der Stelle, heben die Füße also abwechselnd in schneller Folge ein kleines Stück an. Das Überraschende bei dem Test war, dass fast alle Teilnehmer in nahezu völlig erschöpftem Zustand nach dem Zirkeltraining (wohlgemerkt in beiden energetischen Komponenten: Kraft und Ausdauer) schneller auf der Stelle sprinteten als vorher. Erwartet hatte ich ein Ergebnis, das der damals (vor 16, 17 Jahren) herrschenden Lehrmeinung entsprach: Hohes Tempo erreiche man nur im erholten Zustand. Schnelligkeitstraining müsse daher zwangsweise ausgeruht erfolgen. Wieso war aber das Gegenteil eingetreten? Damals fanden sich keine haltbaren Erklärungsansätze. Meine Erkenntnis aber, ein Training der elementaren Schnelligkeit ist auch (oder gerade) im energetisch erschöpften Muskelzustand ratsam, wurde dann in Folgestudien von anderen Personen weiterverfolgt. (Für die ganz Interessierten hier noch der Titel meiner Diplomarbeit: »Zur Reaktion azyklisch-reaktiver und zyklischer, elementarer Schnelligkeit auf ein erschöpfendes Kraftausdauertraining. Vergleichsstudie zwischen hochtrainierten und trainierten Fußballspielern und untrainierten Probanden«.) Erst Jahre später, als ich begann, mich in die Geheimnisse der Faszie einzuarbeiten, konnte ich mir das Tapping-Testergebnis vollständiger erklären: Verantwortlich dafür ist die Faszie. Wenn man sich mit den Fußballen abstößt, ist die Faszie aktiv, vor allem jener Teil, der entlang der Fußsohle um die Ferse, durch Wade, Kniekehle und hinteren Oberschenkel verläuft. Die fasziale Spannkraft sorgt für schnelle, federnde Bewegungen. Muskelkraft wird dabei fast gar nicht gebraucht, die Wadenmuskulatur zum Beispiel ist beim Tapping die ganze Zeit komprimiert, um die Spannung vor allem der Achillessehne zu erhöhen. Und warum waren die teilnehmenden Männer, vom Leistungssportler bis zum Couch-Potato, nach dem Zirkeltraining im Sinne der elementaren Schnelligkeit schneller als davor? Vermutlich, weil sie beim ersten Tapping die frischen Muskeln noch miteinsetzten, was das Federn eher behinderte. Nach dem Training aber war ihre Beinmuskulatur so erschöpft, dass die Faszie ungehindert zum Einsatz kam. Eine wichtige Rolle spielt hier die Verbindung Nervensystem und Faszie. Während ich in meiner Diplomarbeit die erhöhte Tapping-Leistung mit einer ausgleichend höheren Nerv-Muskel-Ansteuerung (neuro-muskulär) erklärte, sehe ich heute die neuro-fasziale Komponente als die entscheidende. Diese Erklärungen kann ich zwar nicht beweisen, aber sie werden gestützt durch Versuche, die Faszienforscher in den vergangenen Jahren machten. Auch für die Erforschung der Verbindung zwischen Nerven- und Fasziensystem erhöht sich seit einigen Jahren das Interesse.

Spektakulär war besonders der Kängurutest. Terence J. Dawson, australischer Zoologieprofessor, der viele Jahre seines Lebens der Evolution von Beuteltieren widmete, und der kalifornische Physiologieprofessor Rodger Kram, spezialisiert auf die Biomechanik von Bewegungsapparaten bei Säugetieren, taten sich zusammen, um die Beinarbeit von Roten Riesenkängurus zu untersuchen. Diese Tiere sind die größten Beuteltiere der Welt, die männlichen Vertreter messen aufgerichtet bis zu zwei Meter. Sie leben unter der sengenden australischen Sonne im Buschland und in Halbwüsten – Bedingungen, die einen besonders ökonomischen Energieverbrauch erfordern. Genau den wollten Dawson und Kram näher betrachten. Es gelang ihnen, zwei weiblichen Kängurus (die nur etwa halb so groß sind wie die männlichen) beizubringen, auf Laufbändern zu hüpfen. Die Forscher setzten den Tieren Masken auf, mit denen sich der Durchfluss der Atemluft messen ließ, stellten das Laufband auf verschiedene Geschwindigkeiten ein und ermittelten, wie viel Sauerstoff die Tiere jeweils beim Hüpfen verbrauchten. Es stellte sich heraus: Egal, ob langsam, mittel- oder sehr schnell – der Sauerstoffkonsum änderte sich nicht. Bei einer Studie, die Dawson mit einem anderen Kollegen bereits 1973 durchgeführt hatte, fiel der Sauerstoffkonsum bei hohen Geschwindigkeiten sogar leicht ab. Nur die Hüpfweite wurde größer, während Hüpffrequenz und Energieverbrauch pro Sprung gleichblieben. Für beide Forscher-Duos war klar: Es konnten nicht die Muskeln sein, mit denen die Kängurus ihr Tempo erhöhten und längere Zeit aufrecht hielten. Muskeln brauchen für ihre Arbeit viel Sauerstoff, der über den Blutkreislauf zugeführt wird – bei erhöhter Muskelkraft und einem längeren Leistungszeitraum hätten die Tiere mehr Sauerstoff verbraucht. Es konnten nur die elastischen Sehnen und Bänder in den Beinen sein, die für immer weitere Sprünge sorgten und mit einem Bruchteil des Sauerstoffs auskommen, den Muskeln benötigen. Mit einer gummibandartigen Spannkraft konnte Energie gespeichert und wieder genutzt werden. Eine Art Selbsterholungseffekt.

Vom »Katapultmechanismus« spricht man daher, um die beeindruckende Weite und Eleganz von Kängurusprüngen zu erklären. Faszien sind in der Lage, Energie zu speichern und wieder abzugeben, so, wie ein gespanntes Katapult einen Stein schleudert oder ein Flitzebogen einen Pfeil abschießt. Möglich macht dies die wellenförmige Struktur der Faszienfasern. Wird eine Sehne gedehnt, werden die Faserwellen flacher und länger. Schnellt sie zurück, verdichten sich die Wellen wieder zu hohen, eng beieinanderliegenden Bergen. Dieser Mechanismus, erkannte man bald, wirkt auch bei Antilopen. Impalas, eine Antilopengattung, springen aus dem Stand bis zu drei Meter hoch und im Lauf bis zu zehn Meter weit – mit einer Leichtigkeit, die sich mit der Muskelkraft ihrer schlanken Beine unmöglich erklären ließe. Auch der Mensch verfügt über solche Fähigkeiten – wenn auch nicht im Ausmaß von Gazellen oder Riesenbeuteltieren. Auch unsere Faszie verfügt über kinetische Speicherkapazitäten. Nachgewiesen wurde das durch hochauflösende Ultraschalluntersuchungen am Unterschenkel: Beim Laufen, Springen und auch beim gemächlichen Gehen ziehen sich Muskelfasern vor allem in der Wade zusammen, verharren dort und verleihen so den angrenzenden Sehnen erhöhte Federkraft. Man kann sich das vorstellen wie bei einem Gummiband, in das man einen dicken Knoten knüpft und dann genauso weit dehnt wie ohne Knoten: Es wird straffer. Beim Laufen, Gehen, Springen verlängern und verkürzen sich vor allem die Plantarfaszie, die breite Sehnenplatte an der Fußsohle, und die Achillessehne.

Die Erkenntnis, wie der Katapultmechanismus beim Menschen wirkt, hat die Sportwissenschaft verändert. Plötzlich scheint es möglich, das Verhältnis von Energieaufwand und Leistung entscheidend zu verbessern. So trainierten Langstreckenläufer für eine Studie über 14 Wochen gezielt den Muskel-Sehnen-Komplex der Wade, während eine Vergleichsgruppe ihr übliches Trainingsprogramm absolvierte. Es zeigte sich, dass die Läufer durch die Spezialübungen rund vier Prozent weniger Sauerstoff und Energie benötigten als zuvor. Mehr noch: Die Stabilität der Sehnenverbindung hatte sich um 16 Prozent verbessert.

Denn davon hängt die Fähigkeit zur Kraftübertragung ab: von der Stabilität, dem Verhältnis von Steifigkeit und Geschmeidigkeit, Elastizität und Plastizität in der Faszie. Sie entsteht durch eine gitterähnliche Struktur hauchdünner Fasern, einerseits eher steife Kollagen-, andererseits eher nachgiebige Elastinfasern, die sich waagerecht und senkrecht kreuzen wie das Gewebe eines Nylonstrumpfs. Bewegung stärkt diese Struktur, auch bei älteren Menschen, wie ein mehrmonatiges Hüpftraining mit Senioren an einer finnischen Universität zeigte. Ob alt oder jung, trainiert oder untrainiert: Laufgeschwindigkeit und Laufleichtigkeit hängen davon ab, wie gut die beim Aufsetzen des Fußes faszial gespeicherte Energie beim Abdrücken umgesetzt wird. Es verwundert daher nicht, dass Läufer mit effizientem Energieverbrauch eine besonders kräftige Plantarfaszie haben, die das Fußgewölbe stützt und spannt.

Zerreißprobe im Labor – wie viel hält eine Faszie aus?

Ich glaube, den meisten Menschen ist nicht klar, wir stark manche Bereiche der Faszie sind. Unter welcher ungeheuren Spannung sie stehen. Es gibt Berichte von Momenten, in denen einem Sportler im Wettkampf die Achillessehne reißt. Ein Knall ist zu hören, der durchs Stadion hallt. Neben solchen – Unglauben und Erschrecken erregenden – anekdotischen Erzählungen gibt es auch Messungen im Labor. Unter Insidern hat in dieser Hinsicht Gil Hedley eine gewisse Berühmtheit erlangt. Hedleys Videos sind speziell – er schneidet frische Leichen auf. 47.000 Abonnenten schauen dem Amerikaner in Colorado auf seinem YouTube-Kanal »Somanaut« zu; einige, so ist zu lesen, gucken sich neueste Werke noch vor dem Frühstück an. Dabei ist Hedley weder Chirurg noch Pathologe – das muss man in den USA nicht sein, um Leichen zu sezieren. Er ist promovierter Theologe. Hat aber außerdem eine Ausbildung in Rolfing absolviert, der Manualtherapie nach Ida Rolf, und nach eigenen Angaben jede Menge Sezier-Workshops besucht. Ihn treibe eine ganzheitliche Neugier, was das Wesen des Menschen sei, erzählt Hedley im Video mit viel Enthusiasmus, seine graue Lockenmähne wiegend, in spiritueller, psychosomatischer und anatomischer Hinsicht. Wer der altgriechischen Weisheit »Gnōthi seautón« – Erkenne dich selbst – folge, so Hedley, tue gut daran, mal nachzugucken, was in einem steckt (doch bitte nicht bei einem selbst – lieber bei Leuten, denen es nicht mehr wehtut).

Gil Hedley erinnert ein bisschen an den Franzosen Guimberteau, der die ersten Filmaufnahmen von Faszien im lebenden menschlichen Körper gemacht hat. Doch Guimberteau machte die seinen in lebenden Menschen und entsprechend vorsichtig. Hedley muss auf seine Leichen keine Rücksicht nehmen. Wer eine bildliche Vorstellung davon bekommen möchte, wovon ich erzähle, sollte sich mal eins seiner Videos anschauen. Die Körper sind noch nicht lange tot, oder sie wurden gut gekühlt, sie wirken frisch, feucht und schleimig. Somit kommen sie der natürlichen Faszie im lebenden Menschen sehr nah. Die Erkenntnisse sind also übertragbar. Vor laufender Kamera dringt Hedley mit dem Skalpell Schnitt für Schnitt von außen in die Tiefe, legt verschiedene Schichten der Faszie offen, die allerdings, wie er betont, keine separaten Schichten sind, sondern alle miteinander verwoben, und sich nur durch seine Klinge trennen lassen. Die Bilder lassen einen nicht unberührt, sie geben eine Ahnung von dem architektonischen Wunder, dem elastischen Kontinuum, dem hochfunktionalen Netzwerk, das unseren Körper durchzieht. Hedleys Klinge legt vor unseren Augen Gewebe frei, das feucht, transparent und hauchfein ist wie Klarsichtfolie, dabei aber superelastisch. Und im Kontrast dazu zentimeterdicke, handbreite, straffe Gurte, sogenannte Aponeurosen. Eine solche ist zum Beispiel die mehrfach erwähnte Plantarfaszie entlang der Fußsohle, eine andere Aponeurose befindet sich an der Außenseite der Oberschenkel. Andere stabilisieren Rücken und Brust. Was halten solche Sehnenplatten eigentlich aus?, wollte Hedley wissen. Er schnitt mehrere aus, säuberte sie von Fett und anderem nichtfaszialem Gewebe. Die Sehnenplatte aus dem oberen Rücken eines älteren Mannes zum Beispiel war gut einen Zentimeter dick und 15 Zentimeter breit. Hedley klammerte an das eine Ende einen Griff, ans andere ein Gewicht, kletterte auf seinen Labortisch und hob den Griff mit beiden Händen an. Die Sehne straffte sich, gab ein wenig nach – und zog dann 15,5 Kilogramm in die Höhe. Er wiederholte den Test mit einem ähnlich großen Stück Faszie aus einer männlichen Brust – sie trug 22 Kilogramm.

Hedleys Versuche auf dem Labortisch sind erhellend – wirklich ausgereizt hat er das Potenzial der Faszie nicht. Was ich ihm nicht verübeln kann – er hätte sich leicht verheben können, was Verletzungen seiner eigenen Faszie zur Folge gehabt hätte. Versuche aus den 1990er-Jahren zeigen, dass einige Bereiche der Faszie Zugbelastungen von hundert Kilogramm und mehr aushalten. Das überlebt das Gewebe nicht unbeschadet, es erleidet etliche Faserrisse, aber es hält. Herausragend schneidet dabei die wohl kräftigste Aponeurose im menschlichen Körper ab: die Lumbodorsal-Faszie am unteren Rücken. Sie ist rautenförmig und kann mehrere Zentimeter dick werden, stabilisiert den Rücken im Bereich der Lendenwirbel und reicht von der Unterkante der Schulterblätter bis hinunter zum Kreuzbein. Wissenschaftler widmen diesem Abschnitt der Faszie sehr viel Aufmerksamkeit, aus gutem Grund: Sie vermuten, dass kleine Verletzungen der Lendenfaszie, wissenschaftlich Fascia thoracolumbalis oder kurz und eingedeutscht: Thoracolumbalis genannt, die wahre Ursache für die Volkskrankheit Nummer Eins sind: Rückenschmerzen. Mehr als 80 Prozent der Menschen in Deutschland leiden früher oder später daran. Jetzt in diesem Moment – und im nächsten und überhaupt zu jedem Zeitpunkt – werden 33 Millionen Frauen und Männer von Schmerzen in Nacken, Schulter oder sonst irgendwo im Kreuz gequält. Ziehen und Stechen, Gefühle von krampfartigem Quetschen bis hin zu glühend heißen Schlägen sind der Hauptgrund, warum Ärzte und Ärztinnen ihre Patienten erwerbsunfähig schreiben. Der deutschen Volkswirtschaft kommen Rückenschmerzen mit mehr als 50 Milliarden Euro pro Jahr teuer zu stehen.

Die Kosten entstehen zum einen durch Arbeitsausfälle, zum anderen durch immer teurer werdende Behandlungen. Denn leider spezialisiert sich die Rückenmedizin mehr und mehr auf chirurgische Eingriffe. In den vergangenen 15 Jahren stieg ihre Anzahl um über 70 Prozent. Pro Jahr werden mehr als 700.000 Operationen an der Wirbelsäule durchgeführt. Fast jeder dritte Patient hat danach immer noch Schmerzen, vielen geht es sogar schlechter als zuvor. Schon lange sagen daher Experten, besonders Orthopäden und Schmerzmediziner, gestützt auf verschiedene Studien: Die allermeisten Eingriffe sind unnötig.

Vor diesem Hintergrund mag es erstaunen, dass konservative, also nicht-operative Behandlungsmethoden und Forschungsansätze, nur wenig Beachtung finden. Carla Stecco, Professorin für Anatomie an der Universität von Padua, möchte das ändern. In Padua hat vor 400 Jahren Galilei Galileo Leichen seziert. Stecco tut das auch, und wie ihr berühmter Kollege leistet sie Pionierarbeit. Sie hat sich auf die Faszie spezialisiert und räumt ein, dass das am Anfang ein mühsames Unterfangen war. »Ich habe nichts verstanden. In den ersten Sektionen schien alles ein Chaos zu sein, ich habe kein klares Bild gesehen. Dann habe ich gelernt, sie aufzuspüren«, erzählt sie in einer Dokumentation für Arte-TV. Herausgekommen ist dabei der erste Atlas in der Geschichte der Anatomie, der die Faszie in allen Teilen des Körpers darstellt. Der Thoracolumbalis, der großen Rückenfaszie im Bereich der Lende, widmet sie besonders viel Aufmerksamkeit. Die Anzeichen würden sich mehr und mehr verdichten, sagt sie, dass die Thoracolumbalis die Quelle sei für die berühmten, weitverbreiteten unspezifischen Rückenschmerzen. Mit dem deutschen Faszienforscher Robert Schleip hat sie einen Überblicksartikel veröffentlicht über verschiedene wissenschaftliche Studien zur Schmerzempfindlichkeit der Rückenfaszie. Demnach ist in diesem Bereich die Dichte schmerzempfindlicher Nervenendigungen bis zu dreimal höher als in den angrenzenden Muskeln. Die hochsensiblen Schmerzsensoren in der Faszie scheinen sich bei Reizungen sogar zu vermehren. Während zugleich die Propriozeptoren abstumpfen, jene Nervenendigungen, die dem Gehirn wie ein GPS-System die Position von Körperteilen im Raum senden. Je schlimmer und länger es also zwickt und sticht im Kreuz, desto schlechter nehmen wir uns selbst wahr. Der Schmerz wird chronisch, während die Wahrnehmung unserer Bewegungen, die innere wie äußere Balance schwindet.

Die wahre Ursache für »Ich hab Rücken«

Schmerzen können im wahrsten Sinne des Wortes nerven, sie können grässlich sein und das Leben vermiesen. Und doch sollten wir froh sein, dass es sie gibt. Es sind Alarmsignale. Sie machen unmissverständlich klar, dass etwas im Körper nicht stimmt. Und dass wir nachsehen sollten, was da gerade aufschreit, um es wieder in Ordnung zu bringen. Schlimm ist nur, wenn das nicht gelingt. Dann wird der Alarm hysterisch und irgendwann unerträglich. Das geschieht leider oft trotz oder sogar durch Operationen. Chirurgen schnippeln an Bandscheiben oder tauschen diese gegen Ersatzteile, setzen Abstandshalter ein oder versteifen Wirbelabschnitte mit Schrauben und Stangen. Dabei verletzen sie die Wirbelsäule – gezielt. Sie haben zwar die Absicht, die Wirbelsäule durch diese Verletzung zu reparieren, erreichen aber häufig das Gegenteil. Weil sich oft herausstellt, dass die Schmerzen von diesem Teil der Wirbelsäule gar nicht herrühren. Vermutlich haben sie mit der Wirbelsäule gar nichts zu tun. Das ist zumindest das, was Carla Stecco und ihre Kollegen – und auch ich – vermuten: In den allermeisten Fällen gehen die Schmerzen von der Faszie aus. Falls wir recht haben, wäre viel gewonnen. Denn die Faszie braucht keinen chirurgischen Eingriff; sie lässt sich ohne Verletzung durch Skalpelle heilen. Ich kann sie konservativ von außen bearbeiten, sie modellieren und auffrischen.

Die Erfahrung zeigt, dass die therapeutische Faszien-Orthopädie die meisten meiner Patientinnen und Patienten von jenem unspezifischen Rückenschmerz befreit, von dem Carla Stecco spricht. Und natürlich bin ich nicht der Einzige, der gezielt die Faszie behandelt – die Zahl meiner Kolleginnen und Kollegen wächst; bei allen Unterschieden in Ausbildung und Techniken, die wir anwenden, ist das erfreulich. Haben wir Erfolg, fruchtet die Therapie und unsere Patienten federn irgendwann beschwingt und schmerzfrei aus der Praxis, könnten wir uns eigentlich zurücklehnen und zufrieden sein. Wie das gelingt, was wir auf mikroskopischer Ebene im Körper der Patienten bewegt haben, könnte uns eigentlich egal sein. Andererseits: Wäre es nicht spannend zu erfahren, was exakt den Schmerz erregt hat? Warum haben die Nervenendigungen in der Faszie Alarm geschlagen? Was ist dort schiefgelaufen?

Hélène Langevin ist eine hochangesehene Ärztin und Wissenschaftlerin in den USA und geht ebendiesen Fragen nach. Wie fast alle Pioniere der Faszienforschung ist auch sie früh in ihrer Karriere mit Ideen in Berührung gekommen, die abseits der vorherrschenden klinischen Lehre liegen. Gestartet hat sie ihre berufliche Laufbahn als Internistin. Doch schon während des Studiums interessierte sie sich für Entspannungstechniken, als Mittel gegen ihre eigene Prüfungsangst. Sie begann, Tai-Chi zu praktizieren, beschäftigte sich mehr und mehr mit ganzheitlicher Medizin und ließ sich in Akupunktur ausbilden. Heute ist sie Direktorin des National Center for Complementary and Integrative Health (NICCH) ein paar Kilometer vom Weißen Haus in Washington entfernt. Aufgabe des NICCH ist, Behandlungsmethoden zu prüfen, die nicht der Mainstream-Medizin entsprechen und manchmal »alternativ« genannt werden. Langevin bevorzugt den Begriff »komplementär« – ergänzend. Sind komplementäre Methoden wirklich wirksam? Nach den Kriterien der NICCH sind sie es erst dann, wenn sich Erfolge nach wissenschaftlichen, evidenzbasierten Standards belegen lassen.

Aufsehen erregte besonders der Nachweis, dass Akupunktur kein Hokuspokus ist. Nadeln wickeln beim Einstechen und Drehen Faszienfasern im Gewebe der Haut auf. Langevin selbst führte die Studie durch. Sie konnte erklären, wie Akupunktur auf biomechanische Weise auf Körperregionen wirkt, die ein ganzes Stück von der Einstichstelle entfernt sind. In den Nuller- und Zehnerjahren nahm sie sich die große Lendenfaszie vor, die Thoracolumbalis. Sie ging davon aus, dass Rückenschmerzen mit dieser zusammenhängen, und wollte wissen, ob man das auch messen kann. Verändern Schmerzen die Struktur der Faszie? Und wenn ja, wie?

In einer ersten Studie untersuchten sie und ihre Kollegen 60 Menschen, die seit mindestens einem Jahr unter chronischen Rückenschmerzen litten, und zum Vergleich 47 Menschen ohne diese Beschwerden. Die beiden Gruppen waren so zusammengesetzt, dass sie sich in Alter, Geschlecht, Body-Mass-Index und Bewegungsaktivität sehr ähnelten. Bei allen 107 Personen wurden rechts und links der Lendenwirbel Ultraschallbilder aufgenommen. Auf denen ließ sich die Dicke des Fasziengewebes messen. Es zeigte sich, dass die Lendenfaszien der Gruppe mit Schmerzen in dieser Region um durchschnittlich 25 Prozent dicker war als jene ohne Schmerzen. Ziel dieser Studie war nicht, zu erklären, was genau die Verdickung verursacht hatte, sondern es ging erst mal darum, statistisch auffällige Veränderungen zu dokumentieren. So auch bei einer zweiten Studie. Die Versuchsanordnung war ähnlich: zwei Gruppen von Personen, die eine mit lang anhaltenden Rückenschmerzen, die andere ohne. Langevin wollte wissen, wie geschmeidig die jeweiligen Faszien waren. Sie legte die insgesamt 121 Menschen nacheinander auf einen Gelenktisch, der sich per Elektromotor in Höhe der Lendenwirbel bewegen ließ. Während der Tisch die Männer und Frauen in verschiedene Richtungen beugte, maßen Ultraschallgeräte die sogenannte Scherfähigkeit der Lendenfaszie. Was bedeutet Scherfähigkeit? Die Thoracolumbalis besteht aus mehreren Schichten: einerseits sehr straffes, andererseits sehr lockeres Bindegewebe. Sie sind fest miteinander verwachsen, doch die lockeren sorgen durch ihre Nachgiebigkeit dafür, dass die festen, gurtähnlichen Schichten wie die Klingen einer Schere aneinander vorbeigleiten können. Zumindest im gesunden Zustand. Die Ultraschalldaten ergaben, dass die Scherfähigkeit der Lendenfaszie bei der Gruppe mit Kreuzschmerzen um 20 Prozent geringer war.

Damit war die zweite Auffälligkeit bewiesen: Bei Menschen, die

»Rücken haben«, wie der Volksmund so schön sagt, ist die Lendenfaszie erstens dicker und zweitens weniger flexibel. Doch was hat diese Veränderungen verursacht? Langevin und ihr Team hatten eine Vermutung, die auf Erfahrung und unzähligen Gesprächen mit Patienten beruhte: Wer Rückenschmerzen hat, bewegt sich falsch oder zu wenig und/oder hat Verletzungen im Lendenbereich erlitten, die von außen meist gar nicht sichtbar sind. Bewegungsmangel, Fehlhaltungen, Mikroverletzungen als Verursacher krankhafter Abnormitäten der Faszie? Dieser Frage ging Langevin in einer dritten Studie nach, allerdings konnte sie diese nicht mit menschlichen Probanden anstellen – jede Ethikkommission hätte sie gestoppt. Ein Schwein musste herhalten. Genauer: 20 männliche, kastrierte Ferkel im Alter von vier bis sechs Wochen. Sie wurden in vier gleich große Gruppen geteilt. Gruppe A wurde betäubt, dann ritzte ihnen ein Forscher zwei Fingerbreit neben der Wirbelsäule ins Lendenfleisch. Der Schnitt war vier Zentimeter breit und einen Zentimeter tief und reichte bis zur Oberfläche der Thoracolumbalis. Mit Schaber und anderen Sezierwerkzeugen wurde das Hautgewebe von der Lendenfaszie beiderseits des Einschnitts getrennt, sodass sich auf der Oberfläche der Faszie eine etwa vier mal vier Zentimeter große Wunde bildete. Gruppe B legte man ein Brustgeschirr an, wie man es für Hunde verwendet, und fesselte eines der Hinterbeine mit einer Leine an das Geschirr; der Abstand des gefesselten Hinter- zum Vorderbein betrug so nur noch zwei Drittel des normalen Abstands. Gruppe C musste beide Prozeduren über sich ergehen lassen, wurde also im Lendenbereich verletzt und mit einem Harnisch in seiner Bewegungsfreiheit eingeschränkt. Gruppe D hatte Glück – sie war die Kontrollgruppe, blieb also unversehrt.

Acht Wochen lang wurden alle Ferkel jeden Tag trainiert. Dabei legten sie eine festgelegte Laufstrecke zurück. Den zehn Schweinen der Gruppen B und C nahm man dafür die Fessel ab. Die übrige Zeit verbrachten die Probanden einzeln in dreieinhalb Quadratmeter großen Koben. Per Ultraschall wurden anschließend bei allen Schweinen Dicke und Scherfähigkeit der Thoracolumbalis gemessen – wohlgemerkt auf jeweils der Seite der Wirbelsäule, die *nicht* durch Schnitt oder Fessel beeinträchtigt gewesen war. Die Forscher interessierten sich weniger für die direkte Beeinflussung der Faszie als vielmehr für die indirekte Wirkung auf die andere, vermeintlich gesunde Seite des Rückens. Die Ergebnisse bestätigten ihre Vermutung. Im Vergleich zur Kontrollgruppe war bei allen manipulierten Tieren die Scherfähigkeit der Faszie eingeschränkt, bei jenen mit lokaler Verletzung war das Gewebe zudem dicker geworden. In Gruppe C, die auf einer Seite sowohl verletzt als auch gefesselt worden war, war die Flexibilität der Faszie sogar um mehr als die Hälfte reduziert.

2016 wurde diese Untersuchung veröffentlicht und gefeiert, denn erstmals wurde nach wissenschaftlichen Standards bewiesen, dass Verletzungen und Bewegungseinschränkung zu krankhaften Veränderungen der Faszie führen. Hätte man die Schweine fragen können, ob sie im Verlauf der acht Wochen Rückenschmerzen bekamen, hätten die Mitglieder der Gruppen A bis C ziemlich sicher mit Ja geantwortet. Denn deren Faszien hatten dieselben Symptome ausgebildet wie Menschen mit chronischen Rückenschmerzen, die Langevin in den beiden vorangegangenen Studien untersucht hatte. Die Erkenntnisse aus der Schweinestudie sind auf Menschen übertragbar, denn wir sind mit den Rüsseltieren genetisch eng verwandt, unsere Gewebe sind sich so ähnlich, dass man sogar Organe transplantieren kann.

Vier Jahre darauf, 2020, lieferte ein indisches Forscherteam aus Physiotherapeutinnen ein spannendes ergänzendes Ergebnis: Die Lendenfaszie ist bei Menschen mit Kreuzschmerzen nicht nur verdickt und weniger gleitfähig, sie ist zudem verkürzt. Mehr noch: Außer der Faszie untersuchten die Forscherinnen die Kraft mehrerer Muskelstränge, die mit der Thoracolumbalis verbunden sind, und stellten fest, dass die Muskelkraft der Patienten trotz chronischer Rückenleiden nicht eingeschränkt war. Allein krankhafte Veränderungen der Faszie verursachten die Probleme. Ihre Muskeln waren genauso stark wie bei gesunden Menschen. Diese Studie führt die Empfehlung unzähliger Fitness-Trainer und Orthopäden ad absurdum, bei Rückenschmerzen die Muskulatur zu trainieren. Die Muskeln sind in der Regel in Ordnung. Es sind die Faszien, die sich ungesund verändert haben.

Stellt sich die Frage, warum dennoch vor allem an der Muskelkraft, oder schlimmer: an der Wirbelsäule herumgedoktert wird. Ein Grund ist sicher, dass die Forschung zur Faszie noch jung und Studien nicht sehr zahlreich sind. Ein zweiter, dass in der muskelstärkenden Fitness-Industrie und in der chirurgischen Orthopädie ungeheuer viel Geld verdient wird und weiterhin verdient werden will. Will man die Neigung meiner Kollegen verstehen, schnell und oft an der Wirbelsäule herumzuschrauben, lohnt ein Blick auf das Vergütungssystem der Krankenkassen. Seit es 2004 reformiert wurde, gelten die sogenannten Fallpauschalen. Für eine genau beschriebene Behandlung gibt es einen festgelegten Betrag, unabhängig von Erfolg und Dauer. Für Operateure bedeutet das: Jeder Schnitt zählt. Je öfter und je schneller die Eingriffe, umso lauter klingelt die Kasse. Eine Bandscheibenoperation etwa wird mit 3900 Euro vergütet, eine Versteifung zweier Wirbel mit 9000 Euro. Eine physiotherapeutische »Bindegewebsmassage« von 20 bis 30 Minuten bringt dagegen nur 18,78 Euro ein. Ein »problemorientiertes ärztliches Gespräch« von mindestens zehn Minuten Dauer: 15,28 Euro.

Wie OP-Narben das Gewebe zerstören

Das deutsche Gesundheitssystem setzt finanzielle Fehlanreize – das hat ein Team von Spiegel-Journalisten für eine Titelgeschichte vor zwei Jahren recherchiert. Die Folgen irreführender Anreize sind nicht nur teuer, sie erzeugen auch unnötiges Leid. Keinesfalls immer, aber durchaus nicht selten könnte man feststellen, dass Wirbelsäulenoperationen in erster Linie Chirurgen helfen, weniger denen, die vor ihnen auf dem Tisch liegen. Weil bei jeder dritten Patientin und jedem dritten Patienten die Schmerzen trotz Operation anhalten oder sogar schlimmer werden, schneiden Ärzte einen Rücken sogar gern zum zweiten, dritten oder vierten Mal auf. Doch mit jedem Eingriff steigt das Risiko von Fehlern – zu große Schnitte oder falsch gesetzte Schrauben –, steigt auch die Anzahl von Verletzungen und Narben, die auf Nerven drücken können. Die Gefahr einer Infektion droht sowieso immer. Und mit jeder OP sinkt die Erfolgsrate, beim vierten Eingriff liegt sie bei nur noch 5 Prozent. Ein Team von Schmerzexperten hat sich einmal die Krankenakten von 7500 Rückenoperierten im Nachhinein angesehen. Bei mehr als 7000, so ihr Fazit, war der Eingriff nicht gerechtfertigt. Und speziell auf die Faszie bezogen: Jedes Narbengewebe bleibt strukturell verändert, eine ursprüngliche Elastizität und volle freie Gleitfähigkeit ist nicht mehr erreichbar. Aber, so könnten OP-Befürworter einwenden, mittlerweile wird doch häufig endoskopisch oder minimal-invasiv operiert – ist die Narbe dann nicht minimal und somit zu vernachlässigen? Leider nein. Denn nicht nur die von außen sichtbare Narbe ist bedeutsam, viel entscheidender sind die vielen tiefen Narben, die bei diesen Operationen entstehen.

»Narbengewebe und seine ihm anhaftenden Verklebungen sind der gescheiterte Versuch einer Geweberekonstruktion [des Körpers] und eine schlechte Imitation des ursprünglichen Gewebes«, schreibt Jean-Claude Guimberteau in seinem Buch »Faszien«. Der Chirurg hat mit seiner Kamera Vernarbungen unter der Haut nach vorangegangenen Operationen ausführlich dokumentiert. Es entstünden dabei »dysfunktionale« Zugkräfte, schreibt er und resümiert nüchtern: Der einzige Zweck einer Narbe bestehe darin, im verletzten Gewebe »das Loch zu stopfen«. Jede Narbe bedeutet also für das restliche Leben einen Bereich im Körper, der nicht mehr »loslassen« kann. Diese Bewegungsrestriktion wirkt auch auf weit entfernte Bereiche, wie wir noch sehen werden.

Dass bei vielen meiner Kollegen dennoch das Skalpell locker sitzt, liegt zum einen an Fehlanreizen im Gesundheitssystem, zum anderen an der medizinischen Aus-, Fort- und Weiterbildung, in der die immergleichen Lehren vermittelt werden. Ohne eigenen Antrieb zum Out-of-the-box-Denken kommt man als Arzt schwer aus dem »eigenen Saft« heraus. Der Fehler steckt jedoch nicht nur im System, sondern auch bei jedem Einzelnen: Viele Patienten legen sich erschreckend bereitwillig unters Messer. Die Verlockung ist groß. Der Arzt oder die Ärztin sagt: »Kein Wunder, dass Sie Schmerzen haben, die Bandscheibe zwischen Wirbel x und y ist degeneriert. Doch Sie haben Glück: Wir können das operativ beheben.« Und die Patientin oder der Patient denkt: »Gott sei Dank. Alles wird gut.« Das ist menschlich, ist aber auch das Ergebnis einer kindlichen Einstellung. Ein Mensch ist verzweifelt, er weiß nicht weiter, doch anstatt Verantwortung für seine Situation zu übernehmen, glaubt er lieber an eine unfehlbare Instanz, die alles richten wird. Der Mensch gibt die Verantwortung für seinen Körper an die Ärzte ab – wie ein Auto an den Mechaniker. Und der sagt: »Lichtmaschine ist kaputt, Bremsen müssen auch neu gemacht werden, kein Problem, übermorgen können Sie den Wagen abholen.« Da ist man froh: Ein offensichtlich kompetenter Mensch nimmt die Sache in die Hand, man selbst hat ja keine Ahnung. Hier die Kfz-Werkstatt, da die Arztpraxis, der Vergleich passt leider gut. Deutschland ist das Land der Maschinenbauer und Ingenieure, viele Menschen pflegen eine mechanistische Vorstellung von der Welt und dem eigenen Körper. Für jedes Problem, glauben sie, muss es eine klar erkennbare Ursache geben und eine eindeutige Lösung.

Als wäre der Körper eine Maschine und wären die Regeln, nach denen er funktioniert, monokausal und unterkomplex.

Der Konstruktionsplan des Orthopäden ist das Röntgenbild. Oder die Aufnahme aus dem Kernspintomografen. Die Botschaft der Bilder scheint eindeutig. Eine Wirbelsäule sieht fast nie aus wie im Lehrbuch, häufig ist eine Bandscheibe zu flach oder vorgewölbt oder sitzt irgendetwas schief. Das ist normal und erzeugt in den wenigsten Fällen Schmerzen. Doch der Orthopäde zeigt auf eine auffällige Stelle und sagt: »Sehen Sie, hier liegt Ihr Problem.« »Der Wunsch, auf Bildern etwas zu sehen, was das Leid erklären kann, reflektiert eine tief verwurzelte Bildgläubigkeit, den Mythos von der Erklärung des Lebens und des Leidens durch Bilder«, schreiben die Orthopäden und Schmerzexperten Marcus Schiltenwolf und Martin Schwarze in einem Fachartikel für das Bundesgesundheitsblatt. Tatsächlich spiegelt die Annahme, eine Anormalität an der Wirbelsäule sei die Schmerzursache, mehr Wunschdenken als Wirklichkeit. An der Uniklinik Greifswald ist ein Forschungsteam der Frage nachgegangen, wie oft Auffälligkeiten der Wirbelsäule, die man auf Bildern entdecken kann, Schmerzen auslösen. Von mehr als 2400 Testpersonen machten sie Kernspinaufnahmen. Eine große Gruppe unter ihnen hatte Rückenschmerzen, die anderen nicht. Auf den Bildern der Leidenden entdeckten die Forschenden in acht von zehn Fällen Verschleiß im Kreuz. So weit, so logisch. Auf den Bildern jener, die beschwerdefrei waren, erkannte das Team allerdings genauso oft krankhafte Veränderungen der Lendenwirbelsäule. Was bedeutet das? In Minnesota, USA, kam eine Überblicksstudie, die Bilder und Daten von mehr als 3000 Teilnehmern auswertete, zu dem Schluss, dass bereits jeder dritte 20-Jährige degenerierte Bandscheiben hat – aber keine Schmerzen.

Der Physiotherapeut Hannu Luomajoki bringt im Spiegel-Interview den Versuch, von Befunden auf dem Kernspinbild auf

Schmerzen im Rücken zu schließen, humorig auf den Punkt: »Der Zusammenhang ist in der Regel nicht größer, als wenn jemand mit Glatze zum Arzt geht und sagt: ›Ich habe Kopfweh.‹ Und der Arzt sagt: ›Kein Wunder, Sie haben ja eine Glatze‹.« Und noch etwas sollte uns zum Nachdenken anregen: Auch wenn der Rücken- und/oder Beinschmerz nicht unbedingt von der Bandscheibe kommen muss – warum hat jeder dritte 20-Jährige bereits sichtbare Abnutzungen? Ist das normal? Was können vielleicht die Ursachen für diese auffällig frühzeitigen Veränderungen sein? Was verringert den Raum der Bandscheibe und sorgt somit für Druck, Kompression und in der Folge Abnutzung? Was ist das für eine Spannung, die die beiden Wirbelkörper eines Bewegungssegmentes der Wirbelsäule ober- und unterhalb der Bandscheibe offenbar so zusammendrückt, dass sie sich erst vorwölbt und dann vorfällt? Wie bei einem Luftballon, den man zwischen den Händen zusammendrückt und der dann breit herausquillt. Müsste eine ursachenbezogene Orthopädie nicht an diesen Spannungen, an diese für Enge und Kompression sorgenden Kräfte herangehen und den Druck im System wegnehmen? Vor allem in diesem jungen Alter! Doch die Problem-erkannt-und-operativ-gebannt-Mentalität ist so wirkmächtig im deutschen Gesundheitssystem, dass Überlegungen, der Schmerz könnte Ursachen jenseits der Wirbelsäule haben, sich selten durchsetzen.

Es gibt durchaus Orthopäden, die ihren Patienten vollkommen zu Recht sagen, ihr Schmerz rühre wahrscheinlich weder von einer verformten Bandscheibe noch von einer Verrenkung her, sondern von Stress. Oder einer falschen Körperhaltung. Oder einem Unfall vor zwanzig Jahren. Aber dann müssten die Betroffenen selbst aktiv werden, über ihre Lebensweise nachdenken und überhaupt … Es würde anstrengend, und das wollen viele nicht. Allerdings habe ich auch von Fällen gehört, wo eine Schmerzleidende den Orthopäden fragt, ob er denn wirklich glaube, dass ein Bandscheibenvorfall Quell der Pein sei, und der Arzt blockt ab. Weitere Überlegungen und Untersuchungen, die vielleicht in eine manuelle Therapie münden würden, kosten Zeit und bringen wenig Geld. Die Idee, dass eine händische Therapie die oben gestellten Fragen zum Wohle des Patienten beantworten könnte, wird nicht weiterverfolgt. Dabei bezweifelt niemand, wirklich niemand, dass der myofasziale Bereich um die Wirbelsäule herum, also das Zusammenspiel von Muskeln und Faszie, Millionen und Abermillionen potenzielle Schmerzpunkte birgt.

Der Rücken ist vollgepackt mit vielen verschiedenen Muskeln, die alle von der Faszie durchdrungen sind. Dieser myofasziale Komplex ist von unzähligen Nervenfasern durchsetzt, die eine Verbindung zum Gehirn herstellen. Zu einem kleinen Teil sind diese Nerven willkürlich aktivierbar, kann der Mensch also bewusst eine Bewegung auslösen. Zum allergrößten Teil aber werden die Nervenendigungen vom vegetativen Nervensystem kontrolliert, und das entzieht sich unserem Willen. Geraten wir unter Druck, überfällt uns Angst, löst das vegetative Nervensystem eine Stressreaktion aus, die direkt auf den myofaszialen Komplex wirkt, ohne dass wir das verhindern können. Diese Mechanik ist ein neurophysiologischer Fakt, den keine Medizinerin und kein Mediziner bezweifelt. Oft spüren wir dann ein Ziehen oder Krampfen im Rücken. Interessant wäre nun zu erfahren, was dort vor allem zieht und krampft: Muskel oder Faszie?

Geschichten aus der Praxis

Herbert, Schreinermeister, 59 Jahre

»Ich habe 40 Jahre lang körperlich schwer gearbeitet. Ich war stolz drauf, was ich in der Werkstatt alles leiste und schaffe. Plötzlich ging nichts mehr.

Seit ich 17 Jahre alt bin, arbeite ich mit Holz. Ich bin Schreiner und Forstwirtmeister für Spezialfällungen, etwa nach Sturmschäden. Außerdem baue ich Möbelstücke nach Maß. Den Großteil der Arbeit leiste ich an Maschinen. Dabei muss ich schwere Bohlen auflegen und sägen oder schleifen, dann mit Stemmeisen das Holz bearbeiten. Lange Bohlen sind etwa 30 bis 60 Kilogramm schwer. Ich arbeite allein und hebe das alles allein.

Bei den Arbeiten habe ich jahrzehntelang meine rechte Seite mehr belastet als die linke. Mein rechter Arm ist stark, links habe ich kaum Muskeln. Wie einseitig das ist, spüre ich natürlich schon lange. Ich fühlte mich oft irgendwie verzogen. Es hat jedoch nie gestört. Aber eines Tages, vor etwa zwei Jahren, spürte ich beim Autofahren ein unangenehmes Ziehen im Bein. Und dann wurde alles ganz schnell immer schlimmer. Aus dem Ziehen wurden intensive Schmerzen, und die kamen bald immer häufiger und heftiger und breiteten sich im ganzen Körper aus. Schon ein paar Wochen später konnte ich nicht mehr lange stehen, nicht mehr unbeschwert gehen, und rennen sowieso nicht. Aus Angst vor den Schmerzen mochte ich mir nicht einmal meine Socken im Stehen anziehen. Ich musste mich im Alltag alle paar Schritte für einen

Moment setzen, ich habe mich regelrecht durch die Werkstatt geschleppt. Ich habe dann mittags in der Werkstatt eine Decke auf dem harten Boden ausgebreitet und mich eine Stunde draufgelegt, um meinen Nerv zu beruhigen. Danach ging es für eine Stunde etwas besser. Aber eigentlich war ich fast arbeitsunfähig, musste viele gute Aufträge ablehnen und konnte nur noch stundenweise ganz vorsichtig arbeiten. Eine Katastrophe. Ich liebe meinen Job.

Ich habe alles probiert, was mir in den Sinn kam und was meine Ärzte empfahlen. Ich ging zum Orthopäden, dann regelmäßig zur Physiotherapie. Mehr als 20 Mal. Als das nichts half, besuchte ich einen Osteopathen. Das half, aber immer nur für ganz kurze Zeit. Die Schmerzen kamen wieder und in voller Intensität. Die Ärzte haben mir dann gesagt, sie müssten operieren. Seltsamerweise habe ich nicht einmal erfahren, wo genau und was da gemacht werden sollte. Meine Schmerzen kamen aus dem Rücken, strahlten in Arme und Beine aus, sie waren irgendwie überall. Doch unters Messer wollte ich auf keinen Fall. Ich hatte oft gehört, der Erfolg sei nach einer OP nur temporär, das Problem komme früher oder später wieder.

Ich ging zu einem Arzt, der eine Behandlung praktiziert, die er selbst entwickelt hat, und erklärte ihm meine Situation. Er verstand zwar, dass ich keine OP wollte, sagte aber auch, dass er keine Heilungsgarantie geben könne. Ich begann die faszienorthopädische Therapie bei ihm. Er drückt und schiebt mit dem Ellenbogen oder der flachen Hand, legt sich richtig rein, man muss sich selbst ein wenig mitbewegen. Er streicht über Arm oder Bein, auch Rücken, Bauch, um die Faszie sozusagen in die richtige Bahn zurückzubringen. Dieses Drücken habe ich bis auf die Knochen gespürt. Während und nach jeder Behandlung hatte ich häufig Schmerzen, und danach schien mein Leiden noch schlimmer zu sein als vorher. Nach dem vierten Behandlungstermin wollte ich aufgeben.

Zum Glück habe ich der Behandlung dann doch noch eine Chance gegeben, denn bald änderte sich etwas. Ab dem fünften Termin ging es mir ein paar Tage nach den Behandlungen immer ein Stückchen besser. Ich habe es zuerst gar nicht bewusst bemerkt, aber ich konnte mich viel besser bewegen. Einmal dachte ich: »Ach Mensch, es ist schon Nachmittag, sonst hast du dich um diese Zeit immer länger hingesetzt, aber jetzt geht's ja auch so ganz gut weiter.« Von da an ging es aufwärts. Mein Körper machte wieder mit.

Seitdem wäre ich am liebsten jeden Tag in die Praxis gegangen. Aber das hätte wohl wenig Sinn, mein Körper passt sich nur langsam an, deswegen hatte ich nur einmal im Monat eine Behandlung. Mehrere Tage nach den Terminen lag ich abends im Bett, horchte in mich hinein und hatte das Gefühl, dass der Körper weiterarbeitet. Als wenn der Therapeut nur einen wichtigen Anstoß gibt und der Körper sich dann selbst repariert.

Ich bin dann wieder mit dem Fahrrad in die Werkstatt gefahren, und bald habe ich auf dem Heimweg auch mal eine Extrarunde gedreht. Nach sieben Behandlungsterminen war die alte Leichtigkeit wieder da. Mein Körper fühlte sich an wie aufgeräumt. Als wenn alles wieder da ist, wo es hingehört. Seitdem arbeite ich wieder voll. Ich gehe auch wieder wandern, das ist eine alte Leidenschaft von mir. Zeitweise hatte ich sie aufgeben müssen, ich hatte Angst, dass ich mitten im Wald nicht weiterkann und meine Frau mich mit dem Auto rausholen muss. Das ist in der schlimmsten Phase einmal passiert. Heute lache ich darüber. Ich fühle mich wieder sicher, übernehme auch schon wieder leichte Arbeiten in der Forstwirtschaft, und ich habe mir einen Traum verwirklicht: meine eigene Werkstatt. Jahrzehntelang hatte ich mich nur bei anderen eingemietet. Nun habe ich mein eigenes Atelier nach meinen Vorstellungen, mit Tischlerei und Sägewerk. Da kann ich im Sommer draußen vor der Tür arbeiten. Mit meiner neuen Bewegungsfreiheit kam neuer Schwung, und da habe ich mir das alles aufgebaut.«

Kapitel 3

Was zieht und krampft und tut mehr weh – Muskel oder Faszie?

Über Menschen mit Rückenschmerzen wissen wir dank der jüngsten Erkenntnisse der Faszienforschung: Ihre Muskelkraft ist nicht beeinträchtigt, wohl aber ihre Faszie. Das Gewebe aus Kollagen und Elastin ist bei Schmerzpatienten kürzer, dicker und unflexibler. Auslöser sind Verletzungen, Fehlhaltungen und Bewegungsmangel. Wie aber verändert sich dadurch die Faszie auf mikroskopischer Ebene? Lässt sich die genaue Quelle des Schmerzes ermitteln? Und was kann man dagegen auf der Makroebene tun? Über die Väter (und eine enorm wichtige Mutter) der Faszien-Orthopädie.

Robert Schleip, der wohl führende Faszienforscher in Deutschland, wollte wissen, was genau die Verdickung einer Faszie verursacht. Warum sie also unbeweglicher wird. Zum einen fand er heraus, dass die Verdickung durch eine erhöhte Produktion von Kollagen entsteht, zum Beispiel wenn eine Wunde heilt. Dann bauen die Fibroblasten, die Fabrikzellen der Faszie, jede Menge kollagene Eiweiße, die die Wunde schließen. Ob die Natur dabei einen Fehler macht und übers Ziel hinausschießt, lässt sich schwer sagen, auf jeden Fall werden bei diesem Prozess oft zu viele Proteine angehäuft, es kommt zu Entzündungen und zu Narbenbildung. Reibung und Haftung nehmen zu, Gewebeteile gleiten und scheren nicht mehr so gut aneinander vorbei, die Geschmeidigkeit verringert sich. Doch Schleip ermittelte noch etwas, und das erwies sich als bahnbrechend. Er extrahierte ein Stück Lendenfaszie, zunächst von einer Ratte, und träufelte biochemische Substanzen darauf. Botenstoffe etwa, die bei der Wundheilung aktiv werden und dabei Entzündungen auslösen. Und siehe da, die Faszie zog sich zusammen. Selbstständig. Sie hing einsam an einer Klemme im Labor – kein Muskel in der Nähe, der die Kontraktion für sie hätte besorgen können. Als Schleip das Gewebe mit einem Botenstoff tränkte, der im Körper bei emotionalem Stress ausgeschüttet wird, passierte dasselbe. Die Faszie wurde kürzer und – weil die Masse mit einer geringeren Länge auskommen muss – auch dicker. Wobei sich das Faszienstück nicht mal eben schnell zusammenzog – nein, der Prozess zog sich über Stunden, und am Ende verharrte das Gewebe in seiner verdickten Kürze. Was das im Alltag bedeutet, kennt jeder manuelle Therapeut – Schleip ist ja auch einer – sehr gut: stressgeplagte Menschen im Büro mit Verhärtungen im Nacken, zwischen den Schulterblättern, am unteren Rücken. Solche Verhärtungen, sagt Schleip, bilden sich in Phasen andauernder emotionaler Anspannung schleichend im Laufe von zwei bis drei Monaten. Wenn er eine solche Stelle mit dem Ultraschallgerät untersuche, stelle er fest, dass die Faszienhülle um den Muskel verdickt und verhärtet sei, das Muskelfleisch darunter jedoch einen normalen Spannungszustand aufweise. Was sich mit den Erkenntnissen der oben erwähnten indischen Studie deckt. Für Schleip ist somit klar: Man muss an der Faszie arbeiten, nicht am Muskel. Nicht das Muskelgewebe verkrampft, es ist die Faszie, die diese unangenehmen Knoten, Beulen oder Knubbel entwickelt, die wohl fast alle Menschen aus eigener Erfahrung kennen und die wir häufig Verfilzung oder Verklebung nennen. Bei manchen bilden sie sich ab und zu, andere haben sie durchgehend. Ich kenne etliche Leute, die ihre Verspannungen resigniert durch den Alltag schleppen. Sie betrachten sie fast als normal, stoisch ertragen sie Bewegungseinschränkungen und Schmerzen. Allerdings glauben viele, ihre verspannten Muskeln würden schmerzen. Ist das richtig? Schauen wir besser Wissenschaftlern über die Schulter, die dieser Frage im Labor nachgehen – und dabei zu ziemlich rabiaten Mitteln greifen.

Für eine Studie schärften sie eine Uhrmacherzange und kniffen damit Katzen – einerseits in die Lendenfaszie, andererseits in das darunterliegende Muskelgewebe. Um die Tiere zu schonen, hatte man zuvor die Nervenverbindung zwischen Stammhirn und Großhirn durchtrennt. Die Katzen nahmen das Kneifen nicht als Schmerz wahr, das Nervensystem reagierte aber dennoch – erkennbar als spastische Zuckungen verschiedener Körperteile. Diese Kontraktionen waren wesentlich stärker, wenn die Faszie gezwickt wurde.

Eine andere Forschergruppe griff statt zur Uhrmacherzange zu Kochsalz. Zunächst animierte sie Ratten zu einem ultraharten Lauftraining. Ziel: Muskelkater (zur Erinnerung: Muskelkater sind Miniverletzungen im Gewebe, kleinste Risse in einzelnen Muskelfasern, ausgelöst durch exzessives Training oder ungewohnte Bewegungsabläufe). Anschließend spritzte man den Ratten Kochsalzlösung in die Beine, auch hier zum einen in die Faszie, zum anderen in benachbarte Muskeln. Bei Injektion in die Faszie ließ sich eine hohe elektrische Aktivität in den Nervenbahnen messen, die starke Schmerzen signalisierte. Der Muskel hingegen reagierte kaum. Also: Auch beim sogenannten Muskelkater ist es vor allem die Faszie, die wehtut. Der Beweis steht noch aus, aber ich nehme an, die Miniverletzungen passieren sogar ausschließlich in diesem Gewebe.

Mit Menschen hat man ähnliche Versuche am unteren Rücken durchgeführt. Man spritzte ihnen verschiedene chemische Mittel. Eine Kochsalzlösung erzeugte Schmerzen, die die Testpersonen (ein Dutzend Männer) als »Brennen«, »Pochen« und »Stechen« beschrieben. War die Faszie betroffen, dauerte die Wirkung nicht nur länger als beim Muskel (15 gegenüber 10 Minuten), sie war auch wesentlich intensiver. Die Probanden sprachen von »quälend«, »schlimm« oder gar »tödlich«. Bei einem anderen Versuch verabreichte man den Teilnehmern zunächst ein Mittel, das sie an verschiedenen Stellen des Körpers überempfindlich machte. Das geschah einerseits im Bereich der Rückenlende, andererseits am Schienbein, mal in der Faszie, mal im Muskel. Dann verabreichte man ihnen an diesen Stellen zum einen Schläge (durch einen Roboter, der immer gleich kräftig haute), zum anderen anhaltenden Druck, außerdem Kochsalzlösung und schließlich Stromschläge. Auch bei dieser vielfältigen Tortur zeigte sich: Die Faszie ist schmerzempfindlicher als Muskeln. An der Lende übrigens noch mehr als am Schienbein. Woraus man schließen darf: Die Thoracolumbalis ist nicht nur der stärkste und kräftigste Teil der Faszie im menschlichen Körper, sie ist auch ein Sensibelchen. Siegfried Mense, emeritierter Professor für Anatomie an der Medizinischen Fakultät der Universität Heidelberg, hat mit wechselnden Teams mehrere Schmerzstudien mit Menschen durchgeführt. Die Faszie sei durchzogen von unzähligen Schmerzrezeptoren, so Mense, die sehr gute und sehr schnelle Verbindungen zu Nervenbahnen im Rückenmark hätten. Mense ist überzeugt, dass die Faszie »unser empfindlichstes Wahrnehmungsorgan« sei, besonders am unteren Rücken. Alles, die gesamte Studienlage, deutet also darauf hin, dass die weitverbreiteten, viel beklagten, oft chronisch werdenden Rückenschmerzen von der Aponeurose in der Lendenregion ausgehen. Dabei entsteht ein Teufelskreis. Stellen wir uns einen Menschen vor, der beim Umzug einen großen Schrank in einer schiefen Körperhaltung hebt, zum Beispiel wenn er ihn durch ein enges Treppenhaus bugsiert; oder eine Frau, die der Ehrgeiz im Muskelstudio packt, täglich Gewichte stemmt, in schneller

Folge immer größere Eisen auflegt, den immer heftigeren Muskelkater ignoriert; oder ein Fahrradfahrer, der in einer Kurve, wo Sand auf der Straße liegt, bremst: Der Reifen rutscht, der Mann fällt auf die Schulter. Das sind klassische Situationen, bei denen man sich myofasziale, also Muskeln und Faszien betreffende, Verletzungen zuzieht. Die Folge sind Schmerzen, die über Wochen anhalten können. In dieser Zeit gewöhnen sich viele Menschen eine Schonhaltung an. Aus Angst vor dem nächsten schmerzhaften Stich in Rücken oder Schulter vermeiden sie bestimmte Arm- oder Rumpfbewegungen oder gehen schief, vornübergebeugt, verlagern das Körpergewicht auf die linke oder rechte Seite, humpeln leicht. Dadurch werden bestimmte Regionen unnatürlich und sehr stark belastet, andere fast gar nicht mehr. So entstehen einerseits weitere kleine Verletzungen, andererseits Bewegungsmangel. Beides führt zu Verhärtungen und anderen krankhaften Veränderungen der Faszie, womit alles noch schlimmer wird.

Warum Gewebe wuchert

Gefördert wird dieser Teufelskreis durch ein Missverständnis: Schmerzen dürften nicht sein, man müsse ihnen ausweichen. Das ist verständlich, wer begibt sich schon gern in unangenehme Situationen. Doch macht man sich dabei häufig ein falsches Bild vom Ort des Geschehens. Wer irgendwo, sagen wir am linken unteren Rücken, ein Problem hat, bildet sich gern ein, dass es dort wehtut, weil irgendetwas gegeneinander reibt, schabt, kratzt oder drückt, was die Verletzung vergrößert, Entzündung und Schmerzen steigert. Darum: Bloß nicht bewegen, damit die Stelle in Ruhe heilen kann. Als wäre es ein Knochenbruch. Diese Vorstellung ist falsch, wurde aber jahrzehntelang von der Ärzteschaft gefördert. Ruhigstellen galt als Voraussetzung für Erholung und Heilung. Heute wissen wir, dass außer bei Knochenbrüchen Bewegung fast immer hilft, auch wenn es wehtut. Das sei veranschaulicht am Beispiel Gipsarm oder Gipsbein. Anstelle des Gipses versucht man immer öfter durch Gelenk-Orthesen, Knie oder Ellenbogen beweglich zu halten, aber in manchen Fällen muss durchgehend geschient werden. Wenn der Gips nach zwei oder mehr Wochen wieder abgenommen wird, ist das Gelenk ziemlich steif. Der Patient kann es anfangs oft nur unter Schmerzen bewegen, aber, und das ist das Interessante: Er versucht es, er will es. Niemand käme auf die Idee, nach Gipsabnahme eine Schonhaltung einzunehmen – der Bruch ist ja geheilt! Also kämpft man gegen den Schmerz an, bis Arm oder Bein wieder normal funktionieren.

Nach landläufiger Meinung rührt die Steifheit nach mehreren Wochen Gips von geschwächten Muskeln. Und tatsächlich geht die Muskelkraft zurück, wenn Gelenke lange nicht bewegt werden. Die Hauptursache aber sieht Robert Schleip in der Faszie. Er hat schon öfter in Arme geguckt, die mehrere Wochen eingegipst waren. Patienten waren bereit, nachdem sie von Schiene und Verband erlöst worden waren, sich vom Faszienforscher zwei Zentimeter tief in den Unterarm ritzen zu lassen. Was Schleip dort fand, war wucherndes Gewebe, manchmal sogar verwachsen mit der Umgebung – Extremfälle von Verfilzung oder Verklebung der Faszie. Man kann ihr das nicht vorwerfen. Die Faszie will nur helfen. Sie geht davon aus, dass ein eingegipster Ellenbogen oder ein gegipstes Knie nicht mehr gebraucht werden. Sie will stabilisieren, indem sie sich mit dem umliegenden Gewebe verbindet. Sie weiß nicht, dass die Stilllegung nur vorübergehend ist. Sie passt sich an und baut sich um. Und gerade darin, in dieser Fähigkeit, sich anzupassen, liegt umgekehrt auch die Chance für Patientinnen und Therapeuten. Denn die Faszie baut sich auch um, wenn das Gewebe bewegt wird. Dann will sie die Bewegung fördern und erleichtern, indem sie geschmeidig wird. Das ist unser großes Glück. Gebrochene Knochen muss man notgedrungen über längere Zeit stilllegen, damit sie heilen. Eine ungünstig veränderte Faszie hingegen lässt sich relativ leicht und zügig wieder in Schwung bringen, indem man sie bewegt. Und die Schmerzen schwinden. Das betrifft nicht nur ein paar Sehnen oder Bänder. Sondern auch, wir erinnern uns, Knochenhaut, Organbeutel, Bindegewebe der Haut, Umhüllungen von Nerven, Arterien, Venen und Muskelfasern, die Hirnhaut, die Plantarfaszie unterm Fuß und die berühmte Thoracolumbalis am unteren Rücken. Alles ist miteinander verbunden, die Faszie durchzieht uns vom Scheitel bis zur Sohle als dreidimensionales Netz. Was bedeutet: Wo auch immer man anfängt, zu bewegen und zu therapieren – es wirkt mehr oder weniger, früher oder später, auf alles andere.

Diese chaotischen Kaskadeneffekte in all ihren Feinheiten zu beobachten und zu dokumentieren ist unmöglich. Doch um das fasziale Kontinuum zumindest ansatzweise wissenschaftlich zu belegen, hat Carla Stecco, die Anatomieprofessorin aus Padua, vor wenigen Jahren zusammen mit Kollegen eine Pilotstudie durchgeführt. Das Team schaute einem Physiotherapeuten auf die Finger. Dieser Mann war Luigi Stecco, Carlas Vater. Er praktiziert seit über 30 Jahren, hat schon früh die Bedeutung der Faszie erkannt und eine ziemlich poetische Sicht auf ihre Funktion. Man könne die Faszie als Dirigent eines Orchesters verstehen, schwärmte er einmal, das eine Symphonie der Bewegung spielt. Das Crescendo der einen Muskeln synchronisiere das Diminuendo der anderen. »Das Resultat ist harmonische Bewegung.« Kein Wunder, dass er seine Tochter inspirierte, sich ebenfalls mit der Faszie zu beschäftigen.

Die Studie konzentriert sich auf Menschen mit Rückenschmerzen, bei denen als Ursache Abnormitäten im Iliosakralgelenk diagnostiziert worden waren. Dieses Gelenk ist eines der bekannteren im menschlichen Körper, und zugleich scheinbar eines der spannendsten. Nicht nur, weil der Name so geheimnisvoll klingt (zusammengesetzt aus *Os ilium* – Darmbein, und *Os sacrum* – Kreuzbein), sondern auch, weil seine Mechanik ungewöhnlich ist. Es sind genau genommen zwei Gelenke, sie verbinden das Kreuzbein zu beiden Seiten mit den Darmbeinen des Beckens. Das Iliosakralgelenk, kurz auch ISG genannt, besteht aus mehreren straffen, teils über Kreuz verflochtenen Bändern, die nur minimalen Bewegungsspielraum erlauben. Weil es Kräfte von der Wirbelsäule auf Becken und Beine überträgt, ist es sehr hohen Belastungen ausgesetzt. Ein Fehltritt auf der Treppe, eine starke Erschütterung, ein Ruck kann genügen, dass Darmbein und Kreuzbein sich um eine Winzigkeit gegeneinander verschieben und sich verkanten. Die Chirotherapie beziehungsweise ärztliche manuelle Medizin hat für diese Gelenke mehrere Manipulationstechniken entwickelt. Experten wie Carla Stecco gehen nämlich davon aus, dass rund 40 Prozent der Fälle von Kreuzschmerzen hier ihren Ausgang nehmen. In der Regel nur auf einer Seite. Von dort strahlen sie in die Leistengegend oder ins Bein, manchmal bis in den Fuß. Meist begleitet von einem verspannten Rücken.

16 Männer und vier Frauen legten sich für die Studie auf Luigi Steccos Liege. Sie waren im Durchschnitt 47 Jahre alt und litten unter einer teils akuten, teils chronischen Iliosakral-Dysfunktion. Stecco behandelte sie an mehreren Punkten, die alle mindestens 20 Zentimeter vom schmerzenden Beckenbereich entfernt lagen. Die Probanden gaben vor der Behandlung, direkt danach und noch einmal einen Monat später Auskunft über ihre Schmerzen auf Basis einer numerischen Skala. Alle berichteten von einer deutlichen Verbesserung, nicht nur direkt nach der Behandlung, sondern auch noch vier Wochen danach.

Die Studie liefert den wertvollen Beweis, dass die Behandlung der Faszie an einer Stelle auch in entferntere Regionen fortwirkt. Und zwar dauerhaft. Das mag manche überraschen, vor allem die nachhaltig wirkende Linderung – nach nur einem einzigen Termin! Mich nicht. Ich erlebe diesen Effekt täglich mit meinen Patientinnen und Patienten. Nach mehreren solcher Termine in Abständen von etwa einem Monat ist die Mehrheit komplett schmerzfrei. Natürlich nicht alle – es gibt Schäden an Gelenken oder Nerven, die kann meine Faszien-Orthopädie nicht beheben. Doch sie kann erstaunlich viel. Betroffene erleben das oft als Rundumerneuerung. Dabei wird auch die Psyche positiv beeinflusst. Das belegt eine Studie von 2024 mit 128 Frauen und Männern, die unter chronischen Nackenschmerzen litten, verbunden mit Depressionen. Die eine Hälfte der Teilnehmenden bekam eine Placebo-Behandlung, die andere eine manuelle Behandlung der Faszie. Die Personen der zweiten Gruppe fühlten sich anschließend deutlich besser, sowohl körperlich als auch psychisch. Diese Erfahrung mache ich auch: Eine gesundende Faszie wirkt immer auch positiv auf die Stimmung der Patienten. Konkret spielen dabei physiologische Effekte im autonomen Nervensystem eine Rolle, dazu später mehr.

Still und Alexander – Väter eines neuen Faszienbewusstseins

Wie ein Therapeut die Faszie nun genau behandelt, hängt von seiner Ausbildung und Erfahrung ab; es gibt unterschiedliche Methoden. Luigi Stecco etwa hat als Physiotherapeut über Jahrzehnte eine eigene Therapieform entwickelt, die er sich sogar als Marke hat schützen lassen. Doch egal, wie groß oder klein die Unterschiede im Einzelnen sein mögen – alle Behandlungen der Faszie, die heute angeboten werden, gehen auf zwei Männer zurück, einen Amerikaner und einen Australier, deren Ideen sich um 1900 in Europa verbreiteten. Der eine ist Andrew Taylor Still, Erfinder der Osteopathie, der andere Frederick Matthias Alexander, nach dem die Alexandertechnik benannt ist. Sie lebten auf unterschiedlichen

Kontinenten, der eine war 40 Jahre älter als der andere, sie haben nie zusammengearbeitet und ihre Lebensumstände unterschieden sich vollständig. Dennoch verbindet sie vieles. Sie waren unzufrieden mit Ärzten und gängigen Behandlungsmethoden und suchten nach neuen Lösungen. Sie waren kritische, skeptische, neugierige und hartnäckige Geister. Und beide waren bewegt von starken persönlichen, teils tragischen Motiven.

Andrew Taylor Still, geboren 1828, ist Landarzt in Virginia nahe der Hauptstadt Washington. Sein Handwerk hat er bei seinem Vater gelernt, einem Arzt und methodistischen Priester. Früh interessiert er sich für alternative Heilverfahren, vor allem die der indigenen Bevölkerung. Gegen Ende des Bürgerkriegs, mit 36 Jahren, erleidet er heftige Schicksalsschläge: In kurzen Abständen sterben zwei seiner leiblichen Kinder an bakterieller Meningitis und ein Adoptivkind an Lungenentzündung. Dass weder er noch andere Ärzte und auch nicht Gebete die Tode verhindern konnten, erschüttert seinen Glauben sowohl an Gott als auch an die etablierte Medizin. Zweifelnd an den herrschenden Regeln, Lehren und Dogmen forscht er nach effektiven Heilverfahren.

Der andere, Frederick Matthias Alexander, wird 1869 auf Tasmanien geboren. Er ist Theaterschauspieler und liebt Shakespeare. Doch leidet er immer öfter an Heiserkeit, zeitweise verliert er seine Stimme vollständig. Er konsultiert Ärzte, keiner weiß Rat. Sein Problem ist existenziell, mit der Stimme verdient Alexander seinen Lebensunterhalt. Irgendetwas lässt ihn vermuten, dass er für die Heiserkeit selbst verantwortlich ist, dass er beim Sprechen etwas falsch macht. In den 1890er-Jahren beginnt er, sich selbst zu erforschen.

Landarzt Still will anderen helfen. Alexander kämpft als Schauspieler um seine eigene Existenz. Was sie verbindet: Beide erleben schmerzlich die Grenzen der damaligen Medizin. Und sie probieren nicht irgendwelche Tinkturen oder Pillen aus, sondern beschäftigten sich selbst mit der Anatomie des Körpers. Still ist fasziniert von den Fähigkeiten der Shawnee-Indianer, ihren schamanistischen Ritualen, besonders aber von der Technik des »Bone-setting«. Knochensetzen oder -einrenken ist keine spezifische indianische Tradition, es gibt sie in nahezu allen Kulturen, im Alten Ägypten schon vor 3500 Jahren. Doch im Zuge der Akademisierung der Medizin beschäftigten sich Ärzte mehr und mehr mit dem inneren Gleichgewicht von dem, was damals Körpersäfte genannt wird. Die Kunst, den Bewegungsapparat ins Lot zu bringen, interessierte die studierten Doktoren immer weniger; sie überließen sie Leuten aus dem Volk.

In China besorgten Kampfsportler das Einrenken von Schultern und Knien. In Europa boten Nonnen und Mönche diese Dienste an, meistens waren es aber weltliche Autodidakten, darunter auch Henker und Folterknechte, denn die wussten nicht nur, wie man mit Wagenrädern Knochen und Gelenke zerschmettert und auf Streckbänken Glieder ausrenkt, sie waren auch in der Lage, diese wieder einzurenken. Dokumentiert ist der Fall des Scharfrichters Franz Schmidt, der um 1600 in Nürnberg wirkte und sich nach 40 Jahren beruflichen Folterns und Tötens dem Heilen zuwandte. Knochensetzerwissen wurde auch in Afrika, Süd- und Nordamerika in bestimmten Familien über Generationen weitergegeben. Die Shawnee-Indianer inspirierten Andrew Taylor Still, sich eingehend mit der Mechanik von Knochen, Gelenken und Bändern zu beschäftigen. 1891 gründet er 63-jährig die »American School of Osteopathy«. Den Begriff setzt er zusammen aus den griechischen Wörtern »ostheon« für Knochen und »pathos« für Leiden.

Zur selben Zeit steht Frederick Matthias Alexander vor dem Spiegel und rezitiert Shakespeare. Dabei stellt er fest, dass er den Kopf beim lauten Sprechen unnatürlich weit nach hinten zieht, wodurch der Kehlkopf unter Druck gerät. Alexander verändert seine Position – und Nacken und Kehlkopf entspannen sich. Die Heiserkeit schwindet. Elektrisiert von der Entdeckung weitet er seine Studien auf den ganzen Körper aus; probiert Haltungen und Positionen, verändert sie, fühlt sich allmählich insgesamt freier und beweglicher. Daraufhin formuliert er die Erkenntnis: Damit sich etwas bessert, muss man zunächst ein Bewusstsein für seine Gewohnheiten und Bewegungen entwickeln. Was alles andere als einfach sei, denn wir würden Routinen als normal empfinden und uns meist wohl damit fühlen, ohne Spannungsmuster und Anstrengungen zu bemerken. Wenn wir diese Muster jedoch wahrnehmen und spüren, können wir versuchen, sie zu »ent-lernen«. Das sei weniger ein motorischer Prozess. Ob wir den Arm heben, einen Menschen umarmen oder konzentriert am Schreibtisch sitzen – alles sei eine Gemeinschaftsaktivität von körperlichen, emotionalen und mentalen Funktionen. Wir würden bestimmt von einem umfassenden »psycho-physischen Selbst«. Mit diesem sollten wir uns beschäftigen, was bedeutet: Bevor wir eine Bewegung auf neue Weise ausführen, sollten wir sie uns erst mal im Kopf vorstellen.

Alexander erweitert also selbst gemachte biomechanische Erfahrungen zu einer ganzheitlichen Idee des Körpers. Still geht ähnlich vor: Aus seinen anatomischen Studien folgert er, dass der Körper eine Funktionseinheit bildet. Knochen, Gelenke, Bandscheiben, Bänder und Muskeln würden mit inneren Organen zusammenhängen. Man müsse Blockaden in diesen Verbindungen beseitigen, um den Fluss von Blut- und Nervensystem wiederherzustellen. Beschwerden an der Bandscheibe etwa könne man über den Dickdarm behandeln.

Schüler von Still verbreiten dessen Ideen in Europa, dabei fächert sich die Osteopathie in verschiedene Lehren auf. Die heute umstrittenste ist die craniosacrale Therapie. Dabei versucht der Behandler das Pulsieren von Gehirn- und Rückenmarksflüssigkeit zu erfühlen und den Rhythmus durch Griffe an Schädel, Nacken und Kreuzbein zu beeinflussen. Ich finde es erstaunlich, dass Menschen in der Lage sein wollen, durch den Schädelknochen den Fluss der Hirnflüssigkeit zu spüren. Ich staune über die Erfolge dieser Technik, die es zweifellos gibt, kann sie aber nicht nachvollziehen. Womit ich aber vollständig übereinstimme, ist die osteopathische Überzeugung, dass eine Behandlung allein nicht heilen kann. Sie gibt nur einen Anstoß. Sowohl Still als auch Alexander haben darauf vertraut, dass der Körper am besten weiß, was gut für ihn ist. Still spricht von Körperintelligenz und Selbstheilungskräften, die man aktivieren müsse. Alexander sagt, man müsse den verschütteten Sinn für Bewegung im Raum freilegen und dann den Körper machen lassen – er finde ganz von selbst zu natürlicher Leichtigkeit.

Still und Alexander haben das Fundament für alle heutigen Faszientherapien gelegt. Moshé Feldenkrais etwa, der Judoka, von dem bereits die Rede war, war ein Schüler von Alexander. Wobei Feldenkrais die ursprüngliche Idee in einem entscheidenden Punkt veränderte: Während Alexander betonte, man solle sich mit Bewegungsabläufen gedanklich auseinandersetzen, entwickelte Feldenkrais konkrete motorische Übungen. Ida Rolf auf der anderen Seite, die Naturwissenschaftlerin und Yoga-Begeisterte, die Sie ebenfalls schon kennengelernt haben, machte sehr persönliche Erfahrungen mit der Osteopathie. Von ihrem Werdegang möchte ich etwas mehr erzählen, denn ihre Geschichte führt zu der Form von Therapie, die ich bevorzuge.

Eine Frau verändert alles

Als junge Frau stand Ida Rolf einmal hinter einem Pferd, das plötzlich austrat. Sie wurde am Brustkorb getroffen, hatte Atembeschwerden, bekam Fieber und landete im Krankenhaus. Dort erholte sie sich nicht gänzlich, ein Arzt schickte sie zu einem Osteopathen. Der machte sich am Brustkorb zu schaffen, und bald konnte sie freier atmen. Die weitere Behandlung übernahm ein blinder Osteopath.

Etliche Jahre später erinnerte sie sich an diese erfolgreiche Genesungsgeschichte und ging bei verschiedenen Osteopathen in die Lehre. Sie beschäftigte sich mit den Schriften des Erfinders der Methode, Andrew Taylor Still. »Ich kenne keinen Teil des Körpers, der es den Faszien als Forschungsfeld gleichtun kann«, ist eine von dessen zentralen Aussagen. »Ich glaube, dass sich beim Studium der Faszien mehr reichhaltige und goldene Einsichten auftun werden als bei irgendeinem anderen Aspekt des Körpers.« Rolf dürfte sich beim Lesen dieser Sätze bestätigt gefühlt haben, schließlich hatte sie bereits selbst im Labor die biochemischen Eigenschaften der Faszie erkundet. Anfang der 1940er-Jahre, sie hatte ihre Praxis ein paar Jahre zuvor eröffnet, erschien eine Patientin, mit der Rolf ihren neuen, bis heute als »Rolfing« bekannten Behandlungsstil entwickelte. Grace, so hieß die Frau, war als Achtjährige aus mehreren Metern Höhe mit dem Rücken auf den Rand eines Schwimmbeckens gefallen. Sie war knapp an einer Querschnittslähmung vorbeigeschrammt, konnte sich nur eingeschränkt bewegen und litt unter zeitweise starken Schmerzen. Mittlerweile war sie 45 Jahre alt. »Wir werden arbeiten und dich wieder herrichten«, sagte Rolf.

Das »Wir« war wörtlich gemeint. Während der Behandlung fragte Rolf Grace immer wieder, wie sich ein Streichen oder Drücken an dieser oder jener Stelle, in die eine oder andere Richtung anfühlte. Sie folgte einem Leitsatz aus dem Yoga: Körper müssen sich längen. Stück für Stück strukturierten die beiden Grace' Körper neu. Analysierten die Körperhaltung im Stehen und Gehen, bearbeiteten verkürzte Faszien, die zu schmerzhaften Fehlhaltungen zwangen. Am Ende konnte sich die Frau fast frei bewegen, brauchte keine Unterstützung mehr im Alltag, führte endlich ein selbstständiges Leben.

»Bringe die Faszie dahin, wo sie hingehört«, fasste einmal etwas salopp ein Schüler von Rolf das Konzept zusammen. »Und fordere Bewegung ein.« Das ist ebenso einfach, wie es wahr ist. Aber das kann der Therapeut nicht allein bewältigen. Die Zusammenarbeit ist wichtig, die Beziehung zwischen Behandler und Patienten entscheidend. Durch die Befragung, wie sich Körperteile vor, während und nach der manuellen Therapie anfühlen, wird die Selbstwahrnehmung geschult. Hier kommt das Rolfing der Alexander-Technik sehr nahe, die darauf abzielt, sich erlernter, anatomisch ungünstiger Bewegungsmuster bewusst zu werden. Dialog ist entscheidend für den Erfolg.

Ida Rolf hat ihre Methode im Laufe der Jahre durch Erfahrungen am eigenen Körper und an denen ihrer Patienten optimiert und zum Rolfing geführt. Osteopathie hat sie dabei als hilfreich vor allem im lokalen Bereich erlebt. Die Behandlung ihres Brustkorbs nach dem Pferdeunfall befreite die Atmung. Auch bei ihren Patienten konnte sie durch osteopathische Techniken einzelne Probleme lösen. Doch erst der Blick auf den gesamten Körper, wie sie es vom Yoga kannte, und ihr naturwissenschaftliches Wissen über die biochemischen Eigenschaften der Faszie komplettierten ihre Ideen. Um sich klarzumachen, welche Bedeutung die Faszie hat, musste Ida Rolf sich nur mal vorstellen, was der Pferdetritt angerichtet haben mochte. Die Faszie umhüllt und durchzieht Rippen, Lunge, Schultergelenk, Brustbein, Wirbelsäule und Zwerchfell, um nur ein paar Stationen zu nennen. Eine Verschiebung an einer Stelle kann sich überall auswirken, nicht nur am Rumpf, sondern dominoartig im ganzen Körper.

Mein Weg war ein anderer, aber auch ich habe meine Methode entwickelt, indem ich Traumata einerseits meines eigenen Körpers, andererseits an Patienten behandelte. Als Leistungssportler hatte ich starke Knieschmerzen, hatte unzählige Physiotherapiestunden, die immer nur vorübergehend halfen. Mit 15 wurde ich zum ersten, mit 25 zum zweiten Mal operiert. Die Schmerzen kamen jedes Mal wieder. Mittlerweile war ich Facharzt und konnte im Operationssaal, während ich versuchte, die Schmerzen anderer zu beseitigen, wegen meiner eigenen Schmerzen kaum stehen. Mit einer Mischung aus orthopädischem und privatem Interesse besuchte ich in Berlin einen Workshop der laut Eigenwerbung »Schmerzspezialisten Nr. 1«, Liebscher und Bracht.

Während des viertägigen Seminars lernte ich zum einen das System der neuralgischen sogenannten Osteopressurpunkte kennen, zum anderen Roland Liebscher-Bracht persönlich, den Entdecker dieser 72 übers Skelett verteilten Punkte. Liebscher-Bracht drückte an meinem Knie herum, und es wirkte. Nach seiner Behandlung spürte ich nur noch ein leichtes Zwicken, selbst wenn ich mich auf meine Fersen setzte, was vorher gar nicht möglich gewesen war. Das beeindruckte mich. Wir kamen ins Gespräch, ich erzählte von meinem Werdegang, und Liebscher-Bracht fragte, ob ich bei ihm arbeiten wolle. So wurde ich Leiter der Schmerztherapie im Gesundheitszentrum von Liebscher und Bracht in Bad Homburg.

Sie sind derzeit das wohl erfolgreichste deutsche Unternehmen zum Thema Schmerztherapie. Geleitet wird es vom Ehepaar Roland Liebscher-Bracht, einem Wirtschaftsingenieur und ehemaligen Kampfsportler, und Dr. med. Petra Bracht, Allgemeinmedizinerin mit Schwerpunkt Ernährung. Ihr YouTube-Kanal hat zwei Millionen Abonnenten, manche Videos verzeichnen über vier Millionen Aufrufe, ihr Tiktok-Kanal hat drei Millionen Likes. Mit Hilfsinstrumenten für ihre empfohlenen Übungen erzielt die

Firma Millionenumsätze, zudem hat das Paar mehrere Bestseller geschrieben. »Dehnen, Rollen, Drücken« lautet der Kernslogan ihres Konzepts. Dehnen gegen »muskulär-fasziale Engpässe«; rollen mit Hartschaumprodukten aus dem Online-Shop, um »Verklebungen und Verfilzungen im Gewebe« zu lösen; drücken mit eigens entwickelten birnenförmigen Gebilden auf »Alarmschmerz-Rezeptoren an der Knochenhaut«, um neuronale Muster im Gehirn umzuprogrammieren. Durch diese Methoden sollen überhöhte Spannungen in Muskeln und Faszie beseitigt werden – laut Liebscher und Bracht die Hauptursache für Schmerzen. Die Übungen kann jeder für sich zu Hause machen, was sicher ein Grund für den ungeheuren Erfolg ist. Speziell das Drücken kann man aber auch von Menschen besorgen lassen, die wie ich in dem Unternehmen ausgebildet wurden. Rund 5000 sollen es mittlerweile sein, in Deutschland, Österreich und der Schweiz, darunter viele Heilpraktiker und Physiotherapeuten.

In Bad Homburg habe ich die Methode von beiden Seiten erlebt und erprobt. Auf der Liege habe ich Patienten behandelt, allerdings nicht mit einer Plastikbirne, ich drückte mit meinem Daumen auf die definierten Punkte. Zu Hause habe ich dann Tag für Tag Dehn-Übungen absolviert, etwa eine halbe Stunde lang, um meine Knieschmerzen loszuwerden. Hier wie da habe ich, wie vorgeschrieben, knapp unterhalb der Schmerzgrenze gearbeitet, hier wie da beobachtete ich denselben Effekt: Die Methode funktioniert – häufig aber nur kurzzeitig. Patienten berichteten von Linderungserscheinungen, die meistens nur vorübergehend waren. Dasselbe Auf und Ab zeigte sich bei meinem Knie. Setzte ich mal zwei Tage mit den Übungen aus, tat es wieder weh. Um nach der Liebscher-und-Bracht-Methode schmerzfrei zu bleiben, muss man die Übungen lebenslang fast täglich machen. Je mehr man sich dabei quält, umso größer der Effekt. Das empfand ich als unbefriedigend.

Als nachteilig stellte sich auch der ausschließlich lokale Ansatz heraus. Gedrückt wird nur dort, wo der Schmerz ist. Doch der verlagert sich oft. Ich drückte am Knie eines Patienten, die Schmerzen schwanden, doch bald meldeten sich Hüftschmerzen. Ich beseitigte diese, woraufhin die Schulter wehtat. Oft hatte ich von Anfang an den Verdacht, dass Schmerzen einen anderen Ursprung hatten, als die Symptome suggerierten. Allmählich rückte ich vom vorgeschriebenen Konzept ab und behandelte dort, wo ich es für richtig hielt. Ich drückte woanders, ich drückte auch weniger und stellte fest: funktioniert auch. Die Patienten schienen zufriedener. Und die Osteopressur wirkte länger, in besonders erfreulichen Ausnahmen, vor allem bei Kindern, half eine einmalige Behandlung.

Die veränderte Technik tat auch meinem Daumen gut. Durch das ständige feste Drücken auf die Knochenpunkte – ich behandelte rund zehn Patienten am Tag – schmerzten meine Daumengelenke. Sie schwollen an, die Kapsel vergrößerte sich, allmählich wurden die Gelenke steifer. Ein Problem, das ich mit vielen Liebscher-und-Bracht-Kollegen teilte. Noch während meiner Zeit in Bad Homburg bildete ich mich in einer manuellen Faszienmobilisation namens Senmotic weiter.

Entwickelt hat sie Frank Demann, er praktiziert und lehrt in Aue im sächsischen Erzgebirge. Demann war mal Bodybuilder und Türsteher, bis er nach eigenem Bekunden merkte, dass er »beweglich wie eine Straßenlaterne« war. Zur Zeit der deutschen Wiedervereinigung begann er, sich in der chinesischen Kampfkunst Wing Chun zu üben, beklagte jedoch bald deren fehlende Anwendbarkeit und Effektivität. Zur gleichen Zeit kam er mit manueller Faszientherapie in Berührung. Als er feststellte, dass sein Körper und, wie er sagte, auch sein Geist durch diese Behandlung immer schneller und beweglicher wurden, sowohl im Alltag als auch im Kampf, vereinte er diese beiden Disziplinen zu einem Konzept. Die Senmotic-Therapie nimmt viele Anleihen beim Rolfing. Die Haltung soll verbessert, der Mensch aufrecht, Bewegungen sollen schmerzfrei und müheloser werden. Dazu wird durch Druck und Zug mit Ellenbogen, Händen und Fäusten die Faszie mobilisiert. Auch diese Methode lernte ich aus beiden Perspektiven kennen, als Patient und als Therapeut, und wieder überzeugte sie mich doppelt, dieses Mal allerdings nachhaltig. Die Behandlung ist sanfter als bei Liebscher und Bracht und einfühlsamer, sie nimmt den ganzen Menschen in den Blick und sie wirkt dauerhaft. Meine eigenen Schmerzen sind seit dieser Zeit verschwunden, ohne dass ich irgendwelche Übungen machen muss, und ich fühle mich insgesamt aufrechter, freier und geschmeidiger. Auch meine Denkweise und meine Persönlichkeit haben sich durch Ausbildung und Behandlung verändert.

Frank Demann war, wie Roland Liebscher-Bracht auch, eine Art Mentor für mich. Beide haben mir viel auf meinem Weg mitgegeben. Demanns System aus Faszienmobilisation und Kampfkunst ist in meinen Augen unter den nicht-medizinischen Angeboten in seiner Effektivität einzigartig, es führt meist zu großem Behandlungs- und Bewegungserfolg.

Manchmal muss man sich im Leben entscheiden, möchte man einem existierenden Ideal folgen oder seinen eigenen Weg gehen – (wobei fraglich ist, ob man im ersten Fall je besser werden kann als das Original). Mit der Faszien-Orthopädie gehe ich meinen eigenen Weg, bringe meine erworbenen Fähigkeiten und Fertigkeiten ein, zum Beispiel als Sportwissenschaftler und Facharzt für Orthopädie und Unfallchirurgie. Sich und seinen Ideen Raum geben zur Entfaltung – dazu ermuntere ich auch meine Patientinnen und Patienten. Ich ermutige sie, eigenverantwortlich zu handeln, die Führung in ihrer Gesundung und in ihrem Leben zu übernehmen, um möglichst flexibel und unabhängig agieren zu können. Dazu lesen Sie in den hinteren Kapiteln mehr.

Jeder Faszientherapeut entwickelt seinen eigenen Stil, manchen habe ich über die Schulter geschaut, Feinheiten kennen und schätzen gelernt. Alle Methoden gehen zurück auf die Erkenntnisse des ersten Osteopathen, Andrew Taylor Still, sowie auf die Alexandertechnik, die heute besonders beliebt bei Schauspielern und Musikern ist – unzählige Geiger, vom Instrument in eine verdrehte Position gezwungen, hat sie von ihren Schmerzen erlöst. Pionierarbeit hat außerdem Ida Rolf geleistet. Unter den heutigen Anbietern sind etliche Quereinsteiger ohne gesundheitsberufliche Vorbildung vertreten, wie Frank Demann und Roland Liebscher-Bracht. Solche Quereinstiege müssen nicht schlecht sein. Sie bringen immer auch einen anderen, externen Blick, der Ausgangspunkt von Innovation sein kann. Bei Liebscher und Bracht ist es der Fokus auf eine, auch selbst durchführbare, Schmerztherapie; bei Demann das eigene Kampfkunstsystem. Ich würde mir dennoch wünschen, dass Ärzte, besonders Orthopädinnen und Orthopäden, sich in diese Richtung weiterbilden. Zum einen, weil es sie selbst bereichern würde: Vom Netzwerk der Faszie nicht nur zu wissen, sondern es auch zu fühlen, eine Behandlung mit ganzem Körpereinsatz durchzuführen und dabei unmittelbare Rückmeldung vom Patienten zu bekommen – davon würde jeder Arzt profitieren. Zum anderen fühlen Patienten sich vielleicht sicherer, ernst genommener und wertgeschätzter, wenn der Behandler über profunde ärztliche Kenntnisse verfügt und diese zusätzlich einbringt.

Ich habe mich der Faszie als Orthopäde, nicht als Autodidakt verschrieben, deshalb sehe ich mich als Pionier der Erweiterung der Medizin und nenne meine Methode Faszien-Orthopädie. Sie vereint eine innovative Denkweise, die auf den wissenschaftlichen Erkenntnissen zur Faszie beruht, mit einer manuellen Behandlungsform sowie einer der Faszie entsprechenden ursprünglichen Bewegungsform. Dazu später mehr. Vor der manuellen Faszien-Heilbehandlung sollte der Faszien-Orthopäde stets eine ganzheitliche Anamnese sowie eine ausführliche klinische Untersuchung durchführen, bei der unter anderem der Funktionsgrad sämtlicher Gelenke im Detail und natürlich die Faszie als Ganzes geprüft wird. Oft wird da schon klar, wo es Bewegungseinschränkungen gibt, etwa durch verkürzte Teile der Faszie oder Verschleiß, die Schmerzen mitverursachen können. Auf diese Weise werden Indikation und Kontraindikationen für die faszienorthopädische Behandlung geprüft. Sollte die manuelle Behandlungsform der Faszien-Orthopädie nicht die richtige Therapie sein – auch das kommt vor –, kann man dem Patienten eine alternative, in seinem Fall erfolgversprechendere empfehlen.

Was aber passiert denn nun eigentlich, wenn die Behandlerin oder der Behandler mit Händen, Unterarmen und Ellenbogen die Faszien bearbeitet? Was genau veranlasst das Gewebe, sich umzuformen, sich im Körper neu zu orientierten – und nicht nur für die Dauer der Behandlung, sondern nachhaltig? Einen Patienten muss das nicht interessieren. Hauptsache, es wirkt. Aber die meisten Behandler, die ich kenne, treibt diese Frage um, mich eingeschlossen. Die Erfahrung, die wir machen, ist eigenartig, faszinierend.

Wenn ich mit meinen Unterarmen und einem Teil meines Körpergewichts die Hinterseite eines Beins behandele, dabei die Arme langsam auseinanderbewege, während die Patientin ihren Fuß auf- und abwärts bewegt, spüre ich im Gewebe des Patienten eine Art Schmelzen. Wir nennen es auch plastische Manipulation. Ich möchte es mit der Arbeit eines Keramikers vergleichen, wenn dieser eine Figur aus Ton knetet und einzelne Partien mit dem Daumen längt. Unter Druck wird sein Material wärmer, weicher und formbarer. Der Teil der Faszie im Oberschenkel wird durch mein Drücken und

Ziehen länger – aber ist es derselbe Effekt wie beim Kneten von Ton? Bei Ton, Knetmasse oder Butter gibt es einen physikalischen Prozess namens Thixotropie: Der Werkstoff wird weicher, geschmeidiger, wenn die Moleküle durch Reiben, Drücken oder Vibration gegeneinander gemahlen oder verschoben werden. Hört die Krafteinwirkung auf, kehrt das Material in seine ursprüngliche Festigkeit zurück. Faszien-Therapeuten glaubten eine Zeit lang, dass manuelle Therapie eine solche Thixotropie auslöse und die Faszie modelliere. Theoretisch wäre das möglich – das haben in den letzten Jahren Versuche mit Faszien-Teilen von Leichen im Labor gezeigt. Sogar Sehnen, also besonders derbes, faseriges Gewebe, werden durch Druck und Zug weicher und lassen sich dauerhaft verformen wie Ton oder Butter. Allerdings haben die Laborversuche auch gezeigt, dass der Druck, ausgeübt von einem Behandler auf das Gewebe einer Patientin, mindestens 16 Stunden anhalten müsste, um diesen Effekt zu erreichen. Schneller würde es gehen, wenn er Kräfte von mehreren Dutzend Kilogramm aufwenden würde – doch das würde zu bösen Verletzungen und Entzündungen führen.

Weder die lange Dauer noch die brutale Gewalteinwirkung entsprechen zum Glück der Wirklichkeit in Behandlungszimmern. Für das Längen der Faszie muss etwas anderes verantwortlich sein. Ein Mensch ist schließlich keine Knetmasse.

Was Entspannung bewirkt

Die Forschungen sind noch nicht abgeschlossen, aber alles deutet darauf hin, dass bei der Behandlung der Faszie drei Prozesse parallel wirken: a) die Ausschüttung entspannender und schmerzlindernder Substanzen, b) die Weitung von Zellen und c) der Austausch von Gewebeflüssigkeit.

Bei Prozess a) und b) werden Sensoren aktiviert, die auf leichten Druck, zum Teil schon auf Streicheln, reagieren. Sie sind in der

Faszie des gesamten Körpers verbreitet: im Bindegewebe unter der Haut, in allen Kapseln, die Gelenke umhüllen, in den Wänden der Blutgefäße, in Sehnen und anderen Häuten und Membranen. Spüren sie mechanische Einwirkungen, senden sie Signale an jenen Teil des autonomen Nervensystems, der uns beruhigt: den Parasympathikus, zuständig für Erholung (»rest and digest«). Der Sympathikus dagegen, der in Stresssituationen arbeitet – »fight oder flight« –, wird heruntergefahren, er hat Pause.

Zu einer zweiten Sensoren-Gruppe gehören die unzähligen winzigen Verästelungen von Nerven, die ins fasziale Gewebe reichen und dort enden. Es sind laut jüngster Forschungslage rund 250 Millionen. Einige dieser »freien Nervenenden« nehmen heiß oder kalt oder Schmerz wahr. Der überwiegende Teil aber reagiert auf sanften bis mäßigen Druck, ähnlich wie die Ruffini-Rezeptoren – vom Streichen eines Pinsels bis zu intensiveren Einwirkungen, wie sie typisch sind für manuelle Therapien. Die angeregten Nervenenden benachrichtigen Gehirn und Nervensystem, die dann flüssige Substanzen ausschütten: körpereigene »Drogen«. Die dämpfen die Wirkung schmerzerzeugender Hormone, erschweren die Aktivierung von Schmerzrezeptoren oder wandeln diese sogar zu Sensoren um, die für Propriozeption, also die Körperwahrnehmung im Raum, zuständig sind; sie erzeugen dann nicht länger Schmerzsignale. Und verbessern die Selbst-Wahrnehmung.

Über die freien Nervenenden und das Nervensystem werden zudem zwei Arten von Zellen geweitet: glatte Muskelzellen und Myofibroblasten. Glatte Muskelzellen kommen vorwiegend in Muskeln vor, die Hohlorgane wie Darm, Atemwege, Magen, Blutgefäße oder Geschlechtsorgane umgeben. Ihre Besonderheit ist die lang gestreckte, spindelförmige Form, die ihnen erlaubt, sich stark zusammenzuziehen, um etwa Nahrung zu verdauen oder durch Wehen ein Kind zu gebären. Einige dieser Zellen existieren außerhalb von Muskeln und bevölkern die Faszie. Es sind gar nicht so viele, aber indem sie am Scherengitter aus Kollagenfasern um sie herumziehen oder schieben, können sie die Gewebelänge erheblich beeinflussen. Im Unterschied zu Zellen der »quergestreiften« Skelettmuskulatur (zum Beispiel die in einem Bizeps) arbeiten glatte Muskelzellen unbewusst, das heißt, wir können sie nicht aktiv steuern. Das ist der Grund, warum sich bei anhaltendem Stress die Faszie am Rücken und im Nacken zusammenzieht und hart wird. Das Fight-and-Flight-Prinzip des autonomen Nervensystems besorgt das auf eigene Faust, es braucht nicht unsere ausdrückliche Erlaubnis. Manuelle Behandlung kann diese Verspannung lösen, indem das Nervensystem die Berührungen als wohltuend einstuft und einen Entspannungs- und Schmerzlinderungsprozess einleitet, der einerseits Botenstoffe ausschüttet, andererseits die glatten Muskelzellen veranlasst, sich zu weiten. Dies wiederum verbessert die Durchblutung, was Patienten während der Behandlung als Wärme wahrnehmen.

Etwas sehr Ähnliches wie mit den glatten Muskelzellen passiert während der Behandlung mit den Myofibroblasten. Von Fibroblasten, den Fabrikzellen der Faszie, haben wir gehört. Im Ernstfall, zum Beispiel bei Verletzungen, stellen sie Myofibroblasten her – eine Art mobile Einsatztruppe, bestehend aus Zellen, die ins Wundgebiet wandert und dort Extraportionen Kollagen produziert. Wenn es gut läuft, wird so das Gewebe geheilt und die Beweglichkeit wiederhergestellt. Läuft es schlecht, etwa durch weitere Verletzungen, anhaltende Kontraktion in Folge von Stress oder durch Ruhigstellung in einem Gipsarm, gerät die Produktion aus dem Ruder und die Faszie verdickt und verfilzt. Zum Glück aber hat der Körper die Lösung mit dem Problem gleich mitgeschickt. Denn die Myofibroblasten können sich wie glatte Muskelzellen sowohl zusammenziehen als auch weiten, das Volumen ändert sich dabei um bis zu 200 Prozent. Wird angenehmer Druck ausgeübt, weiten sich im (kranken) Gewebe sowohl glatte Muskelzellen als auch die herbeigeeilten Myofibroblasten und dehnen die Faszie von innen, beziehungsweise: Sie schieben das sie umgebende Gewebe auseinander. Wichtiger Nebeneffekt: Die zahlreichen Nervenbahnen und Blutgefäße, die von einer verbackenen Faszie eingeschnürt werden, bekommen bei dieser zellulären Entspannung endlich wieder Raum. Diesen heilenden Effekt hat ein Team um Robert Schleip 2023 in einer Studie mit dreißig Probanden belegt: Spezielle faszientherapeutische Handgriffe erhöhten extrem und dauerhaft die Durchblutung im Bereich des unteren Rückens.

Damit haben wir uns die Prozesse a) und b) angeschaut. Bleibt der dritte: der Austausch von Gewebeflüssigkeit. Auf diesen wird oft als Erstes verwiesen, wenn jemand versucht, die Wirkung manueller Therapie zu erklären. Kein Wunder, der Prozess ist schön anschaulich. Der Körper funktioniert wie ein Gemeinwesen, wie eine Stadt oder ein Dorf: Energie wird in Form von Nahrung geliefert, zubereitet und verspeist, die Reste transportiert die Müllabfuhr ab. In verdickten, verkürzten, verfilzten Faszien funktioniert aber weder die Nahrungszufuhr noch die Müllabfuhr richtig – weil die Straßen verstopft, die Leute zu träge zum Einkaufen und zum Müll-Runterbringen und weil zu wenige Müllautos unterwegs sind. Das System lahmt und hakt an allen Ecken und Enden. Diese Krise geht der Therapeut beidhändig an. Er schiebt abgestandene, mit Abfallstoffen durchsetzte Gewebeflüssigkeit aus der Faszie, die sich daraufhin mit frischer Flüssigkeit füllt – wie ein Schwamm, den man auspresst und ins Wasser tunkt, wo er sich wieder vollsaugt. Diese Wirkung wird auch der Faszienrolle zugesprochen, die in den letzten Jahren einen ungeheuren Hype erfahren hat. Ich denke, dass diese Schaumstoffrollen den Austausch von Gewebeflüssigkeit tatsächlich teils in Gang setzen können, allerdings: Sie können nie differenziert und rundum arbeiten wie die Hände eines Therapeuten; und sie drücken nur punktuell, ziehen und längen die Faszie nicht.

Die Flüssigkeit erinnert in ihrer Konsistenz an verdünnten Sirup und umgibt alle Kollagenfasern der Faszie. Sie durchfeuchtet das Gewebe, sorgt so für dessen Geschmeidigkeit und Gleitfähigkeit. Zugleich bildet die Flüssigkeit ein Medium für allerfeinste Verästelungen des Blut-, Nerven- und Lymphsystems. Der Faszien-sirup bettet die freien Nervenenden ein, in ihm kommen aber auch Arterien an und von ihm fort führen Venen- und Lymphbahnen. Die Arterien liefern Sauerstoff, Venen und Lymphe haben eine entgiftende Funktion: Sie entsorgen Kohlendioxid, abgestorbene Zellen, Fremdkörper, Mikroorganismen und Stoffwechselendprodukte. Neben ihren vielfältigen Bewegungsfunktionen ist die Faszie auch die Werkbank des Immunsystems.

Die Behandlung der Faszie bringt – um das Bild von oben noch mal aufzugreifen – Schwung ins Gemeinwesen. Manuelles Ziehen und Schieben löst Staus in den Straßen, erneuert Frischwasser- und Abwasserleitungen, sorgt für ausgeschlafenes Personal und funktionierende Autos bei der Müllabfuhr, motiviert die Menschen, einkaufen zu gehen, gesund zu essen und viel frisches Wasser zu trinken. Zwar können die Hände des Therapeuten einen Menschen nicht heilen, aber sie ordnen die Infrastruktur und geben dem Körper einen Schubs, sich selbst zu helfen – mit neuem Elan frisch ans Werk zu gehen.

Wie viel Potenzial zur Selbsthilfe dabei frei werden kann, wird deutlich, wenn wir uns noch mal klarmachen, wie weit die Faszie reicht. Sie zieht sich vom Kopf bis in unsere Füße, von der Haut bis zu jedem unserer rund 80 Organe, 206 Knochen, 360 Gelenke und 656 Muskeln. Sie umhüllt jeden Muskel nicht nur als Ganzen, sie umfasst auch jedes Muskelfaserbündel und in jedem Bündel wiederum jede Muskelfaser, das heißt jede einzelne Zelle. Das können pro Muskel mal mehrere Hundert, mal mehrere Tausend sein, der Wadenmuskel zum Beispiel besteht aus über 2000 Zellen. Jede ist etwa so dünn wie ein Haar und mehrere Zentimeter lang. Wenn wir uns nun vorstellen, dass die fasziale Zellmembran durchsetzt ist mit glatten Muskelzellen und zuweilen auch Myofibroblasten, die sich zusammenziehen und weiten können, dass sie bei Störungen wucherartig Kollagen, aber eben auch frischen, Geschmeidigkeit und Gesundheit fördernden, verdünnten Sirup produziert, dass sich in ihr Schmerzrezeptoren entweder vermehren oder reduzieren und dafür Sensoren für wohltuende Reize ausbilden – und dass all diese Vorgänge von außen angeregt und beeinflusst werden können, dann bekommen wir eine Idee vom Potenzial plastischer Manipulation.

Und für wen ist diese Behandlung gedacht? Wer sollte sie in Anspruch nehmen? Es liegt nahe, dass Menschen mit chronischen Schmerzen am Rücken oder in Gelenken sie probieren sollten. Idealerweise aber natürlich Menschen, die erst gar nichts mit anhaltenden Beschwerden des Bewegungsapparates zu tun haben wollen. Nicht ganz so nahe liegt die Idee, dass sie auch für Menschen sinnvoll sein kann, die sich ganz besonders viel bewegen: Breitensportler und besonders Leistungssportler. Doch die meisten Sportlerinnen und Sportler belasten ihre Faszie durch übermäßige oder einseitige Bewegungen, sie unterziehen sie durch unzählige kleine und größere Verletzungen einem permanenten Stresstest. Leider geht der oft nicht gut aus. Wie sich das ändern ließe – davon ist im nächsten Kapitel die Rede.

Geschichten aus der Praxis

Kim, Erzieherin, 53 Jahre

»Wenn wir in die Oper gehen oder in ein schickes Restaurant – dann ziehe ich Schuhe an. Weil mein Mann mich darum bittet, und weil die Leute sonst komisch gucken. Ansonsten laufe ich jetzt barfuß, sogar im Winter. Wie früher, als ich ein Kind war. Ich bin in Südafrika aufgewachsen und fast immer barfuß gelaufen und fand es wunderbar. Als Erwachsene zog ich Schuhe an, weil das alle taten. Ich musste wohl erst mal Schmerzen bekommen und Therapien durchlaufen, bis ich mich traute, meinen Traum zu leben. Es ist wie: zurück zur Natur, oder besser: ›down to earth‹.

Als ich noch täglich Schuhe trug, bekam ich eines Tages stechende Schmerzen im Knie. Keine Ahnung, woher die kamen, vor zwei Jahren setzten sie plötzlich ein: wenn ich die Treppe herunterlief oder die Schuhe zuband, oder wenn ich in den Fersensitz ging. Damals arbeitete ich als Erzieherin im Kindergarten, da hockte ich mich beim Spielen mit den Kindern öfter hin.

Die Schmerzen riefen Erinnerungen wach an einen Unfall vor etwa sieben Jahren. Ich sauste im Schwimmbad zusammen mit einem Kind die Rutsche herunter. Als wir ins Wasser tauchten, rumsten wir mit den Köpfen gegeneinander, drehten uns unglücklich, und ich bekam einen Ellenbogen in den Rücken gerammt, ziemlich genau auf die Lendenwirbel. Drei Wochen musste ich liegen, doch trotz Schmerzmittel wurde es nicht besser. Die Ärzte waren ratlos. Ich ging mehrfach zu einem Osteopathen, seine Behandlungen halfen eine Zeit lang, doch dann kamen die Schmerzen wieder. Das ging über Jahre so. Als die Knieschmerzen begannen, hatte ich Angst, dass sie ähnlich chronisch werden könnten wie die Rückenschmerzen.

Über Bekannte erfuhr ich von der Faszien-Orthopädie. Der Arzt bot mir an, das Knie zwei- bis dreimal lokal zu behandeln oder meine komplette Faszie in etwa zehn Terminen ganzheitlich zu therapieren, die Schmerzen könnten nämlich von woanders herrühren. Ich dachte an meine Rückenschmerzen und an meine angeborene Hüftdysplasie. Man hatte mich deswegen als Baby operiert, mir einen Keil ins Hüftgelenk geschoben und eingegipst. Anschließend rutschte ich in einer Spreizhose herum. Doch ein Bein blieb zwei Zentimeter kürzer als das andere. Mein Leben lang tat mir immer wieder mal die Hüfte weh. Ich entschied mich für die ganzheitliche Behandlung.

Die Beine konnte auch er nicht gleichlang machen, aber ich lernte eine neue Art zu gehen. Mein Wunsch war, federnd zu gehen, mich geschmeidig zu bewegen wie als Kind. Das sagte ich ihm, und er zeigte mir den Ballengang. Wenn ich zu Hause übte, lachte sich meine Familie kaputt. Das Knie führt, man hebt es etwas höher als ›normal‹, um dann Zehen und Ballen aufzusetzen, die Ferse meist erst am Schluss. Anfangs habe ich die Bewegung übertrieben, es sah aus wie bei einem Storch. Aber ich hatte das Gefühl, es tut mir gut. Nach ein, zwei weiteren Terminen meldeten sich die Rücken- und Hüftschmerzen gar nicht mehr, irgendwann war auch das Knie gut. Dauerhaft. Die Verspannungen im Nacken, die ich außerdem hatte, schwanden, und mit ihnen zeitweise auftretende Kopfschmerzen. Morgens nach dem Aufstehen taten die Schultern nicht mehr weh. Mein Körpergefühl besserte sich insgesamt. Und meine Laune. Ich hatte es kaum wahrgenommen, aber unter den Schmerzen, vielleicht auch durch die Angst vor Schmerzen, hatte meine Stimmung gelitten.

Der Weg dahin war allerdings kein Zuckerschlecken. Offenbar hat jeder Mensch ein anderes Schmerzempfinden – meines ist hoch. Die Behandlung hat zuweilen wehgetan. Meine osteopathischen Erfahrungen waren anders: weich, sanft – manchmal schlief ich dabei ein. Dr. Neumann arbeitet mit mehr Intensität und Tiefe. Er ging zum Beispiel mit den Händen unter meine Rippen, jedes Mal ein Stück tiefer, das war nicht angenehm. Anstrengend wurde es, wenn ich mein Bein in eine andere Richtung ziehen sollte, als er drückte. Anschließend aber fühlten sich meine Glieder und Gelenke lockerer und geschmeidiger an. Und meine Atmung wurde tiefer und ruhiger.

Wir hatten insgesamt neun Termine à anderthalb Stunden, den letzten vor gut einem Jahr. Nach vier Terminen sagte er, wir könnten aufhören, die Schmerzen seien beseitigt. Wir könnten aber auch ins Detail gehen. Das wollte ich. Er hat zum Beispiel meine Wangen und Kiefer bearbeitet und sie wurden geschmeidiger. Ich spiele Querflöte – mein Ansatz wurde besser, das Volumen in der Mundhöhle größer, der Ton voller.

Meine Schuhe verbannte ich nach und nach. Im Haus und im Garten war ich eh immer barfuß gelaufen. Nach dem zweiten Behandlungstermin besorgte ich mir Barfußschuhe, um untenrum nicht nackt zu sein, wenn ich zum Beispiel einkaufen ging. Irgendwann – es war Sommer – sagte ich mir: ›Ist doch Quatsch‹, und ließ sie weg. Dann kam der Herbst, und der Winter, und ich lief immer noch barfuß. Als ich mit einem erkälteten Kind bei einer HNO-Ärztin war, fragte ich sie nebenbei, ob ich wegen des Barfußgehens irgendwelche Entzündungen oder andere gesundheitliche Nachteile befürchten müsse. Sie sagte: ›Etwas Besseres können Sie für Ihr Immunsystem nicht tun.‹

Es ist seltsam, ich bin schmerzempfindlich, aber überhaupt nicht kälteempfindlich. Letzten Winter habe ich sogar noch bei frostigen Temperaturen die Gartendusche benutzt – bis die Rohre platzten. Ich ging barfuß im Schnee spazieren. Manche Leute fragten: ›Wie halten Sie das aus?‹ Andere murmelten etwas vor sich hin, es klang nach ›Spinne-

rin‹. Für mich ist Gehen meditativ geworden, ich spüre den Waldboden ebenso wie den Asphalt. Weil ich federe, tut selbst Split nicht weh, ist eher wie eine Massage. Mir ist bewusst geworden, was es bedeutet, wenn der Hacken zuerst aufkommt: Bei jedem Schritt geht ein Scheppern durch den Körper. Ich komme mir dagegen wie eine Ninja vor, ich schleiche, ich tanze. Meine Familie lacht nicht mehr über meinen Gang, die Meinungen sind allerdings geteilt. ›Nie im Leben‹, sagt meine ältere Tochter, würde sie in der Stadt barfuß laufen. Das anschließende Waschen der Füße zu Hause würde sie total nerven. Mein Jüngster, der selbst die ersten zwei Jahre barfuß zur Grundschule gelaufen ist, findet alles ›total cool‹.«

Kapitel 4

Wenn Sport krank macht

Der Fehler im System: Auch Profi-Sportler haben trotz ihrer medizinisch-therapeutischen Betreuung und des intensiven Trainings viele Verletzungen, müssen oft die Karriere früh beenden, werden oft operiert. Das ist ein Alarmsignal, die Welt des Sports ist krank. Millionen Breitensportler eifern diesen falschen Vorbildern nach. Wir sollten das System ändern und endlich anfangen, es besser, gesünder zu machen. Das ist möglich! Es heißt auch: endlich eine gute Körperhaltung und ökonomische Bewegungen im Alltag fördern.

Als Oliver Kahn vor einigen Jahren zugab, dass er eine künstliche Hüfte bekommen habe, lachte er immer laut dazu. Denn die war ja aus Titan! Genau wie er selbst, der jahrelang den Beinamen »Torwart-Titan« getragen hat. Mich macht diese Anekdote eher nachdenklich und traurig. Wie kann das sein? Einer unserer besten und beliebtesten Sportler, jahrelang ein Vorbild für Zehntausende Jugendliche, ein Sinnbild für Kraft und mentale Stärke – und dieser Mann musste eine künstliche Hüfte bekommen? Sollte ein so durchtrainierter Kerl nicht vor dem Schicksal gefeit sein, dass seine Knochen nicht einmal bis zu seinem 45. Geburtstag halten? Kahn ist mit seinen Gelenkproblemen kein Einzelfall. Der Fußballer Matthias Sammer sagte einmal, seine Knieschmerzen seien so schlimm, dass er nicht einmal mehr langsam joggen könne. Kathrin Hölzl, Weltmeisterin im Riesenslalom, beendete mit nur 29 Jahren ihre Karriere, weil sie ihre chronischen Rückenschmerzen nach Jahren nicht mehr aushielt. Und Boris Becker formulierte einmal: »Mein Körper ist ein Schlachtfeld.« Er leide an einer Kombination von kaputtem Sprunggelenk, lädiertem Knie und künstlicher Hüfte – so steht es in seiner Autobiografie. Als der große Torwart Toni Schumacher kürzlich 70 Jahre alt wurde, sagte er: »Ich habe viele Schmerzen und Einschränkungen durch die körperlichen Belastungen während meiner Karriere.«

Diese Liste ließe sich mühelos fortführen. Björn Borg warf vorzeitig wegen Erschöpfung hin, Kati Witt wegen ihrer Knie. Der Torwart René Adler hatte Schmerzen an den Rippen und am Rücken. Sarah Wellbrock, einst Europameisterin über 800 Meter Freistil, sagte im Sommer 2023, ihr Körper könne »der Belastung nicht mehr standhalten«. Da war sie gerade 28 Jahre alt. Die großartige Volleyballerin Kira Walkenhorst hat unlängst Videos von sich während ihrer langwierigen Reha veröffentlicht – sie musste unglaubliche zehn Operationen über sich ergehen lassen. Dabei ist sie erst 1990 geboren worden. Ähnliche Beispiele hören wir leider fast wöchentlich in den Nachrichten. Denn es wird schlimmer, nicht besser. Erik ten Hag, der Manager des englischen Vereins Manchester United, sagte im Herbst 2023 in einem Interview: »Die Spieler kommen mit der Belastung einfach nicht mehr klar.« Zu dem Zeitpunkt gab es in der Premier League gerade 112 Ausfälle aufgrund von Verletzungen.

Was ein Weltstar falsch macht, wiederholen zehntausend Breitensportler

Die Menschen schauen zu Leistungssportlern auf. Besonders für die Jugend sind Thomas Müller & Co echte Vorbilder – genauso wie es Franz Beckenbauer, Boris Becker oder Franzi van Almsick zu ihrer Zeit waren. Wenn der beliebte Trainer Jürgen Klopp beim FC Liverpool aufhört und seine Gründe in einem kurzen Video erklärt, wird dieses schon in den ersten Tagen von drei Millionen Deutschen angesehen. Nicht alle davon spielen selbst Fußball, aber etliche davon haben sich schon als Kind auf den Rasen des Dortmunder Westfalenstadions (oder den entsprechenden Ort ihrer Region) geträumt. Wir bewundern unsere Olympioniken, unsere Weltmeister, unsere beiden Wimbledon-Gewinnerinnen – und eifern ihnen nach. Deutschland ist eine Nation der Sportlerinnen und Sportler. Wir haben den Trimm-Dich-Pfad erfunden und das Wort »Breitensport«. Bei uns spielen sieben Millionen Menschen Fußball, fünf Millionen turnen, und Hunderttausende wandern, reiten oder golfen. Viele von ihnen wollen ihren Idolen nahekommen oder doch zumindest von ihnen und ihrem Trainingsverhalten lernen. Allein schon deswegen lohnt sich der kritische Blick darauf, wie es Oliver Kahn und anderen Top-Sportlern heute geht.

Ich mache mir keine Illusionen: Leistungssport kann gefährlich sein. Das nehmen heute fast alle stillschweigend hin. Grundsätzlich hinterfragt wird diese Tatsache selten und schon gar nicht thematisiert – das könnte ja den Unterhaltungsspaß bremsen, den wir beim Zuschauen haben. Aber ist es nicht eigentlich ein Skandal, dass junge, gesunde, kräftige Menschen sich regelmäßig den Körper ruinieren? Natürlich gibt es auch hin und wieder mal unter den großen Stars der Sportwelt welche, die kaum verletzt sind und einigermaßen unbeschadet durch ihre Profikarriere kommen. Toni Kroos scheint so jemand zu sein, der erfolgreiche Mittelfeld-Stratege, Spieler bei Bayern München, dann Real Madrid, neben zahlreichen anderen Titeln auch Weltmeister von 2014. Und bei der Europameisterschaft 2024 in Deutschland kam für Portugal noch regelmäßig Pepe zum Einsatz. Mit 41 Jahren war er einer der ältesten Spieler bei einer EM. Die taz nannte ihn »Das biologische Wunder« – solche Schlagzeilen hätte ich gern öfter. Die Frauen stehen dem in nichts nach: Die Brasilianerin Formiga (Miraildes Maciel Mota) spielte ebenfalls mit 41 Jahren bei der Frauen-Weltmeisterschaft 2019. Sie sind Ausnahmen. Die meisten Sportlerkarrieren sind von vielen Verletzungen bestimmt und enden früh. Das passt nicht sehr gut zu dem allgemeinen Credo, dass Muskelaufbau immer gut sei und uns vor körperlichen Problemen schütze.

Was ist der Grund dafür, dass Sportler so oft unter Schmerzen leiden? Halten unsere Körper es nicht aus, sich viel zu bewegen? Ich glaube, das Problem ist eher die Art, wie sie es tun, es könnte ganz anders sein. Wer sich klüger und geschmeidiger bewegt, sich besser wahrnimmt und entsprechend dieser Wahrnehmungen auch handelt, müsste keine Operationen über sich ergehen lassen. Weder im Hobby- noch im Leistungssport. Die Menschen, die ihr Leben mit Training verbringen, könnten dann echte Vorbilder sein. Aber dazu müssen wir umdenken, neu definieren, was »Fitness« bedeuten könnte. Denn wahre Fitness sollte heißen, im Alltag leistungsfähig und belastbar zu sein. Und zwar bis ins hohe Alter. Das erreichen wir sicher nicht, indem wir uns schinden, bis der Arzt kommt.

Mein Weg durch die Trainingshölle

Wenn ich an meine eigene Laufbahn als Sportler denke, fallen mir viele Verletzungen ein. Jahrelang liebte und lebte ich den Leistungssport. Ich stand schon als Jugendlicher mit einem Bein im Profifußball. Mit elf war ich stolz darauf, als Verteidiger beim 1. FC Nürnberg zu spielen. Zuerst ging ich zweimal pro Woche zum Training, dann dreimal, und dazu kamen noch die Spiele – meine Mutter fuhr mich anfangs jedes Mal die rund 40 Kilometer aus unserem Heimatort hin und zurück, später fuhr ich allein mit den öffentlichen Verkehrsmitteln. Mit der Hoffnung auf eine Profikarriere haben wir eine derartig zeitaufwendige und kostspielige

Belastung hingenommen. In vielen Sportler-Familien sieht der Alltag so aus. Manchmal bleibt er noch im Erwachsenenalter eine Herausforderung: Die Dressurreiterin und zweifache Olympiasiegerin Jessica von Bredow-Werndl sagte einmal, dass ihre Traumkarriere nur möglich ist, weil ihre eigenen Eltern bei der Betreuung ihrer beiden Kinder viel helfen.

Ich spielte gern, Fußball war mein Leben, aber ich war bald auch regelmäßiger Gast im nahe gelegenen Reha-Zentrum am Valznerweiher. Dort praktizierte der Physiotherapeut Hanspeter »Hape« Meier, damals eine Größe dieses Fachs. Ich war froh, wenn er sich persönlich Zeit für mich nahm. Meier konnte zuhören, erkannte ein Problem schnell, renkte mich mehrmals erfolgreich wieder ein. Irgendwelche Beschwerden gab es immer, genau wie bei den meisten anderen aus meinem Team. Meine blauen Flecken zählte ich schon gar nicht mehr. Dazu kamen andere Prellungen, Wunden und häufige Beinschmerzen. Ich bin oft umgeknickt. Ernst wurde es, als ein Muskelbündel in meiner rechten Wade riss. Ich fiel für einige Monate aus, und als ich endlich wieder aufs Feld durfte, blieben Probleme zurück. Das rechte Bein schien nicht mehr so stark zu sein wie das linke. Damals passierte etwas Interessantes: Mein ganzes System passte sich dieser Veränderung an, das reichte bis in mein Denken und Fühlen hinein. Ich ging nicht mehr so entschlossen in Zweikämpfe. Dabei war ich doch Manndecker, Jürgen Kohler von Borussia Dortmund war mein Vorbild, ein drahtiger, schneller Spieler, der den Impetus einer Dampfwalze hatte und sich angstfrei in jeden Kontakt stürzte. Mir wollte das einfach nicht mehr gelingen. Ich spielte zwar weiter, ging zum FC Carl Zeiss Jena mit angeschlossenem Sportinternat, nach außen hin sah alles gut aus – aber ich hatte einen Dämpfer erlebt. Mein Körper war bereits heftig an seine Grenzen gestoßen, schon mit 13, und zwar so, dass es mein Spiel und meinen Optimismus ein wenig in die Schranken wies.

Zwei Dinge habe ich also schon als Teenager gelernt: Leistungssport ist härter, als dein Körper erlaubt. Und: Physiotherapeuten und Spieler werden schnell Kameraden. Meine Krankengeschichte wurde immer länger. Aufgrund einer Verletzung im Knie musste ich operiert werden, der Sport wurde beschwerlicher. Mir wurde klar, dass ich die Karriere nur zu einem sehr hohen Preis weiterverfolgen konnte. Nach zwei weiteren Jahren war der Leistungssport für mich beendet. Jedenfalls auf dem Rasen. Ich wollte von der Bank aus weitermachen. Mit 19 Jahren sammelte ich bereits erste Erfahrungen und erwarb die ersten Lizenzen als Fußballtrainer. Außerdem wollte ich den Vorgängen im Körper, dem ich so viel Leistung abgerungen, aber der mir auch so viele Schmerzen beschert hatte, auf den Grund gehen. Daher nahm ich erst ein Studium der Sportwissenschaften und bald parallel noch eines der Humanmedizin auf. So begann mein Weg, auf dem ich das Thema Beweglichkeit ganz neu entdeckte, und bald darauf die große Bedeutung der Faszie, jener geradezu magischen Gewebeschicht, die unseren gesamten Bewegungsapparat in Gang hält.

Am Ende dieses Weges steht auch die Erkenntnis, dass wir – wie gesagt – eine neue Sichtweise auf Sport brauchen. Die Faszie, die so elementar für unsere Bewegungsabläufe ist, müsste im Profi- wie im Breitensport berücksichtigt werden. Bei den eben erwähnten Bewegungsprofis und anhand ihrer Verletzungen sehen wir die gleichen Fehler, die auch im allgemeinen Fitness-Training von Hunderttausenden gemacht werden, nur noch deutlicher, wie unter dem Vergrößerungsglas. Die Berufssportler lassen ihre Körper noch intensiver leiden, sie arbeiten allzu oft gegen die Natur der lebendigen Anatomie und Physiologie. Aber sie tun grundsätzlich nichts anderes als alle anderen im Hobby- und Breitensport. Damit halten sie uns unfreiwillig vor Augen, wohin unsere Art des Trainierens letztlich führen kann: zu Verletzungen, Schmerzen und Einschränkungen.

Es gibt neue, moderne Trainingsmethoden.
Sie machen manches besser.
Aber sie übersehen etwas Entscheidendes.

Immerhin, es wandelt sich manches, auch in der Welt des Profisports. Es wird lange nicht mehr so stumpfsinnig trainiert wie früher, die Neuerungen sind oft Schritte in die richtige Richtung. Allerdings viel zu zaghafte Schritte – und allzu oft werden sie ganz ohne revolutionäre Idee und Konzept unternommen. In jüngster Zeit kam zum Beispiel »Mobility Training« in Mode. Es wird (unter verschiedenen Namen) in Fitness-Studios angeboten, im Vereinssport, als Warm-Up im Leistungssport, bei individuellen Trainingsplänen für Profi-Athleten zur Prävention. Oder als ein sogenannter Ausgleich zum Sport und zum Muskelkrafttraining.

Beim Mobility-Training geht es darum, bestimmte (meist mehrere) Gelenke leicht und ohne Schmerzen über den gesamten Bewegungsumfang zu benutzen. Häufig fokussiert ein solches Training auf die Schultern und Hüften, und oft ist es eine etwas aktivere Art des Dehnens. Die Gelenke werden dabei weit bewegt, bis an ihre Grenze, etwa indem man den Arm sehr weit hebt, bis die Hand deutlich hinter der Schulter steht. So werden Arm und Hand entweder lange gehalten oder man bewegt sie immer wieder an diese maximale Position.

Mein Eindruck ist, dass diese Techniken eher Gelenkigkeit zum Ziel haben als das, was ich Beweglichkeit nenne. Es werden einzelne Gelenke in eigentlich unnatürlichen Haltungen, die man im Alltag niemals einnehmen würde, weit an ihre Grenze gebracht. Andere Bereiche, zum Beispiel der Unterkörper im Kniestand oder im Ausfallschritt, verharren währenddessen starr in einer Position und nehmen nicht an der Bewegung teil. Ein Training der Ganzkörper-Beweglichkeit ist so nach meinem Verständnis kaum möglich. Aber: Die Zielstellung ist trotzdem im weitesten Sinn die

Flexibilität und eben nicht die Muskelkraft. Ein deutlicher Vorteil.

Es gibt wenig Forschung zu diesen Trainingsmethoden, was schon daran liegt, dass kaum definiert ist, wie genau ein Mobility-Training auszusehen habe. Eine internationale Studie des Cochrane-Forschungsnetzwerks untersuchte im Jahr 2022 die »Frailty«, damit ist die Gebrechlichkeit bei Menschen über 65 gemeint. Wer ein Mobility-Training absolviert hatte, konnte demnach anschließend etwas besser einfache Bewegungen ausführen wie aufstehen, hinsetzen oder Treppen steigen. Die Ergebnisse zeigten nur einen kleinen positiven Effekt, aber immerhin.

Natürlich ist es grundsätzlich wünschenswert, wenn sich eine sportliche Aktivität die Mobilität der großen Gelenke zum Ziel setzt. Allerdings ist das Stichwort Mobility oft einfach nur ein Lockmittel, es lässt sich eben gut vermarkten, und tatsächlich finden sich dazu derzeit immer neue YouTube-Videos oder Online-Kurse mit immer neuen Übungen. Diese Angebote müssen nicht schlecht sein, in vielen steckt Innovation. Manche Menschen entdecken damit ihren Körper neu, vielen hilft dieses Training sicherlich. Ich meine aber: Ein grundsätzliches Umdenken findet deswegen noch lange nicht statt. Deutschlands bekannteste Fitness-Influencerin Pamela Reif hat neun Millionen Follower, dicht gefolgt von einem Dutzend anderer, die fast das Gleiche für fast genauso viele Follower anbieten. Sie zeigt im Wesentlichen klassische Übungen, sonst nichts. Der wichtigste deutsche Mobility-Coach Anthony Green dagegen hat nur 1,5 Millionen Follower und ist hierzulande in seinem Fach einsam auf weiter Flur (beide Zahlen aus Instagram). So stehen im Zentrum der Fitness-Studios nach wie vor Gewichte und Geräte, Mobility gibt es höchstens obendrauf.

Es stellt sich die Frage: Wozu brauchen wir überhaupt »Mobility«? Wieso sollte der Körper sie trainieren? Wer Mobilität üben muss, dem mangelt es ja ganz offensichtlich daran. Sind wir also alle nicht mobil genug? Sind wir womöglich sogar grundsätzlich steif oder von Steifheit bedroht? Das ist eine Grundannahme, mit der wir uns nicht anfreunden sollten.

Besser wäre es doch, wenn man schon durch normale Bewegung im Alltag seine Mobilität fördert und damit das Fasziennetzwerk geschmeidig hält. Dazu muss man etwas ganz anderes »trainieren«, nämlich die Qualität der tagtäglichen Bewegungen. Das Augenmerk liegt also auf dem *Wie,* nicht auf dem *Wie oft* (der Wiederholungen) oder gar auf dem *Wie schwer* (der Gewichte). Für viele ist dieser Gedanke nicht leicht nachvollziehbar, scheint er doch der Fitness-Manie zu widersprechen – dabei sollte er ganz selbstverständlich sein.

Eine Persönlichkeit, die derzeit viel dazu beiträgt, wie interessierte Menschen über Gesundheit denken, ist der kanadische Chirurg und Langlebigkeits-Forscher Dr. Peter Attia. Sein Buch »Outlive« landete im Jahr 2023 einen besonders langlebigen Nummer-Eins-Bestseller in den USA, auch in Deutschland war es ein Erfolg. Attia geht es in seiner Forschung um das gute und lange Leben. Dabei schreibt er Bewegung und Sport eine große Rolle zu. In diesem Zusammenhang zählt er sieben Dinge auf, die man im hohen Alter noch problemlos können sollte: 1. Zweieinhalb Kilometer in hügeligem Gelände wandern. 2. Selbst vom Boden aufstehen. 3. Ein Kleinkind hochheben. 4. Einen fünf Kilo schweren Einkauf nach Hause tragen. 5. Einen vollgepackten Koffer in die Gepäckablage im Zug oder im Flugzeug heben. 6. Eine halbe Minute auf einem Bein stehen. 7. Sex haben.

Mir gefällt seine Denkweise. Denn es geht in der Liste um Dinge, auf die es im Leben wirklich ankommt – und nicht um die Performance an diesem oder jenem Fitness-Gerät. Auch wenn man diese Liste durchaus anders füllen könnte (wo ist etwa das Treppensteigen?), hat Attia damit ein grundsätzlich anderes Verständnis von Fitness definiert, dem ich absolut zustimme. Allerdings zieht Attia daraus, meines Erachtens, nicht die richtigen Schlüsse, bzw. seine Verhaltenstipps sind zumindest zu kurz gedacht. Denn es geht ihm in der Folge im Buch wie im Podcast im Wesentlichen um die Muskulatur. Attia rät zum Beispiel dazu, bestimmte Bewegungen regelmäßig zu üben, auch mit Gewichten, er nennt das eine notwendige »Kräftigung«. Wie Sie oben bereits gesehen haben, verkennt dieser Ratschlag die Rolle, die die Faszie für unsere Bewegung spielt. Die Faszie erlaubt dem Körper Flexibilität (oder schränkt sie ein, wenn sie verkümmert), sie speichert Energie, zum Beispiel beim Herunterbeugen, und gibt sie beim Aufstehen wieder frei (wie das Bücken in meinen Augen richtig funktioniert, lesen Sie im 6. Kapitel). Sogar Peter Attia, dieser zu Recht hoch angesehene Arzt, Trainer und Podcaster, hat die Faszie übersehen.

Ja, wir sollten primär auf die normalen Bewegungen im Alltag schauen, aber bitte konsequent. Wie ich bereits ausgeführt habe, ist hier das Wie wichtig, also *Wie bewege ich mich richtig?* Die Bewegungs*qualität* ist aber schwerer zu erklären und weniger bekannt als die Bewegungs*quantität* und wird deshalb zu wenig beachtet. Denn: Letztere ist messbar. Wie schnell? Wie oft? Welches Gewicht? Wie hoch soll die Intensität sein? Wie viele Wiederholungen? Wie lange und wie häufig? Hier können klare Vorgaben gemacht werden und auch Vergleiche sind möglich. Aber wie bewegt man sich richtig? Wer bewegt sich anmutiger? Das sind subjektive Werte. In Anlehnung an Dr. Hans Flury, einen Arzt und Rolfing-Experten, begreife ich die Bewegungsqualität daher als Bewegungsökonomie. Auch schwierig fassbar, aber klarer. Das Ziel lautet Energieeffizienz, also den geringstmöglichen Energieaufwand für eine Alltagsbewegung einzusetzen. Das ist artgerechte Bewegung. Wenig Energieverbrauch bedeutet wenig Gebrauch der äußeren Muskulatur. Diese Bewegungsökonomie sollte auf alle Bereiche und für alle Bewegungen des Lebens Anwendung finden. Das ist sinnvoller, als den Körper dazu zu trainieren, ganz spezielle, unnatürliche Bewegungen immer kraftvoller auszuführen oder extreme Dehnungspositionen immer weiter zu forcieren. Den Spagat etwa sehe ich eher als antrainiertes Kunststück denn als sinnvolle und im Alltag anwendbare Beweglichkeit. Gelenkigkeit und Beweglichkeit sind eben nicht dasselbe. Ich wünsche mir, dass wir uns bewusst machen, wie wir uns eigentlich bewegen. Was kann ich ändern, um die Vielseitigkeit meiner Motorik zu erhalten oder wieder zu etablieren? Und vor allem: Wie halte ich mein Fasziennetzwerk geschmeidig? Diese Denkweise ist für viele neu. Gerade für Aktive aus der Welt des Sports.

Müssen »die Alten« an die Hantel?

Besonders das Geschmeidighalten der Faszie gehört zu einem langen und gesunden Leben. Neuerdings hört man viel davon, wie wichtig Muskelaufbau bis ins hohe Alter sei – diese These ist sehr in Mode gekommen. Der Sportbiologe Henning Wackerhage, Professor an der TU München, sagte im Frühjahr 2024 in einem Zeitungsinterview: Wer wenig für seine Fitness tue, werde »im Alter auf Hilfe angewiesen« sein. Der Sportmedizin-Professor Martin Halle forderte in der Augsburger Allgemeinen unlängst: »Alte müssen ins Fitness-Studio!« Einige Krankenkassen schließen sich dieser These an, auf der Seite der DAK heißt es schon: »Mit dem richtigen Training gelingt es dir, auch im Alter fit zu bleiben.« Und dann folgt ein Artikel über Ernährung und Übungen für den Muskelaufbau.

Solche Ratschläge beruhen auf neuerer Forschung zur Sarkopenie, so nennt man den altersbedingten Muskelschwund. Das Wort leitet sich aus dem Altgriechischen ab, *Sarx* bedeutet Fleisch und *Penia* Verlust. Der Begriff wurde allerdings erst 1989 erfunden, und erst seit etwa zehn Jahren erscheinen große, kontrollierte Studien zum Thema. Eine Studie der Universität Harvard kam 2016 zu dem

Ergebnis, dass man ab dem 30. Lebensjahr ca. drei bis fünf Prozent Muskelmasse pro Jahrzehnt verliert. Ein Artikel des »International Journal of Nursing Sciences« sprach schon 2015 von einem durchschnittlichen Verlust von 250 Gramm Muskelmasse pro Jahr, dort galt das sogar für Menschen ab 22.

Da der Muskelaufbau grundsätzlich, nun also auch für Alte, als so wichtig angesehen wird, hat sich schnell die Meinung durchgesetzt: Für viele Tätigkeiten im Alter braucht man eben eine starke Muskulatur – also müssen wir diese trainieren. Die Faszie oder die *Qualität* der Alltagsbewegungen spielten keine oder eine ganz untergeordnete Rolle. Ich frage mich: Würde die Natur diesen viel beklagten Abbau von Skelett-Muskelmasse zulassen, wenn die Muskulatur so wichtig wäre? Außerdem sollten wir genauer hinsehen, ob er denn wirklich so extrem ist. Immerhin beträgt der Anteil der Muskelmasse am Körpergewicht bei Männern über 70 im Normalfall immer noch etwa 37-46 Prozent. Das ist zwar weniger als in den Teenager-Jahren (43-56 Prozent), aber immer noch deutlich mehr als beim Kind. Wir gehen bei Jungen vor der Pubertät von höchstens 27 Prozent Muskelmasse aus. Trotzdem sind die Unterschiede der Beweglichkeit (und meistens auch im Hinblick auf Vitalität und Alltags-Dynamik) zwischen Senioren und Schulkindern bekanntlich ganz enorm. Das kann also nicht, oder mindestens nicht primär, am Anteil von Muskelmasse liegen. Im Kapitel 5 werde ich anhand einiger Beispiele zeigen, wie erstaunlich gewandt und leicht kleine Kinder auf dem Spielplatz sich hochziehen, hangeln oder klettern können. Das deutet für mich darauf hin, dass die Faszie dabei entscheidend ist.

Ein weiteres Problem liegt bereits in der (seit 2018 erweiterten) Definition der Sarkopenie. Neben der reduzierten Muskelmasse wird von einem generalisierten Verlust von Muskelkraft und von Muskelfunktion gesprochen. Es folgt oft die These, dass daraus eine Zunahme an Stürzen mit möglichen Verletzungsfolgen resultiere. Klar, dass das keiner möchte. Und so wird die Konsequenz gezogen: Mehr Muskelmasse führt zu mehr Muskelkraft führt zu mehr Muskelfunktion und zu weniger Stürzen. So weit, so logisch. Oder? Was ist, wenn Muskelkraft nicht so entscheidend und das Funktionieren des Körpers im Sinne von Bewegung viel mehr durch die Faszie bestimmt wird? Würde dann nicht die ganze Argumentation schon ab der Diagnose einstürzen?

Damit mich niemand falsch versteht: Selbstverständlich gibt es Alterserscheinungen. Von der Sehkraft über die Wundheilung bis hin zur Aktivität des Immunsystems lassen viele Funktionen im hohen Lebensalter nach, das ist erwiesen. Und ein extrem geringer, weit unter das Normale reduzierte Anteil an Muskelgewebe ist krankhaft und nicht wünschenswert. Dann kann ein Muskelkrafttraining durchaus sinnvoll sein. Es geht mir aber um die normalen Veränderungen im Alter, um die Durchschnittsmenschen. Und da fällt doch auf, dass häufig ein Rückgang an Elastizität der Grund für diesen Abbau und für diese Alterserscheinungen ist. Das gilt auch im Kleinen, auch für die Struktur der Haut oder die Kapazität der Lungenbläschen. Und für die unerwünschten Probleme des Bewegungsapparates erst recht. Das Aufrechthalten einer geschmeidigen Faszie, durchfeuchtet und elastisch, könnte manche Alterserscheinungen aufhalten. Ein entsprechendes Training dieser Elastizität wäre dann zielführender als das Pumpen von Gewichten.

Und alles, was ich zum richtigen Training von Alltagsfähigkeiten gesagt habe, gilt hier auch. Um wandern, Einkäufe tragen etc. zu können, muss man genau diese und nicht irgendwelche anderen Bewegungen ausführen – richtig und mit guter Bewegungsökonomie. Es ist nicht zu erwarten, dass man durch intensives Hanteltraining im Fitness-Center später mehr Treppenstufen hochsteigen kann. Zumal man mit steigendem Alter zunehmend Muskelkraft trainieren müsste, um sein Kraftniveau zu halten (aufgrund des physiologischen Abbaus von Muskelmasse mit zunehmendem Alter). Und selbst wenn man eine höhere Quantität (mehr Treppenstufen) erreichen würde, was ist mit Schmerzfreiheit und Stabilität? Es sollen schließlich Unfälle vermieden werden. Dazu bedarf es einer guten Koordination – sie ist enorm wichtig, wenn man einen Fehltritt macht oder eine Stufe plötzlich rutschig ist. Helfen dann die immer gleichen und geführten Bewegungen der Beinpresse oder selbst die Langhantel-Kniebeuge? Ich glaube nicht.

Wie genau die ideale Vorbereitung auf das Alter aussehen würde, lässt sich noch nicht abschließend sagen. Die Forschung zu dieser Frage ist noch jung. Ich möchte nur davor warnen, auch bei diesem Thema nun wieder reflexartig alle Hoffnung auf die Muskulatur zu setzen. Dies halte ich, wie Sie jetzt sicher schon wissen, für eine unvollständige Betrachtung. Daran ändert sich auch nichts, wenn es um das hohe Lebensalter geht. Vielleicht stürzen Menschen im Alter nicht aufgrund von Schwäche in den Muskeln, sondern aufgrund von Fehlentwicklungen in der Faszie. Diese Erkenntnis setzt sich auch bei anderen durch. Anfang 2024 nannte der Sportwissenschaftler und Bestsellerautor Ingo Froböse die Faszie in einem YouTube-Talk eine »Kommunikationsstelle« unseres Körpers. Er sagte: »Alle Bewegungen [auszuführen], auch die Faszie zu stimulieren, zu aktivieren und zu versorgen, damit sollte man erst einmal anfangen.« Das war wichtig, denn die Moderatorin Nina Ruge hatte ihn anfangs noch auf die Maxime festnageln wollen: »Ausdauertraining und Krafttraining – natürlich ein ganzes Leben lang«. Froböse ist eigentlich ein starker Fürsprecher des Krafttrainings. Aber diese Aussage deutet ein Umdenken an, da er die Faszie mit in den Fokus nimmt. Andere werden da neuerdings noch deutlicher. In einem Artikel der »Süddeutschen Zeitung« war im Juni 2024 zum ersten Mal in einem großen deutschsprachigen Medium die Aussage zu lesen, dass körperliche Aktivität gut sei, aber Fitness-Sport nicht sein müsse. »Bewegung hilft«, wird der Stuttgarter Chefarzt Farzam Vazifehdan zitiert, »aber keiner hat gesagt, dass der Besuch im Fitness-Studio hilft – das brauchen Sie keine Minute.«

Falls das manche immer noch nicht überzeugt, möchte ich noch an einen ganz anderen Zweig der Forschung erinnern: Wir wissen seit etwa zwei Jahrzehnten von sogenannten »blauen Zonen« der Erde. Das sind einige besonders gesegnete Gebiete des Planeten, in denen die Menschen im Durchschnitt viel älter werden als anderswo. Dazu gehören etwa die Inseln Okinawa oder Sardinien. Was auffällt: Keine der Gegenden aus der Liste ist dafür bekannt, dass die Menschen dort besonders viel und intensiv Krafttraining betreiben.

Wie Sport uns zu unnatürlichen Bewegungen zwingt

Dass Sportler sich nicht so intensiv, wie ich es mir wünschen würde, mit den Alltagsbewegungen beschäftigen, kann man ihnen kaum übelnehmen. Sie sind etwas ganz anderes gewöhnt: Wenn man Sport oder sogar Leistungssport praktiziert, ist man auf bestimmte Bewegungsabläufe spezialisiert. Einzelne Bewegungen werden immer wieder ausgeübt und optimiert. Das gilt auch für Laien. Tausende Male üben Tennisspieler den Aufschlag, die Vorhand, die Rückhand. Jede Woche wieder. Manche jeden Tag. Immer wieder wird dabei zum Beispiel das Schultergelenk auf die gleiche Art geführt, die Hand auf die gleiche Art angespannt. So viel Gleichförmigkeit gibt es im Leben eigentlich gar nicht. Die Variabilität geht dabei schnell verloren, die Faszie passt sich den Anforderungen an. Wenn dazu noch herkömmliches oder auch funktionelles Krafttraining gemacht wird, baut sich noch mehr Spannung auf. Da ist die Idee einer Entspannung mittels Dehnung, Mobility oder Faszienrollen zunächst einleuchtend. Aber sie ist oft nur der berühmte Tropfen auf den heißen Stein.

Ich habe während der Arbeit an diesem Buch einen Freund auf dem Trainingscampus eines der größten und wichtigsten deutschen Fußballvereine besucht. Mein Bekannter ist dort Athletiktrainer für den Nachwuchs. Ich sah ein beeindruckendes Trainingszentrum, die Spieler haben vielfältige Möglichkeiten, die es früher so nicht gab. Modernste Fitness-Geräte, eine Kantine mit perfekt angepasster Ernährung, Hallen mit Indoor-Rasen, interaktive Trainingscomputer, die die mit GPS-Trackern gemessene Trainingsleistung jeder Person täglich auswerten. Und natürlich ist ärztliche Betreuung immer ganz nah. An einer dort angebotenen Online-Fortbildung zum Thema Reha im Fußball durfte ich teilnehmen. Die Referenten kamen von führenden Clubs der 1. und 2. Bundesliga, es waren Präventions-, Reha- und Athletiktrainer. Es ging um die Wiedereingliederung eines Sportlers nach einer längeren Verletzungspause. Also, was sollte zu welchem Zeitpunkt gemacht werden, damit der Sportler möglichst schnell und möglichst fit wieder an Training und Wettkampf teilnehmen kann. Und möglichst, ohne dass er bald eine Folge-Verletzung erleidet (leider ein sehr häufig vorkommendes Problem). Dort fiel es mir wieder auf: Es war hauptsächlich von Kräftigung die Rede. Sie gilt als das Allheilmittel, auch bei Beschwerden. Natürlich fordern Sportarten ganz bestimmte Bewegungen. So arbeiten im Fußball immer wieder die sogenannten Adduktoren an der Innenseite der Oberschenkel. Immer wieder konzentriert sich alle Kraft auf diesen einen Bereich des Körpers. Dass diese Belastung einseitig ist, liegt auf der Hand. Die Einseitigkeit bringt der Sport mit sich – darüber muss man sich im Klaren sein. Die Frage ist aber, in welcher Verfassung ist der Körper, dem man eine so einseitige Belastung zumutet? Was kann man tun, um ihn dagegen resilient zu machen? Begleitend sollten Sportler an einer optimierten Basis-Alltags-Bewegungsqualität arbeiten. Spätestens dort, im Alltag, wollen doch hoffentlich alle, dass wir uns mühelos und ohne großen Energieaufwand von innen heraus bewegen, variabel und situativ angepasst. Egal ob eine Tür etwas zu niedrig ist, zum Sitzen nur ein Findling bereitsteht oder der Untergrund beim Spaziergang mal für ein paar Hundert Meter sehr uneben ist: Ein flexibler Körper findet zwanglos eine ökonomische und schöne Lösung, um sich durch eine Situation zu bewegen.

Viele finden, etwa beim Techniktraining, das herkömmliche, sture Einüben der Standardbewegungen gut und richtig. Wenn es zum Erfolg führt, erreicht es ja auch sein primäres Ziel. Allerdings: Dass jede Bewegung einzigartig ist, haben wir schon gesehen. Eine Eins-zu-eins-Umsetzung von Training zu Wettkampf oder Spiel ist daher unmöglich. Egal wie häufig ich eine Technik isoliert trainiere. Im Wettkampf ist es immer etwas anderes. Wie sollte also beispielsweise ein zielorientiertes Techniktraining im Fußball aussehen, das zu einer guten Spielleistung verhilft? Man kann die künstliche Situation meiden, die nie wirklich eintreten wird, und kann viel mehr über natürliche Abläufe lehren. Beim Fußball bedeutet das: über Spielformen, nicht durch Übungsformen.

Der wichtige Unterschied zwischen beweglich und gelenkig

Ich unterscheide, wie schon angedeutet, zwischen Beweglichkeit und Gelenkigkeit. *Beweglichkeit* ist die normale Benutzung des ganzen Körpers bei jeder noch so einfachen oder kleinen Bewegung im Alltag. Es geht darum, wie sich die unterschiedlichen Gelenke im Kontext zueinander und im Gesamtzusammenhang des Körpers bewegen. Als richtig bezeichne ich eine Bewegung, wenn sie nicht nur lokal in einem Gelenk stattfindet, sondern sich der gesamte Körper mitbewegt. *Gelenkigkeit* dagegen meint den Grad der Schwingungsweite, den Bewegungsumfang des einzelnen Gelenkes. Diese variiert von Gelenk zu Gelenk und kann mittels Trainings in Grenzen erweitert werden. Ballett-Tänzer, Turnerinnen und Artisten sind sehr gelenkig. Doch ihre Spezialfähigkeiten haben mit dem normalen Bewegen im Alltag nichts zu tun und sind dort auch nicht dienlich. Das Training der Gelenkigkeit kann in manchen Fällen für Schmerzreduktion und andere Ziele temporär hilfreich sein, dazu später mehr. Eine übermäßige Bewegungsamplitude aber, wie beispielsweise beim Spagat, kann meistens nur kurzfristig und nur mit regelmäßigem Training aufrechterhalten werden. Übt man das nicht mehr, kann man es auch bald nicht mehr. Es wird im Alltag nicht gebraucht. Wir trainieren mit Dehnübungen also Positionen, die wir in unserem natürlichen Bewegungsrepertoire gar nicht ausführen würden. Sie machen gelenkig. Beweglichkeit dagegen meint den ökonomischen Gebrauch des ganzen Körpers und aller Gelenke in Harmonie und Balance. Und das geschieht beim sportlichen Training eben nicht – nicht einmal im Profisport.

Die Ärzteschaft spielt bei dem Drama leider meistens mit. Zuerst weisen sie nicht auf die Vernachlässigung der Geschmeidigkeit des Körpers hin, und wenn dann die Probleme kommen, geben sie die Verantwortung an Physiotherapeuten oder Osteopathinnen ab, und wenn es trotzdem zu keiner Besserung kommt, haben sie meistens lediglich noch die Operation im Angebot. Ich erinnere mich an einen Tennislehrer, der bei mir in Behandlung war. Er hatte so starke Schmerzen, dass er kaum noch unterrichten konnte. Jeder Tag war von den üblichen Verspannungen begleitet, wie er es nannte. Er konnte seinen Hals nur mit Mühe drehen, seine Beine fühlten sich hölzern an, das Atmen fiel ihm schwer. Wäre ich als Arzt streng nach Lehrbuch vorgegangen, hätte ich bei ihm nichts gefunden. Denn organisch war alles so, wie es sein soll. Sein Leiden war subjektiv. Seine Beschwerden waren nicht messbar, auch wenn sie seine berufliche Existenz in Gefahr brachten. Er ist kein Einzelfall. Meine Patientinnen und Patienten haben anderswo oft

Sätze gehört wie »Ich kann nichts mehr für Sie tun« oder »Leider weiß ich hier nicht weiter«.

Ich zeigte ihm, wie er Länge und Raum in bestimmten Körperregionen bekommen kann. Und ich regte ihn zum Umdenken an. Der Körper ist eben keine Maschine, in der sich einzelne Räder drehen müssen und gleichzeitig großen Belastungen standhalten können (beim Tennis wären das dann etwa Schulter und Ellenbogen). Nach einigen Behandlungsterminen schrieb der Tennislehrer mir: »Ich fühle mich heute wirklich um Jahre jünger, kann mich wieder drehen und wenden wie zu meinen besten Zeiten. Unglaublich!« Was war geschehen? Ohne hier schon auf die Details einer solchen Behandlung einzugehen – er hatte gelernt, seine Gelenke anders zu benutzen und sich selbst mehr zu spüren. Er hatte gelernt, sich freier zu bewegen. Nach dem Tennisspielen spürte er immer noch hin und wieder Schmerzen, aber er hatte eine neue Leichtigkeit entdeckt. Dann behauptete er: »Die Schüler schlagen viel härter, ich muss mehr laufen!« Dieser Eindruck entstand aber nur, weil er wieder richtig mitspielen konnte, dabei entstand auf dem Platz mehr Tempo. Der Mann hatte sich seit Jahren wie in einem Prozess der Degeneration gefühlt. Jetzt kehrte sich diese Entwicklung um.

Der erste Schritt zur Lösung seines Falles war der Blick auf den ganzen Körper. Es gibt keine lokalen Probleme. Etwas zugespitzt könnte man sagen: Es gibt keinen »Tennisarm« und keinen »Büro-Nacken«. Solche Begriffe suggerieren, dass genau eine Stelle des Körpers krank ist und dass genau dort und nur dort eine Behandlung zu erfolgen hat. Oft wird genau das gemacht: Etwa indem lokal das Steroid Triamcinolonacetonid gespritzt wird. Wer sich schon einmal wegen Knieschmerzen bei aktivierter Gonarthrose (Verschleiß des Kniegelenkes) hat behandeln lassen, bekam davon vermutlich 20 bis 40 Milligramm ins Gelenk gespritzt. Die Wirkung ist meist sehr gut, der Schmerz ist für einige Stunden bis zu einigen Monaten weg. Aber die Ursache ist noch da. Denn der Schmerz mag sich zwar an einer bestimmten Stelle zeigen, das Problem ist jedoch nie ein rein lokales. Unser Bewegungsapparat ist umfassend vernetzt, das fasziale Gewebe ist als Ganzes verbunden. Daher ist eine lokal erhöhte Spannung, bei Knieschmerzen im Kniegelenk, immer auch eine Spannungserhöhung im Gesamtsystem. Ohne diese Gesamtkörperspannung zu minimieren, bestenfalls zu normalisieren, ist eine dauerhafte Problemlösung, die sich auch den Ursachen widmet, nicht möglich.

Der inneren Ärztin vertrauen

Daher geht es bei der Behandlung, auch von sogenannten Sportverletzungen, darum, dauerhaft Spannungen zu lösen und den Gelenken und dem Gewebe überall Raum zu geben. Hierzu muss man die Faszie in den Fokus stellen – als formgebendes und verbindendes Organ. Dann kann eine körperliche Entwicklung erfolgen. Der Körper will sich reparieren, will immer das Bestmögliche für sich. Man muss es nur zulassen und wieder lernen, auf den Körper zu hören. Oder anders ausgedrückt: Der eigenen Körperintelligenz beziehungsweise der »inneren Ärztin« vertrauen – sie weiß es stets am besten. Dieser Prozess kann lange dauern. Wenn jemand 60 Jahre alt ist und sich seit Jahrzehnten dysfunktional und im Kampf mit der Schwerkraft bewegt, hat sich die Faszie den falschen Bewegungsmustern angepasst. Dann ist eine Umkehr, ein Ins-Lot-Bringen, natürlich deutlich langwieriger, als wenn jemand schon in jungen Jahren vorbeugende Behandlungen wahrnimmt. Es kann Jahre dauern, einem schlechten Zustand Schritt für Schritt entgegenzuwirken. Bei manchen Menschen wird es gar nicht mehr möglich sein, die volle Bewegungsfreiheit wiederherzustellen. Aber auch eine zehnprozentige Besserung kann dem betroffenen Menschen ein völlig neues Körpergefühl geben. Wenn jedoch bereits deutliche Abnutzungserscheinungen, sogenannte Degenerationen, also bereits knöcherne Veränderungen, vorliegen, ist es nicht immer möglich. Deswegen setze ich mich sehr für Prävention ein. Auch deswegen ist der aktuelle Leistungssport so problematisch. Dort gilt das Motto: Verlange alles von dir, und wenn es wehtut, lass dich behandeln, aber komm so schnell wie möglich wieder zum Wettkampf, auf die Bühne oder aufs Spielfeld zurück. Dabei haben alle großen Ballett-Ensembles, alle Leichtathletik-Kader und Bundesliga-Fußballer eigene Physiotherapeuten, Letztere sogar Reha- und Präventions-Therapeuten. In der Bundesliga der Frauen wird das besonders ernst genommen, unter anderem weil die Spielerinnen ein etwas höheres Risiko haben, Kreuzbandrisse zu erleiden. Das liegt vermutlich unter anderem daran, dass die Anerkennung und die Gehälter noch nicht genauso hoch sind wie bei den Männern und viele der Frauen noch nebenbei in ganz normalen Jobs arbeiten müssen. Dann kann der Körper sich aber schlechter erholen. Für diese Frauen ergibt es besonders viel Sinn, sich mit der Faszien-Orthopädie zu befassen.

Die Top-Profis und auch einige Sportler in den Einzelsportarten haben zwar schon jetzt teilweise ihre eigenen Personal Coaches. Diese Trainer und Therapeuten zählen sicherlich zur Crème de la Crème, arbeiten mit den modernsten Geräten, verfügen über aktuelles Wissen. Und auch das restliche Personal der medizinischen Abteilungen zählt oft zu den Besten in Deutschland. Die sportmedizinische Versorgung ist also ausgezeichnet und wird stetig noch verbessert. Da müsste es ja besser werden mit den Verletzungen und den frühzeitig und unfreiwillig beendeten Karrieren, denkt man. Aber dem ist leider nicht so.

Ich sage allen Patientinnen und Patienten: Wenn du magst, geh an deine Grenzen; wenn es dir wichtig ist, werde einer der Besten – aber achte dabei auf dich. Lass dir helfen. Such dir jemanden, der deine Faszie schon begleitend behandelt, der dir präventiv hilft,

Schmerzfreiheit und ein Gefühl von Beweglichkeit und Geschmeidigkeit zu erhalten.

Sport und Zwang – ein dreitausend Jahre altes Drama

Ich weiß, dass ich damit von der Sportwelt einen großen Wandel verlange. Einen, der an ihren Grundfesten rüttelt. Denn der Sport ist seit jeher auch mit Zwang verbunden gewesen, mit einem Arbeiten gegen den Körper. Schon deswegen könnte es verblüffen, wie hartnäckig sich das Gerücht hält, Sport sei gesund. Sport und Gesundheit gelten fast als Synonyme, und das geht mir gehörig gegen den Strich. Die Lust, sich zu bewegen, ist dem Menschen evolutionär gegeben, sie ist elementar: Bewegung ist Leben – nicht aber der Sport. Der Körper braucht täglich Bewegung, doch Sport braucht er nicht. Sport ist eine Erfindung des modernen Menschen und war primär nicht dazu gedacht, seine Lebensqualität oder das allgemeine Wohlbefinden zu steigern. Im Gegenteil: Gezielte Leibesübungen und Wettkämpfe dienten historisch betrachtet wohl eher dem Zweck, Menschen auf den Krieg vorzubereiten. Im alten Rom wurde ein oft brutaler Sport zur Unterhaltung für die Massen sublimiert, der soziale Kitt im Staat wurden »Brot und Spiele«, wie der römische Dichter Juvenal es im 1. Jahrhundert formulierte. Das war von ihm übrigens schon als Kritik gemeint, da das Volk aus seiner Sicht mit Sportveranstaltungen ruhiggestellt werden sollte.

Ich habe nichts gegen Sport, das habe ich, hoffe ich, deutlich machen können. Wer mag, soll sporteln. Nur sollten wir uns bewusst machen, warum wir es tun. Was unsere wahren Motive sind. Wir sollten uns davor hüten, Motive wie Gesundheitsförderung nachzuplappern von Leuten, die nicht im Geringsten an unserer Gesundheit interessiert sind. Beim Sport geht es seit Jahrtausenden um Macht, später auch um Geld. Das zeigt ein Blick zurück.

Von den alten Griechen über den neuzeitlichen Adel zu den Athleten des 20. Jahrhunderts: Die Geschichte des Sports ist auch eine Geschichte der Gewalt.

»Beiden knirschte der Rücken, von stark umschlungenen Armen / angestrengt und gezuckt; und es strömte der Schweiß von den Gliedern …« – ein Auszug aus der wohl ersten Sportreportage der Menschheit. Der Dichter Homer hat sie vor rund 2.800 Jahren in der »Ilias« formuliert. Er schildert einen Freistil-Ringkampf zwischen Ajax und Odysseus. Die beiden schenken sich nichts, einer hebt den anderen hoch, schlägt ihm in die Kniebeuge, wirft ihn auf den Rücken, setzt sich auf dessen Brust. Am Ende urteilt Schiedsrichter Achill: unentschieden. Ein Stück griechische Mythologie.

Die Schilderung klingt nach einem fairen Kampf, als sei hier die Olympische Idee geboren worden. Tatsächlich galten Homers Helden den Athleten der griechischen Antike als Vorbilder. Doch ging es weder dem einen noch dem anderen um gute Durchblutung und ein langes Leben. Die Wettkämpfe in der Ilias fanden als eine Art Wehrübung in einer Kampfpause vor den Toren Trojas statt – zum Auftakt erwürgte der Schiedsrichter zwölf Kriegsgefangene. Die Körperertüchtigungen der ihnen nacheifernden Athleten im »gymnasion« dienten der Vorbereitung auf die nächste Schlacht. Wenn zwischendurch, in Friedenszeiten, gesportelt wurde, ließen ebenfalls regelmäßig Teilnehmer ihr Leben. Bei den Römern und den Germanen später lief es ähnlich. Es sind antike Inschriften mit dem Text »Kranz oder Tod« überliefert. Der Tod wurde also für das höhere Ziel des Gewinnens in Kauf genommen.

Krieg, oder das Üben dafür, war immer auch publikumswirksam. Im Mittelalter entwickelte sich eine neue Disziplin: die Handhabung der ritterlichen Lanze. Mit den langen schweren Speren vom Rücken eines galoppierenden Pferdes aus Gegner aufzuspießen, war nicht einfach und musste geübt werden. Und wo trainiert wurde, fanden sich Zuschauer. Auf den Burgen erkannte man das Potenzial, und es kam in den folgenden Jahrhunderten zu einer Vielzahl an Ritterturnieren in ganz Europa. In den florierenden Städten hoben derweil Handwerker und Kaufleute Gewichte, schossen mit Armbrüsten, später Feuerwaffen, rannten, rangen und sprangen auf Wiesen vor den Stadttoren um die Wette – zum Spaß, um die Massen zu unterhalten, aber auch, um sich für den nächsten Überfall auf Dom- und andere Schätze zu wappnen.

Friedenstiftenden Charakter hatte immerhin das französische »Jeu de Paume«, ein Vorläufer von Tennis und Squash im Barock. Heerscharen von Männern unterwarfen sich zu dieser Zeit den Benimmregeln immer einflussreicher werdender fürstlicher Höfe. Der Höflichkeit entfliehen konnten sie beim Jeu de Paume, wo sie zwar nicht direkt aufeinander eindreschen durften, aber immerhin indirekt über einen Schläger auf einen Ball. Die Vorbeugung von Herz-Kreislauf-Erkrankungen hatten auch sie nicht im Blick – das Spiel diente der Kanalisierung von Aggressionen und der Prävention von Mord- und Totschlag. Aber sie legten das Fundament für das, was wir heute Sport nennen: das Totschlagen von Freizeit.

Zur gleichen Zeit hatten englische Adelige eine Idee, wie sie ihren Müßiggang abwechslungsreicher gestalten könnten: Sie ließen ihre Knechte zum Wettlaufen antreten – und setzten Geld auf den Sieger. Dieses Prinzip übertrugen sie auf Ruderer, Ringer und Boxer. Die einen schwitzten und ackerten, die anderen guckten zu, feuerten an und jubelten, einige wenige machten Reibach. So ist es im Prinzip bis heute. Damit die Chancen der Athleten sich angleichen, die Wette auf den Sieger fürs Publikum somit spannender wird, erfinden Funktionäre um 1700 Regeln und Gewichtsklassen. Sie messen und übersetzen sportliche Leistungen in Daten und Zahleneinheiten, in Zentimeter und Sekunden. Die Bürokratisierung körperlicher Anstrengung eröffnet die Jagd nach Rekorden. Die Quantifizierung der Bewegung hat sich seitdem zunehmend verfeinert, heute ist sie die Norm. Freizeitsportler legen sich sogar jenseits von Wettbewerben, beim einsamen Umherlaufen, Armbänder an, die Puls, Herzfrequenz und die Tagesschrittbilanz zwischen Haben und vermeintlichem Soll verkünden. Das Bauchgefühl für wohltuende Belastung und Bewegung scheint verloren gegangen zu sein. Eigentlich kein Wunder. Auch in jüngerer Vergangenheit haben sich Machthaber immer wieder die Deutungshoheit über den Körper angeeignet. Als Napoleon Schlacht um Schlacht Europa verwüstete, führte der preußische Staat 1813 die Allgemeine Wehrpflicht ein und in der Berliner Hasenheide trainierte Turnvater Jahn die deutsche Jugend unter dem Motto »frisch, fromm, fröhlich, frei«. Seine Übungen an von ihm erfundenen Geräten wie dem Barren sollten die heranwachsenden Männer von den Schrecken der Masturbation fernhalten und für den Kampf gegen Junker, Juden und Franzosen stählen. Danach fühlten sich immer mehr deutschnationale Pädagogen und Theologen berufen, Trainingskonzepte zur Kräftigung des Volkskörpers zu entwerfen. Im Mief der Turnhallen wurde der Jugend im 19. Jahrhundert mit staatlich verordneten Leibesübungen das Rückgrat verbogen. Das Ziel waren Disziplin, Gehorsam und eine frühzeitige und kostengünstige militärische Ausbildung. Bei Feldaufmärschen und auf Turnfesten gelobten Zehntausende im massensynchronen Liegestütz König und Kaiser die Treue. Millionen untertänige muskulöse Männer wurden in den Schützengräben des ersten Weltkriegs zerfetzt. Doch auch die folgende Generation unterstellte ihren Bewegungsapparat Volk und Vaterland. »Ich will eine athletische Jugend«, schrie Hitler. »Das freie, herrliche Raubtier muss erst wieder aus ihren Augen blitzen. (...) So merze ich die Tausende von Jahren der menschlichen Domestikation aus.« Immer wieder in der Geschichte pervertierten Machthaber den natürlichen Drang nach Bewegung.

Die Geschichte der Frauen und des Sports ist eine ganz andere. Lange Zeit wurden sie von Sportarten und Wettkämpfen ausgeschlossen. Denn die Rolle der Kriegerin oder der Soldatin war für sie gesellschaftlich nicht vorgesehen. Erst 1904 feierten Frauen im Bogenschießen ihr Debüt bei den Olympischen Spielen, 1908 wurden sie im Eiskunstlauf zugelassen. 1912 gingen die ersten Schwimmerinnen an die Startrampe. Noch 1931 behauptete der Leipziger Gynäkologe Hugo Sellheim: »Durch zu viel Sport nach männlichem Muster [wird] der Frauenkörper direkt vermännlicht, die weiblichen Unterleibsorgane verwelken.« Der Kampf im Sport der Frauen ist so gesehen ein Kampf um Selbstbestimmung über den eigenen Körper. Die unterschiedlichen historischen Wege zum Sport bei Frauen und Männern sind bis heute spürbar. Sie äußern sich in weniger Unterstützung für weibliche Sportlerinnen ebenso wie in einem oft geringeren Interesse an den Wettkämpfen seitens der Zuschauer.

Andererseits sind es auch vor allem Frauen, die andere Traditionen von Bewegung aufgreifen, etwas das fernöstliche Yoga, das historisch nicht aus dem Kampf, sondern aus der spirituellen Praxis hervorging.

Die Motive für die heutigen unzähligen Aufrufe zum aktiven Sporttreiben sind unterschiedlich. Die bundesdeutsche Trimm-Dich-Kampagne der 1970er-Jahre sollte nicht nur die Fettpolster der Nachkriegszeit abbauen, sie sollte auch bei der Bewältigung eines neuen Wohlstandproblems helfen: dem plötzlichen Angebot von Freizeit. Die Wochenarbeitszeit sank, die entstehenden Lücken im Tagesablauf sollten gefüllt werden. Hinzu kam die zunehmende Verdrängung von Krankheit und Tod aus der Gesellschaft, Jugendlichkeit wurde zum Ideal. Dazu passten die neuen Fitness-Trends; erst der aus den USA kommende Jogging-Trend, dann der Aerobic-Hype um Jane Fonda und dann Arnold Schwarzenegger, der einen Bodybuilding-Wettbewerb nach dem anderen gewann, um danach als Action-Filmheld internationale Erfolge zu feiern.

Trimm-Dich, Jogging, Aerobic und Bodybuilding wirken in zahlreichen Varianten bis heute, die ächzenden Ausführenden sind die Motoren einer ungeheuren Industrie, die Vitamine und Yogamatten, Hanteln und Stretch Tops, Ruderbänke und Fitness-Studio-Abos, Sneaker und Pilates-Retreats verkauft. Sich diesen Trends zu entziehen, ist nicht einfach. Sie bieten ja einiges: eine gewisse Geselligkeit mit Gleichgesinnten, vor allem aber Hoffnung – auf Schönheit, Status und Erfolg, im Job und im Bett. Den Herstellern und Dienstleistern bieten sie Milliardenerlöse.

Dass die ritualisierten, gleichförmigen, wiederkehrenden Bewegungen zwischen Matte, Beinpresse und Trizepsmaschine den Abläufen in einer Fabrik ähneln, dass den Menschen in ihrer Freizeit nichts Besseres einfällt, als diese nachzuahmen, fiel schon Theodor W. Adorno und Max Horkheimer auf, den Chef-Soziologen der in den 1950er-Jahren entstandenen sogenannten »Kritischen Theorie der Frankfurter Schule«. In ihrem kulturkritischen Buch »Die Dialektik der Aufklärung« (1947) sagen sie, Sport sei »kein Spiel, sondern ein Ritual. Unterworfene feiern die eigene Unterwerfung. Sie parodieren Freiheit durch die Freiwilligkeit des Dienstes, den das Individuum dem eigenen Körper noch einmal abzwingt.« In einer Rundfunkrede aus dem Jahr 1969 sagte Adorno, Sport triebe man, um in der Freizeit Kräfte zu sammeln und im Beruf die Wünsche des Arbeitgebers zu erfüllen – »Fitneß für die Arbeit« nannte er das. Adorno sah übrigens auch einen Zusammenhang zwischen nach außen gerichteter, sublimierter Gewalt und nach innen gerichteter Selbstkasteiung. Er schrieb: »Zum Sport gehört nicht bloß der Drang, Gewalt anzutun, sondern auch der, selber zu parieren und zu leiden.« Und er beschrieb besonders bildhaft den Trainierenden: »Das angespannte Gesicht gleicht der Grimasse der Qual.«

Dass Menschen im Fitness-Center sich oft etwas quälen, viele eigentlich nicht mit Freude hingehen, ist offensichtlich. Wer das nicht glaubt, möge einmal einen Blick in ein Center werfen. Die laute Musik, entweder aus den Lautsprechern oder den Ohrstöpseln, soll die Anstrengung erträglicher machen. Das leicht Zwanghafte begleitet den Sport heute bis in die modernsten Bereiche hinein. So schielen die zahlreichen Trägerinnen von Smartwatches darauf, dass sie am Tag 10.000 Schritte schaffen, erst wenn diese erreicht sind, zeigt die Uhr ein grünes Herzchen oder einen Stern. Übrigens weiß niemand, warum sich ausgerechnet die Zehntausend als Marke für eine gute Schrittanzahl durchgesetzt hat. Mit dem Aufkommen der Fitness-Armbänder und dann der Smartwatches war sie plötzlich in der Welt. Vermutlich ist eine Marketingidee daran schuld. Das erste Unternehmen, das einen Schrittzähler auf den Markt brachte, war die japanische Firma Yamasa. 1965 brachte sie ihr Sportgadget unter dem Namen »Manpoke« auf den Markt. Das klang irgendwie englisch und modern. »Man« bedeutet im Japanischen aber 10.000 und die Silben »po« Schritte und »ke« Zähler; der 10.000-Schritte-pro-Tag-Slogan war geboren.

Wie viele Schritte wir tatsächlich pro Tag gehen sollten, wissen wir nicht genau; die Forschungslage ist hier, wie so oft bei Sportthemen, äußerst vage. Eine polnische Studie vertrat im Jahr 2023 die Meinung, dass rund 3800 Schritte ausreichen, um Herz-Kreislauf-Erkrankungen vorzubeugen. Die Studie untersuchte 17 andere, bereits vorhandene Studien und musste dabei recht ungenau bleiben, schon weil die vorliegenden Daten nicht immer direkt vergleichbar waren. Deswegen stellt sie auch nur fest, dass die »optimale Anzahl von Schritten und ihre Bedeutung für die Gesundheit (…) noch unklar« sei. Aber eins wissen wir inzwischen sicher: Die Zahl 10.000 ist an den Haaren herbeigezogen und medizinisch durch nichts untermauert. Dass so viele Leute sich an solchen Werten orientieren, zeigt aber auch: Die Menschen möchten fixe Richtlinien, an die sie sich halten können. Und es geht den meisten nicht mehr um dicke Muskeln, sondern um Gesundheit. Heute mag dabei zudem die Sorge vor Erkrankungen wegen der vorwiegend sitzenden Tätigkeiten am Schreibtisch eine Rolle spielen. Inzwischen, mit zunehmenden Krisen, Katastrophen und Kriegen, auch die Sorge, dass Momente kommen könnten, da Kräfte auf die archaische Art gefordert sein werden, wo man wieder seinen Mann und seine Frau stehen muss. Mit Gesundheit jedenfalls hat das Treiben in Stadien und Studios wenig zu tun. Viele Freizeitsportler sind von falschem Ehrgeiz getrieben, 60 Prozent aller Hobbyläufer, haben Sportwissenschaftler ermittelt, rennen zu schnell, riskieren den Verschleiß von Knochen und Gelenken und chronische Erschöpfung. Optimal aus medizinischer Sicht hingegen wäre, täglich mit leichter Belastung zu spazieren, zu wandern, zu schwimmen oder zu springen, zu klettern und Bälle zu werfen. Dinge, die sich in den Alltag einbauen lassen und das Etikett »Sport« nicht brauchen. Und zusätzlich sollte man neben diesem möglichst abwechslungsreichen und vielseitigen »Sporttreiben« im Alltag auf ökonomische Bewegungsabläufe achtgeben. »Sportler leben nicht länger, aber sie sterben gesünder«, lautet ein zynischer Ärztespruch. Belegt ist das nicht. Andere behaupten, durch maßvolle Leibesübungen könnte man ein paar Jahre hinzugewinnen. Belegt ist auch das nicht, aber mal angenommen, es stimme, so sollte man bedenken: Die durch Sport gewonnene Lebenszeit geht fürs Training drauf.

Heute ist es höchste Zeit, dem Sport die traditionell eingeübte Härte wieder zu nehmen. Sie dient uns nicht mehr. Im Gegenteil, sie kann die weitverbreiteten Leiden wie Rücken- und Gelenkschmerzen und Verspannungen noch verschärfen. Wir sollten daher über eine andere Art, Sport zu treiben, nachdenken – egal ob im Leistungs- und Profisport oder einfach beim Amateurtraining. Eine neue Art, die Leistungen nicht schmälert, aber dem Körper weniger schadet. Doch bevor wir dazu kommen, möchte ich noch einen anderen Blick zurück in die Geschichte werfen. Denn wenn der Sport dunkle Seiten hat, die zu seiner Geschichte gehören, gilt das erst recht für mein medizinisches Fachgebiet: die Orthopädie.

Kapitel 5

Die Sünden der Orthopädie – und wie ihre gute Zukunft aussehen könnte

Im Namen der aufrechten Haltung hat die Medizin regelrechte Grausamkeiten begangen. Einiges aus der rund 250-jährigen Geschichte der Orthopäde erinnert an Horrorgeschichten. Bis heute lebt die Idee, die Menschen müssen alle in die gleiche, vermeintlich einzig richtige Haltung gezwungen werden. Doch häufig heilt der Körper sich selbst, wenn man ihm den richtigen Weg zeigt.

Schon der Name meines Fachs wirkt etwas streng. »Ortho« heißt recht, aufrecht, gerade, richtig. Das Wort wurde 1741 erfunden, damals brachte der Pariser Kinderarzt Nicolas Andry de Boisregard ein Buch mit dem Titel »Orthopédie« heraus. Auf dem Umschlag war die Zeichnung eines jungen Baumes zu sehen, dessen etwas gewundener Stamm mit Seilen an einem geraden Stock festgebunden war. Das scheint den Grundgedanken meines Faches perfekt zu versinnbildlichen: Was schief ist, muss gerade gemacht werden. In gewissen Grenzen ist das sinnvoll. Aber der Mensch ist nicht rigide und unflexibel wie ein Holzstock – und er sollte es auch nicht werden. Trotzdem haben die Gründerväter der Orthopädie so gedacht. Manchmal wirkt dieses Denken noch heute fort.

Um die geradezu menschenfeindlichen Anfänge der Orthopädie zu verstehen, muss man sich vorstellen, wie verbreitet im 18. und

19. Jahrhundert noch sogenannte Missbildungen waren, deren Ursachen wir heute frühzeitig behandeln können. Ich meine etwa starke Verkrümmungen der Wirbelsäule oder der Beine, extreme Formen eines schiefen Halses, medizinisch: Torticollis, oder der Kyphose, bei der die Wirbelsäule sich nach hinten wölbt. Zum Straßenbild gehörten die »Lahmen und die Buckligen«, wie man es damals nannte, selbstverständlich dazu. Wenn Victor Hugo in seinem berühmten Roman »Notre-Dame de Paris« aus dem Jahr 1831 von Quasimodo erzählt, dem gedrungenen, buckligen Glöckner, greift er ein Bild auf, das die Menschen aus dem Alltag kannten. Heute ist das glücklicherweise anders. Einerseits sind Infektionen wie Rachitis, Kinderlähmung, Tuberkulose weitgehend besiegt, die grobe Missbildungen auslösen können. Andererseits können wir die genannten Leiden mit Orthesen wie Korsetts oder Halskrausen und mit Physiotherapie sehr gut behandeln. Die ersten Orthopäden haben den Grundstein dafür gelegt, auch mit der Erkenntnis, dass man schon im Kindesalter behandeln sollte. Die Nachsilbe »-päd« bezieht sich auf das altgriechische Wort παῖς, *pais*, für das Kind. Die Orthopädie entstand als Teilbereich der Pädiatrie, der Kinderheilkunde. Doch die Gefahr, alles gleich zu machen und den Menschen möglichst gerade zu machen, war der jungen Disziplin in die Wiege gelegt.

Einen traurigen Höhepunkt fand diese Haltung Mitte des 19. Jahrhunderts mit dem Arzt Moritz Schreber. Der Mann, nach dem auch die typisch deutschen Kleingärten benannt sind, war Orthopäde. Er übernahm 1844 die Leipziger »Heilanstalt für Verkrümmte« und machte aus ihr eine der ersten großen orthopädischen Kliniken Europas. In der Schweiz hatte Jean-André Venel schon 1780 ein orthopädisches Spital gegründet, im deutschen Raum gab es eine erste kleinere orthopädische Heilanstalt ab 1816, eröffnet in Würzburg von Johann Georg Heine, einem Handwerker, der eigentlich Messerschmied und Instrumentenbauer war. Schreber setzte sich unter anderem dafür ein, dass Kinder im Grünen eigene Orte für Bewegung bekamen – das war eine Innovation, denn Spiel- oder Fußballplätze gab es damals noch nicht. Dennoch war sein Verständnis von Kinderaufzucht alles andere als modern; er war ein brutaler und gnadenloser Patriarch. Prügel hielt er schon bei Kleinkindern für eine gute Erziehungsmethode. Seine eigenen Söhne zwang er in verschiedene mechanische Apparate hinein, die er selbst erfunden und gebaut hatte. Er fesselte sie an Stangen und Platten, zog ihnen rigide Gestelle an, die sie mithilfe von Lederriemen und Stahlfedern in einen ständig absolut aufrechten Gang zwangen. Im Schlaf mussten sie Geräte tragen, die sie zur geraden Rückenlage zwangen. Er erfand Kinnbänder für einen geraden Biss und den »Geradhalter« für aufrechtes Sitzen, darin wurde das Kind an der Stirn mit einem Band festgeschnürt. Nicht nur die aufrechte Haltung hatte es ihm angetan: Mit verschiedenen Geräten, quasi Keuschheitsgürteln, wollte er jegliche Masturbation unterbinden. Hegte er den Verdacht, dass seine Söhne sich irgendwie doch der Autoerotik hingaben, zwang er sie zu Einläufen und eiskalten Sitzbädern. Schrebers erster Sohn Daniel Gustav beging mit Ende 30 Suizid. Sein zweiter Sohn wurde in der Wissenschaftsgeschichte berühmt: Daniel Paul Schreber litt an Schlaflosigkeit, Depression und Wahnvorstellungen, verbrachte fast 15 Jahre seines Lebens in Nervenheilanstalten und starb auch in einer. Sein autobiografischer Bericht über seine Leiden, den Schreber jr. selbst »Denkwürdigkeiten eines Nervenkranken« nannte, wurde in der psychologischen Wissenschaft intensiv diskutiert, unter anderem von Sigmund Freud. Man kann wohl sagen: Hier hat eine falsch verstandene Orthopädie mindestens ein Leben zerstört.

Wir wissen heute natürlich, dass man Menschen nicht in starre Positionen zwingen sollte, die Medizin hat sich auch in diesem Bereich modernisiert. Aber noch prägt die Medizin Mitte des 19. Jahrhunderts die heutige Orthopädie, etwa die Neigung, recht schnell zum Skalpell zu greifen. Der Hannoveraner Chirurg Georg Friedrich Louis Stromeyer durchtrennte ab den 1830ern Achillessehnen, um Klumpfüße zu behandeln – und wurde damit überregional bekannt, später auch als berühmtester Militärarzt Deutschlands. Die Kriege seiner Zeit, besonders der Deutsch-Französische Krieg 1870 bis 1871, waren der traurige Grund, dass viel mehr Männer als sonst behandelt werden mussten. Auch der Wiener Arzt Adolf Lorenz wird zu jener Zeit ein Weltstar der Orthopädie. Erst als Chirurg, doch wegen seiner Allergie gegen das damals übliche Desinfektionsmittel Karbolsäure schwenkt er auf andere Behandlungsmethoden um; er behandelt Hüftgelenksverrenkungen mit Streckverbänden oder Gipsfixierungen. Menschen mit Wirbelentzündungen legt er in Gipsbetten. Das alles war so erfolgreich, dass verschiedene Krankenhäuser der USA den »Gipsdoktor« zu sich riefen. Wegen seiner einfachen, aber effektiven Methode zur Heilung der angeborenen Hüftluxation (dabei sitzt der Gelenkkopf außerhalb der Gelenkspfanne) wird er achtmal für den Nobelpreis nominiert. Er leistet viel und zeigt der noch jungen Orthopädie ganz neue Wege auf, weil er dem Körper hilft, eine nachhaltige Lösung zu finden, ganz ohne Operation. Am Ende seines über 90-jährigen Lebens wendet Lorenz sich leider einigen Ideen des Nationalsozialismus zu und nimmt auch einen vom NS-Deutschland verliehenen Orden an.

Bereits Mitte des 19. Jahrhunderts zeigt sich, dass die Orthopädie und der Sport eng miteinander verbunden sind. Die Karriere des Stockholmer Arztes Gustav Zander veranschaulicht dies gut. Der Schwede machte sich, als er 1864 seine Approbation als Arzt in der Tasche hatte, sofort an das Design und bald die serienmäßige Herstellung einiger Geräte, die er sich ausgedacht hatte. Es waren Maschinen, bei denen an Seilzügen oder Hebeln Gewichte befestigt waren, mit deren Hilfe der Patient trainieren sollte. Wer jetzt an ein Fitness-Center denkt, assoziiert richtig. Die alten Zeichnungen von Zanders Geräten wirken auf uns heute kurios, weil dort Männer in Anzügen trainieren, mit Hemdkragen und langen Jacken. Vor 150 Jahren gab es eben noch keine Sportkleidung. Die Geräte selbst aber sehen erstaunlich aktuell aus und unterscheiden sich kaum von dem, was heute in Fitness-Buden steht.

Nach dem Zweiten Weltkrieg entsteht die moderne Orthopädie und schafft in rascher Folge große Fortschritte. Die Endoprothetik, das Fachgebiet, das Prothesen im Körper, direkt am Knochen beziehungsweise an Gelenken, einsetzt, entwickelt sich ab den 1960er-Jahren sprunghaft weiter. Die Orthopädie wächst immer enger mit der Unfallchirurgie zusammen, heute gehören diese beiden Fachrichtungen akademisch zusammen. Sehr genaue Arthroskopien werden dann in den 1970er-Jahren möglich, was die Diagnostik und Therapie etwa am Knie sehr voranbringt. Kurzum: Es gab viele große Erfolge, die vielen Menschen helfen, die infolge von Unfällen oder Krankheiten immense Probleme haben. Großartig, dass wir heute Gelenke teils oder ganz ersetzen können.

Aber es herrscht immer noch eine gewisse Ratlosigkeit darüber, wie gute Haltung und Schmerzfreiheit zu erreichen sind. Auch bei der Prävention orthopädischer Krankheiten sind wir noch nicht gut aufgestellt. Die vom alten Geist durchdrungene Orthopädie hat den Menschen hier nicht viel anzubieten. Und manchmal sind die Therapien sogar das Falsche.

Wenn der Fuß sich selbst heilt – ganz ohne Einlagen

Ich möchte das, was in der Medizin falschläuft, einmal am Beispiel des Geschäfts mit den orthopädischen Einlegesohlen erklären. Eine Allensbach-Umfrage von 2016 fand heraus, dass zwölf Millionen Deutsche Einlagen tragen, fast ein Fünftel der Bevölkerung. In großem Stil wurden und werden seit Jahrzehnten Schuheinlagen verschrieben – obwohl deren Nutzen wissenschaftlich gar nicht geklärt ist. Keine methodisch gut gesicherte Studie stützt die gängige Praxis. Dennoch werden Einlagen sehr schnell sehr vielen Menschen verschrieben. Mitunter wird nicht einmal geprüft, ob das Problem, etwa die Quelle von Schmerzen, wirklich eine Erkrankung des Fußes ist oder doch eher eine der Wadenmuskulatur oder sogar der Hüfte. Und selbst die sogenannten Fußfehlstellungen müssen nicht immer behandelt werden, vor allem im Kleinkindalter nicht. Bis etwa zur Einschulung sind die Knick-Platt-Füße ganz normal. Sie treten auch bei rund einem Drittel der Kinder auf, wie die Gesellschaft für orthopädisch-traumatologische Sportmedizin feststellt. Selbst später stellen sie nicht immer eine behandlungsbedürftige Fehlstellung dar. Trotzdem berichtete zum Beispiel ein Artikel der »Süddeutschen Zeitung« im Jahr 2010 von Menschen, die vom Arzt Aussagen hören wie: »Wenn Sie keine Einlagen tragen, sind Sie eines Tages auf den Rollstuhl angewiesen.« Da ist sie wieder, die orthopädische Rigidität, die schon früher so viel Schaden angerichtet hat. Beim Knick-, Spreiz- und Senkfuß (meist tritt alles davon zusammen auf) sind die gesunden Fußwölbungen nicht gut ausgeprägt. Sie werden vor allem durch Muskelkraft und von stabilen, aber flexiblen Stützstrukturen, der Faszie, gebildet, also letztendlich durch Bewegung. Ich glaube daher, dass die starren Einlagen das Problem gar nicht bei der Wurzel packen können. Denn wenn die Fußwölbung von einer Einlage gestützt wird, muss der Muskel erst recht nichts mehr tun. Das Training der Muskeln und der Faszie wird sogar noch verringert. Wie bei dicken, festen Sohlen handelt es sich um eine Ruhigstellung. Bewegung findet nicht statt. Stattdessen rate ich zum Barfußgehen und zu den neuen sogenannten Barfußschuhen, das ist Schuhwerk mit einer sehr flexiblen und dünnen Sohle. Mit keinem Absatz (also flach, ohne eine sogenannte Sprengung). Wer damit – oder noch besser ganz barfuß – läuft, stärkt mit jedem Schritt seine Muskulatur, hält die Faszie geschmeidig. Und weil auch hier wieder alles mit allem zusammenhängt, setzen sich die positiven Effekte fort, bis hinauf zum Beckenboden und sogar noch weiter bis zu den Schultern und zur Kopf-Hals-Region. Tägliches Barfußgehen stärkt die Füße, das haben inzwischen mehrere Studien bewiesen. Und es hat sich zu einem Trend entwickelt, das sehe ich daran, dass immer neue Anbieter von Barfußschuhen auf den Markt kommen. Mittlerweile gibt es auch gute Barfuß-Wanderschuhe, tolle Barfuß-Sandalen und auch das passende Angebot für Kinder. Das ist einmal eine Mode, die wirklich sinnvoll ist. Auch wenn diese Schuhe nicht verschrieben werden können, leisten sie bedeutend mehr als eine Einlage. Das Beispiel zeigt aber auch, wie sehr Menschen auf Alternativangebote angewiesen sind, wenn sie sich heute um ihre fasziale Gesundheit kümmern wollen. Bei der klassischen Orthopädie ist dieses Wissen oft noch nicht angekommen; ihre Behandlungsmethoden stützen sich häufig auf vermeintlich altbewährtes Schulbuchwissen mit operativem Schwerpunkt.

So entstehen im privaten, komplementären Bereich neben der ärztlichen und klinischen Versorgung zusätzliche Angebote, bei denen sich viele Menschen Hilfe erhoffen. Etliche Anbieter betreiben Shops mit verschiedenen Utensilien, die bei Therapie und Genesung helfen sollen – das sind zum Teil Dinge, die Kliniken und Sanitätshäuser so gar nicht kennen. Schuhe oder Socken mit kleinen Magneten, Rotlicht-Handgelenkbänder, Akkupressurmatten. Viel Hokuspokus, den niemand braucht. Es ist kein Wunder, dass viele Patientinnen und Patienten schlicht verwirrt sind und sich alleingelassen fühlen. In meiner Praxis erlebe ich das fast jeden Tag. Man darf wohl sagen, heute ist ein guter Zeitpunkt für die Orthopädie, sich der Prävention und nichtoperativen Heilungsmethoden zuzuwenden, kurz: sich mal wieder neu zu erfinden. Dabei sollte sie endlich die Faszie miteinbeziehen. Wie sehr die Menschen sich nach neuen Lösungen sehnen, sieht man auch an dem großen Interesse an den Methoden von Liebscher und Bracht. Dabei wurde deren Therapie zuletzt oft sehr kritisch gesehen. Ob zurecht oder nicht, darüber möchte ich kein Urteil fällen. Aber die Medien und die etablierte Orthopädie, die etwa Liebscher und Bracht kritisieren, sollte sich auch fragen: Warum suchen so viele Menschen bei einem Schmerzspezialisten, der kein Arzt ist, nach Heilung und nicht (mehr) bei einem Orthopäden? Warum vertrauen die Leute ihm mehr als der nächsten Fachklinik? Viele Betroffene sagen, dass es nahezu unmöglich ist, einen guten Orthopäden zu finden und bei ihm oder ihr einen Termin zu bekommen. Selbstkritik statt Kritik wäre angebracht.

Dehnen, Stretchen – und eine lange Geschichte der Irrtümer

Wenn wir über Sport reden und darüber, wie er besser, moderner und körpergerechter werden könnte, dann müssen wir auch über das Dehnen reden. Ich höre oft, wenn ich engagierten Muskelsportlern klarmachen möchte, dass ihr hartes Training der Geschmeidigkeit nicht guttut, den Satz: »Aber wieso denn, wir stretchen doch, das beugt Verkürzungen vor.« In der Tat gehört das Dehnen, der Anglizismus Stretching meint meist das Gleiche, eigentlich überall fest zu Training und Fitness dazu. Damit, so der landläufige Glaube, gleichen Sportler die muskuläre Verkürzung durch Belastung wieder aus, schaffen neue Länge in Muskeln, Sehnen und Bändern und erhalten die Mobilität ihrer Gelenke. Schon in der Schule wird gelehrt: Du hast einen Muskel intensiv beansprucht, also musst du ihn danach wieder dehnen, damit er nicht »verkürzt«. Es gibt da nur ein Problem: Die Dinge sind etwas komplizierter. Und man könnte direkt fragen, warum wir zuerst ein angeblich verkürzendes Krafttraining machen, um danach wieder Dehnungsübungen durchzuführen? Ist das nicht etwas widersinnig?

Es gibt verschiedene Arten des Dehnens, die Sportwissenschaft unterscheidet federnd und statisch, aktiv und passiv, und geht sogar noch weiter ins Detail, dafür wurden Begriffe wie »Contract-Relax-Antagonist-Contract-Stretching« geprägt. Da geht es um die Art und Weise, wie man seine Muskeln während des Dehnens an- und entspannt. Das Wichtigste ist aber der Unterschied zwischen statisch und federnd. Das federnde oder dynamische Dehnen wurde schon von Turnvater Jahn vor 200 Jahren gelehrt: Dabei geht man an die Grenze eines Gelenks und drückt immer wieder ein wenig mehr, lässt kurz nach, drückt wieder, usw. Das wurde bis in die 1980er häufig praktiziert, war dann verpönt, kommt heute wieder in Mode. Aber nur langsam, das statische Dehnen ist die derzeit übliche Technik. Man geht an die Grenze und verharrt dort. Die Begriffe Dehnen und Stretching werden übrigens selbst in der Wissenschaft nicht trennscharf verwendet, manche verstehen unter Stretching nur dieses statische Dehnen, andere behandeln die beiden Begriffe synonym. Ich glaube, für uns geht es vor allem um die Grundsatzfrage, ob wir überhaupt dehnen müssen. Die Wissenschaft beantwortet diese Frage mit einem: nicht unbedingt. »Man kann guten Gewissens auch ohne Dehnungen durch das sportliche Leben kommen«, sagt der Bewegungswissenschaftprofessor Jürgen Freiwald in der Deutschen Zeitschrift für Sportmedizin.

Zur Wirkung des Dehnens werden zwei Hypothesen diskutiert: das biomechanische Modell und das Stretch-Toleranz-Modell. Ersteres geht davon aus, dass sich die Länge von Muskeln beim Dehnen wirklich ändert. Da hätten wir also die Idee, dass Muskeln sich beim Training »verkürzen« können und durch das Dehnen wieder lang gemacht werden müssen. Doch die aktuelle Forschung verneint diese Hypothese. Muskeln verkürzen sich nicht beim Sport und verlängern sich nicht beim Dehnen. Trotzdem ist in Fitness-Magazinen und auf Webseiten bis heute immer wieder von »verkürzten Muskeln« die Rede und davon, dass Dehnen dieser angeblichen Verkürzung vorbeuge oder sie nachträglich ausgleiche. Da haben wir es wieder einmal: eine weitere kleine Fitness-

Lüge. Wer so etwas in dieser Einfachheit und Kürze behauptet, ist nicht mehr auf dem aktuellen Stand der Mehrheit der Forschung. Mir scheint ein anderes Modell schlüssiger, die schon erwähnte »Stretch-Toleranz«. Sie geht davon aus, dass der Organismus nach und nach lernt, mehr Dehnungsschmerz auszuhalten, und dann die Möglichkeiten des Gelenks weiter ausreizt.

Und wir können gleich mit noch einem zweiten Klischee rund ums Dehnen aufräumen, nämlich, dass Stretching dem Muskelkater vorbeuge, das gilt als widerlegt. Eine australische Metastudie namens »Stretching to prevent or reduce muscle soreness after exercise« unternahm 2011 eine Zusammenschau von zwölf Einzeluntersuchungen zur Wirkung des Dehnens. Das Ergebnis war eindeutig: Alle Studien zeigten, dass das Dehnen vor oder nach dem Sport keinen oder nur einen ganz geringen Einfluss auf die Entstehung von Muskelkater habe. Ähnlich klar wurden Glaubenssätze wie »Stretching steigert die Leistung« oder »Stretching beugt Verletzungen vor« von der Forschung widerlegt. Auf die Leistungsfähigkeit wirkt sich das Dehnen vor dem Sport sogar negativ aus, wie gleich mehrere Studien herausfanden. Eine Übersichtsstudie der Universität Alicante, die 22 andere Untersuchungen in einer Zusammenschau verglich, beziffert den Leistungsabfall durch Dehnen auf »5 bis 30 Prozent«.

Dennoch bin ich nicht grundsätzlich gegen Dehnen oder Stretching. Es kann zur ersten Schmerzreduktion durchaus nützlich sein. Grund dafür könnte sein, dass es bei der Auflösung verbackener Faszienstrukturen hilft. Das ist auf physiologischer Ebene schwer nachzuweisen, schließlich können wir lebende Menschen nicht aufschneiden – und die standardmäßigen bildgebenden Verfahren der Medizin erfassen die Faszie nicht gut. (Neuere Diagnostikverfahren, wie die hochauflösende Ultraschall-Elastografie, können die Faszie besser quantifizieren und feststellen, wo beispielsweise verhärtete Bereiche sind. Wie hoch aber die Spannung ist, können wir durch die bildgebenden Verfahren ebenso wenig erfahren wie Einsichten über den Zustand der Faszie im Ganzen gewinnen.) Bislang haben wir nur empirische Hinweise. In mehreren Studien berichten Menschen, dass Schmerzen sich durch Dehnen gelöst haben. In einer amerikanischen Studie mit 180 Sportstudentinnen hat das Dehnen Asymmetrien der linken und rechten Körperseite verbessert. In jedem Fall wirkt Dehnen, wenn es denn einen Einfluss hat, auf bindegewebige (Gelenk-)Strukturen, also die Faszie. Damit machen die Dehnenden also auch etwas richtig. Ich bin überzeugt, Dehnen schafft auf diese Weise temporär mehr Raum im Gelenk und verringert so Spannung und Schmerz. Mit »Raum« meine ich natürlich nicht ein Vakuum oder Ähnliches, sondern den Abstand der Knochen zueinander. Wenn sich ein Gelenk abnutzt, sieht man auf dem Röntgenbild u. a. eine zunehmende Verringerung des Gelenkspaltes. Bei der sogenannten Grad-4-Arthrose ist sie fast nicht mehr vorhanden, da trifft umgangssprachlich gesagt »Knochen auf Knochen«. In einem gesunden Gelenk verfügt der Gelenkknorpel über die volle Dicke, und der Raum zwischen beiden Knochen ist groß genug und gut geschmiert. Das ermöglicht dann das sogenannte »Joint-play« (Gelenkspiel, ein Begriff aus der manuellen Medizin). Das ist der Idealzustand. Knorpel regenerieren sich nicht, sagt die aktuelle medizinische Lehrmeinung. Ich denke aber, dass das fasziale Gewebe auch zu einer guten Struktur im Gelenk beiträgt. Eine spannungsfreie Faszie presst es dann nicht so eng zusammen. Es kommt zu keiner Kompression des Gelenkes, eine wichtige Grundlage für die Entstehung einer Arthrose wäre genommen. Ich glaube aber auch: Das gelingt nicht nachhaltig durch Dehnungsübungen. Dazu muss man die Faszie manuell, wie beispielsweise in der Faszien-Orthopädie, behandeln. Denn dehnt man nicht immer wieder, geht dieser Raum nach und nach wieder verloren, und etwaige Schmerzen kehren wieder zurück. Es gibt noch einen anderen Aspekt, den es beim Thema Dehnen zu berücksichtigen gilt. Es gibt nämlich auch Menschen, die von Natur aus bereits sehr gelenkig sind. Robert Schleip nennt diese Personen »Feen«, Orthopäden sagen gerne hypermobil oder lax. Wenn diese nun durch Dehnen ihre bereits »zu große« Gelenkigkeit noch weiter erweitern und so eine übermäßige Mobilität entsteht, können Gelenke auch »ausleiern«, dann verlieren sie Stabilität. Auch das kann aus Sicht der evidenzbasierten Medizin ein Grund für die Entstehung einer Arthrose sein. Zirkusakrobaten, Turnerinnen oder Balletttänzer, aber auch Yoga-Praktizierende, zeigen manchmal solche extremen Fähigkeiten. Doch wenn jahrelang trainiert wurde, um eine abnorme Gelenkigkeit zu erreichen, bleiben oft Schmerzen zurück. Jedenfalls habe ich das in meiner Praxis immer wieder erfahren. Diese Menschen, meistens Frauen, sind extrem gelenkig und haben Schmerzen. Hier sollte man schon hellhörig werden. Das könnte ein Hinweis darauf sein, dass Gelenkigkeit und Dehnen nicht langfristig gesundheitsförderlich sind.

Zu den neueren Ideen der Sportwissenschaft zählt, dass eine kurzfristige Anspannung (die sogenannte isometrische Muskelkontraktion) in einer Dehnungsposition hilfreich sein soll. Damit möchte man zum einen Stabilität generieren, zum anderen den Effekt der sogenannten postisometrischen Relaxation (einfach gesagt die Entspannung direkt nach einer Anstrengung) nutzen, um den Bewegungsradius des Gelenkes zu erhöhen. Leider hat auch diese scheinbare Weiterentwicklung kaum eine Bedeutung für die normale Bewegung im Alltag. Doch der Alltag ist es, der am Ende selbst Spitzensportlern wie Oliver Kahn und Boris Becker das Leben schwer macht.

Einen Aspekt habe ich beim Thema Dehnen noch nicht erwähnt: Es kann guttun und Spaß machen! Es steigert bei manchen Menschen die Wahrnehmung des eigenen Körpers, macht sensibler für ihn, erzeugt ein Wohlgefühl. Und das ist alles wunderbar. Ich möchte nur an den Unterschied zwischen Dehnen, Räkeln und

Strecken erinnern. Das Dehnen (ein Gelenk in eine Extremposition bringen und einige Zeit dort verharren) kommt im Alltagsleben eigentlich gar nicht vor. Das Räkeln dagegen schon. Es ist das bloße, im Idealfall genussvolle Benutzen aller Gelenke ohne ein besonderes Ziel. Das Ausprobieren ihres Spielraums, ganz ohne Zwang. Dabei bewegt man zum Beispiel die Schulter in alle Richtungen und jeweils immer bis zu dem Punkt, an dem es nicht weitergeht, ohne über die Schmerzgrenze zu gehen. Beim Strecken wird dies schon ein klein wenig mehr getan, dabei zieht man sich manchmal so lang, dass ein ungewöhnlicher Reiz in diesem oder jenem Gelenk zu spüren ist. Auf der subjektiven Schmerzskala von 1 bis 10 wäre das aber sicherlich nur eine 0,5, manche nennen das auch einen »Wohlfühlschmerz«, der eigentlich nicht wirklich wehtut, sondern eher dafür sorgt, dass wir einen bestimmten Bereich des Körpers deutlich fühlen. Es geht beim Strecken nicht darum, hart an seine Grenzen zu gehen. Räkeln und Strecken sind natürliche, wichtige Regungen, die wir auch bei Katzen oder bei kleinen Kindern beobachten. Selbstverständlich sollte man sie zulassen oder sogar ganz bewusst in sein Leben integrieren. Morgens im Bett kann man sich einige Minuten Zeit nehmen, sich erst einmal ausführlich zu strecken, bevor die funktionalen und zielgerichteten Alltagsbewegungen losgehen, unter die Dusche, Anziehen, zur Kaffeemaschine und so weiter. Das Strecken ist im engeren Sinn nicht zielgerichtet; es erfüllt dennoch eine enorm wichtige Funktion für den Körper, nämlich die Beweglichkeit zu erhalten.

Was im Alltag wirklich zählt und was eine gute Haltung sein könnte

Neben der Beweglichkeit ist auch die Haltung von Bedeutung. Die Studienlage dazu ist dünn, allerdings geben die wenigen vorhandenen Untersuchungen keinen Hinweis darauf, dass Dehnen die

Haltung verbessert. Meines Erachtens ergibt sich das schon aus der Art, wie trainiert und gedehnt wird. Eine Sporteinheit von vielleicht 90 Minuten wird am Ende in der Regel mit ein paar Minuten Dehnen abgeschlossen. Selbst wenn das wirksam wäre: Im Alltag wird der mögliche Erfolg wieder zunichte gemacht, etwa wenn die Menschen sich nach dem Training wieder auf ihre Bürostühle setzen, die Schultern hochziehen und den Blick starr auf den Bildschirm richten.

Die Haltung ist trotzdem etwas, über das wir uns Gedanken machen sollten. Wir müssen uns ansehen, wie steif oder wie beweglich der Körper ist. Auch, ob es Hindernisse gibt, die eine lotrechte Haltung verhindern oder sonst die Beweglichkeit einschränken. Ein banales Beispiel für ein solches Hindernis ist ein sehr großer Bauch. Er verschiebt zum einen die Körperlinie aus dem Lot nach vorn und gibt der Schwerkraft Angriffsfläche. Zum anderen steht er bestimmten Bewegungen einfach im Weg. Ähnliche Fehlhaltungen sind das nach vorne geschobene Becken oder der sogenannte »Geiernacken«, bei dem der Kopf vor dem Körper getragen wird. Oder, und noch häufiger, eine einseitig oder beidseitig zu hohe Schulterhaltung. Die Faszie ist auch hier die eigentliche Ursache aller Einschränkungen oder auch Möglichkeiten. Wenn Haltungen und Bewegungsabläufe wiederholt oder sogar dauerhaft eingenommen oder ausgeführt werden, passt sie sich entsprechend der neuen Belastung an. Im oberen Beispiel (zu großer Bauch) zieht die Schwerkraft nach vorn und unten. Der Teil der Faszie auf der Körperrückseite muss dann, um besser dagegenhalten zu können, rigider und härter werden. Die Faszie übt immer verschiedene Funktionen gleichzeitig aus. Sie stützt und hält einerseits, sie ermöglicht Flexibilität und Variabilität andererseits.

Streng genommen gibt es einen Unterschied zwischen der Körperhaltung und der Körperstruktur. Um einen guten Lesefluss aufrecht zu halten, verzichte ich hier im Buch auf die klare Trennung und verwende die Begriffe, wie der Volksmund auch, eher synonym. Aber ganz kurz für die ganz Interessierten: Körperhaltung ist immer situativ, kurzfristig und benötigt bewusste Ansteuerung. Sie ist mit Muskelaktivität verbunden. Der sinnlose, aber oft verwendete Ausruf: »setze dich doch mal gerade hin«, zielt auf die Haltung. Der Angesprochene aktiviert seine Rückenstrecker und schiebt seinen Brustkorb nach oben. Und was passiert ein paar Minuten später? Ohne bewusste Kontrolle kann diese Haltung nicht aufrechterhalten werden. Der Körper ist in seiner Struktur im wahrsten Sinne nicht aufrecht. Daran wird eine kurzfristig eingenommene Haltung in einer nur scheinbar aufrechten Position nichts ändern. Der Körper ist schlau und stellt diesen unnützen Energieverbrauch rasch ab. Körperstruktur ist im Gegensatz dazu unwillkürlich, stets vorhanden und in der Faszie verortet. Sie ermöglicht wahres Aufrecht-Sein und ein müheloses Einnehmen einer Haltung. Will man die Haltung also strukturell, d.h. seine individuelle Körperstruktur verbessern, muss man den Körper ganzheitlich betrachten. Sowohl die *statische* Körper*form* als auch die *dynamische* Körper*funktion*. Beide, Form und Funktion, beeinflussen sich gegenseitig und werden von der Faszie bestimmt. Eine optimale Körperstruktur und ein optimaler Gebrauch dieser in der Bewegung sind auch die Ziele der Faszien-Orthopädie.

Wer sich das klarmacht, dürfte verstehen, warum es mir so sehr um Alltagsbewegungen geht. Für diese sollte unsere Faszie gut trainiert sein. Und auch andersherum gilt: Im Alltag wird die Faszie trainiert. Aus dem Sport kennen wir Menschen, die überragend bestimmte Bewegungen ausführen können, den Aufschlag beim Tennis, das Stoßen der Kugel, die schnellen Schläge im Tae-Kwon-Do. Wer so etwas beherrscht, hat seine Faszie im Bereich der rechten Schulter und an Oberarm, Rippen und so weiter perfekt darauf angepasst. Das dauert Jahre. Für den Alltag allerdings nützt es gar nichts. Für den Alltag brauchen wir die ideale Einstellung der Faszie für Bewegungen wie: sich hinsetzen, sitzen, etwas anheben, vielleicht sogar etwas Schweres, sich bücken oder gehen. Und wir brauchen die Fähigkeit, schnell zu reagieren sowie spontan und flexibel eine Bewegung auszuführen. Diese Bewegungen werden immer anders sein, es geht bei ihnen nur darum, dass sie ihren Zweck erfüllen. Manchmal ist der Gegenstand, den wir gerade aufheben wollen, sehr klein, vielleicht nur ein Krümel, und er liegt ganz unten auf dem Boden. Manchmal ist der Gegenstand, den wir anheben wollen, groß und schwer und befindet sich auf halber Höhe. Vielleicht ein großer Topf im Regal auf Kniehöhe. Die Faszie muss so flexibel sein, dass sie uns bei all diesen Tätigkeiten gut dient.

An dieser Stelle muss ich Sie kurz mit ein wenig Fachchinesisch behelligen, um etwas zu erklären. In der Sportwissenschaft, wo die ganze Welt des Sich-Bewegens kategorisiert und katalogisiert wird, sprechen wir von fünf Faktoren für sportliche Leistung: *Technik, Taktik, Kondition, Psyche und Konstitution*. Im Training der ersten vier hat sich enorm viel getan, sie stehen regelmäßig im Fokus von Weiterbildung und Forschung und sind teilweise atemberaubend effektiv optimiert worden. Aber dem letzten Faktor wird wenig Aufmerksamkeit geschenkt. Die Konstitution, also der Körper, ist halt so, wie man ihn mitbringt. So ist jedenfalls die übliche Denkweise. Man hat Glück – oder man ist eher verletzungsanfällig. Schicksal! Aber stimmt das? Aus der Faszienwissenschaft und der Praxiserfahrung kann ich sagen: Die Faszie ist veränderbar. Ein dauerhafter Wandel ist möglich. Und da die Faszie das Organ der Körperform oder Körperstruktur ist, ist auch der Körper veränderbar.

Im Sinne der Gesundheit unserer Sportlerinnen und Athleten sollten wir diesem Leistungsfaktor viel mehr Beachtung schenken. Gegen längere Karrieren auf hohem Niveau, mit weniger Verletzungen und kürzeren Regenerationszeiten, hat sicherlich niemand etwas einzuwenden. Vielleicht schaffen wir in Deutschland eine solche Revolution. Dem olympischen Medaillenspiegel oder den Ergebnissen bei Welt- und Europameisterschaften sollte es nicht schaden. An den Wettkampfanforderungen beim Fußball, Handball, Tennis oder Schwimmen können wir nichts ändern. An den körperlichen Voraussetzungen des einzelnen Profisportlers, an seinem Potenzial, Bewegungen durchzuführen, jedoch eine Menge. Die Faszien-Orthopädie kann mithelfen, einen neuen Weg einzuschlagen. Dabei gibt es keine alleinige Lösung, auch nicht meine Behandlungssystematik. Aber sicher ist, die Behandlung der Faszie hat enormes Potenzial. Im Sinne der Athleten, im Sinne der Gemeinschaft. Ein Faszien-Check-up mit einer Basistherapie in der Faszien-Orthopädie könnte der Ausgangspunkt für eine erfolgreiche und gesunde Sportkarriere sein.

Das intensive Betreiben einer Sportart mit ihren speziellen, häufigen und einförmigen Bewegungen verlangt häufig auch eine begleitende Therapie. Im Profi- wie im Hobbysport, für Männer wie für Frauen. Bei Letzteren hört man auch viel von Verletzungen. Im Frauenfußball hat etwa Alex Morgan (USA) sehr unter ihren massiven Knöchel- und Knieproblemen gelitten. Die vielversprechende norwegische Stürmerin Ada Hegerberg verpasste die WM 2019 nach einem Kreuzbandriss. Auch unsere deutsche Heldin, Teamkapitänin Alexandra Popp, hatte etliche Knieverletzungen. Die Faszien-Orthopädie brächte zunächst einmal ein neues Verstehen der Zusammenhänge – eine neue Einsicht, wie funktioniert mein Körper eigentlich, wie hängt alles miteinander zusammen? Viel mehr, als wir üblicherweise glauben. Jedes Gelenk will grundsätzlich geschmeidig bleiben, es braucht dazu Raum und es will gleiten. Entzündliche Prozesse und die damit einhergehenden Schwellungen würden es dabei behindern. Faszialen Spannungen, die ihren Ausdruck in vermehrtem Druck, in Kompression und Enge haben, gilt es entgegenzuwirken.

Unökonomische Bewegungsabläufe stehen in Wechselwirkung mit ungünstigen strukturellen Veränderungen. Ob nun zuerst die Funktion, sprich die Bewegungen, oder aber die Körperstruktur sich schleichend ins Negative kehren, spielt dabei keine Rolle. Auf beide Arten geraten wir aus dem Lot, die Schwerkraft findet Angriffspunkte und kann im Laufe der Jahre weiter negativ wirken. So wird aus einem aufrechten, energiegeladenen Kind ein gebückter Greis am Rollator. Und was geschieht dabei in den Tiefen der Faszie? Es kann, etwa wenn die Faszie zu schnell zu stark gedehnt wird, wenn sie sich Verletzungen zuzieht, zu kleinen Löchern im Gewebe kommen. Das sogenannte Fasziendistorsionsmodell des US-amerikanischen Arztes Stephen Typaldos sagt dazu: Wenn der längsverlaufende Teil der Faszie (etwa im Bereich des Knies) einer quer ansetzenden Belastung ausgesetzt wird – was beim Fußball durchaus passieren kann –, kann sie sich lokal verdrehen oder sogar in einzelne Fasern aufspalten. Wo Lücken entstehen, entsteht auch Schmerz. Dass die Faszie der Sitz von Schmerzen sein kann, wissen wir ja, wie oben beschrieben, spätestens seit 2007 durch die Anatomie-Professorin Carla Stecco, die nachwies, dass Fasziengewebe Nervenenden enthält. Das ist schon bald 20 Jahre her, sollte also nun endlich Konsequenzen im Bereich der Orthopädie und Sportmedizin haben. Für die genannten Aufspaltungen und Risse im Fasziengewebe gilt: Sie lassen sich im frühen Stadium noch rückgängig machen und sollten auch so schnell wie möglich behandelt werden. Zielorientierter als diese Akutbehandlung wäre es, die Voraussetzungen eines gleitfähigen, variablen und elastisch-flexiblen Fasziensystems zu schaffen und durch sportbegleitende Behandlungen aufrechtzuerhalten. Wenn Leistungssportler immer wieder diese Faszien-Orthopädie in ihre Therapie- und Trainingspläne einbauten, würde es gar nicht erst zu massiven Lücken im Fasziensystem kommen. So werden Probleme vermieden, die am Ende zu künstlichen Gelenken führen können. Wer trotzdem an dem Punkt ist wie Oliver Kahn und viele andere, mit derartig gravierenden orthopädischen Einschränkungen lebt, muss jahrelang das Zerfasern seiner Faszie an bestimmten Punkten im Körper ignoriert haben – und hat damit den Verfall von Gelenkstrukturen möglich gemacht. Die Faszie will diese Strukturen eigentlich beschützen, man muss schon intensiv gegen den Körper trainieren, um es so weit kommen zu lassen. Ich würde gern einmal lesen: »Star-Fußballer mit 50 noch beweglich und fit.« Oder: »Ex-Weltmeister fühlt sich auch als Pensionär so lebendig wie ein Kind.« Oder: »Er führte ein langes, erfülltes Leben als Profifußballer und danach – und brauchte keine einzige Operation.« Es ist möglich!

Bei Menschen, deren Körper nicht außerordentlichen einseitigen Belastungen ausgesetzt sind und die eine gute Körperhaltung und ein gesundes Fasziensystem haben, reichen normale Bewegungen aus, um das System flexibel zu halten. So unglaublich es vielleicht für Sie klingen mag: Vielseitige Bewegung im Alltag ist ausreichend, um ein Leben lang schmerzfrei und beweglich zu bleiben. Dazu ist es wichtig, wie bereits der berühmte israelische Bewegungslehrer Moshé Feldenkrais erkannte, die richtigen Bewegungsabläufe zu etablieren. Und auf Bewegungsqualität zu achten. Jeder und jede, der noch keine faszialen Beschwerden hat, kann ganz ohne Behandlung Geschmeidigkeit und mühelose, federnde, kindliche Beweglichkeit in Eigeninitiative erlangen. Man muss nur die alltäglichen Bewegungsmuster hinterfragen und gegebenenfalls verändern. Bewegung – nicht Sport – hat wissenschaftlich gesicherte, positive Auswirkungen auf unser Leben. Daran besteht kein Zweifel. Ich sage sogar: Bewegung ist Leben. Ein biologisches System ohne Bewegung ist tot. Man denke nur an die ständige Bewegung der Teilchen, aus denen wir bestehen. Bei all den derzeit viel gehörten Appellen, sich zu bewegen, wird aber die Frage nach dem *Wie* viel zu oft falsch beantwortet. Wer sie bedenkt, kann sich selbst gesund erhalten. Es gibt Tausende Arten, aufzustehen, zu sitzen, von A nach B zu gehen. Reden wir also über gute Bewegung. Ich möchte mit einer beginnen, die viele gar nicht für eine Bewegung halten. Es ist aber eine.

Liegen lernen

Und zwar die vielleicht grundsätzlichste von allen. Man könnte sie auch als einen Kontrapunkt zu allem, was bisher über Sport und intensive Bewegung gesagt wurde, verstehen, denn es geht nun um etwas scheinbar Statisches: das Liegen. Dennoch können wir beim Liegen trainieren, durch das richtige Liegen können wir im Schlaf das Fasziensystem geschmeidig halten. Was aber ist das richtige Liegen? Ideal wäre, wenn wir bei jedem Schlaf – ob nun Powernap oder Nachtschlaf – auch unsere Faszie regenerieren.

Die stehende Ausgangshaltung vieler Menschen ist leider allzu oft ein leichter Rundrücken, zu weit nach vorn und innen gestellte Schultern, und der etwas zu weit vorn getragene Kopf, sehr häufig auch ein eingefallenes Brustbein und ein nach vorne geschobenes Becken. Das sind die Fehlstellungen, die unter anderem zu den sogenannten Volkskrankheiten Rückenschmerzen und Nackenverspannung führen. Wenn jemand nun auf dem Rücken schläft, auf einer harten, festen Unterlage und ohne Kissen, gleichen sich in der Nacht diese Fehlhaltungen etwas aus. So kann man die Schwerkraft nachts für sich nutzen. Die Folgen: Die Schultern fallen zurück, der Rücken wird gerade, der Kopf wird wieder zurück in seine natürliche Position auf einer Linie mit der Wirbelsäule gebracht. Das wäre die optimale Liegeposition. Alles andere ist suboptimal, wobei das Seitenschlafen noch besser als die Bauchlage ist. Und wer sich die Rückenlage nicht vorstellen kann, bedenke: Alles ist eine Frage des Trainings, der Gewöhnung und der inneren Überzeugung und Vorstellungskraft.

Für kurze Phasen des Seitenschlafens gelten etwas andere Regeln: Damit der Körper in einer möglichst günstigen Haltung verbleibt (das Äquivalent des »Aufrechten«, nur eben im Liegen), braucht man hier ein festes Kissen, das so hoch sein soll, dass sich die Halswirbelsäule parallel zur Liegefläche befindet.

Eine von norwegischen und dänischen Forschungsinstituten gemeinsam durchgeführte Studie untersuchte bei 301 Frauen und 363 Männern, wie lange sie in welchen Positionen schliefen. Die meiste Zeit (54,1 Prozent der Schlafdauer) verbrachten die Menschen auf der Seite und immerhin noch 37,5 Prozent auf dem Rücken. Aber nur ein kleiner Teil auf dem Bauch, 7,3 Prozent. (Die Differenz zu 100 Prozent waren Phasen der Bewegung.) Die Schlafenden verhielten sich instinktiv richtig: Die Schlafposition auf dem Bauch ist physiologisch gesehen die ungünstigste. Der Kopf ist gedreht, die Wirbelsäule bleibt immer leicht gekrümmt und das Körpergewicht drückt auf die Organe. Die Schwerkraft wirkt in die Richtung, in der sie auch im Alltag meistens angreifen kann – auf die Vorderseite. (Eine Ausnahme gibt es, nämlich wenn Sie gerade hochschwanger sind. Dann kann die Rückenlage die schlechteste Wahl sein, weil das Gewicht ungünstig auf Gefäße und Venen drückt, was zu Durchblutungsstörungen führen kann – auch beim Embryo. Aber keine Sorge, die Position ist dann für die werdende Mutter so unangenehm, dass sie sich intuitiv zur Seite dreht.)

Was der Körper zum gesunden Schlafen übrigens in keinem Fall braucht, ist eine teure Unterlage. Ich glaube nicht an einen medizinischen Nutzen von komplizierten Matratzen mit »sieben Zonen« oder Ähnlichem, vor allem aber an den teuren sogenannten Memory-Schaum, der zurzeit auf diesem Markt sehr in Mode ist. Das sind Formgedächtnispolymere, hergestellt aus bestimmten viskoelastischen Schaumstoffen, sie geben dem Gewicht langsam, aber tief nach. Dort, wo der Körper am meisten Druck ausübt, also am schwersten ist, sinkt er ein. Unabhängige Forschung über die Wirkung von verschiedenen Matratzentypen auf das Wohlbefinden gibt es leider kaum. Und der Begriff »orthopädische Matratze« ist nicht geschützt, wenn man ihn liest, sind immer Zweifel angebracht. Bei weichen Matratzen, auch denen mit Memory-Schaum, befürchte ich, dass der Schaum die schlechte, falsche Haltung des Körpers abbildet und konservieren kann oder dass er eine zu starke Krümmung der Wirbelsäule zulässt. Es gibt auch die These, dass der Körper auf sehr weichen Unterlagen den festen Halt von unten sozusagen vermisst und dann im Schlaf unbewusst immer wieder die Lage ändert – viel mehr, als er müsste, und das auf Kosten der Erholung. Da ist sicher noch viel zu erforschen. Zurzeit gibt sich der Markt der Matratzen oft eine Pseudowissenschaftlichkeit, die nicht gerechtfertigt ist.

Bei der »Stiftung Warentest« hat man da mehr verstanden, dort gewinnen schlichte, feste Matratzen regelmäßig die Test-Rankings. Und haben Sie den schönen Film »Perfect Days« von Wim Wenders im Kino gesehen, der 2024 für den Oscar als bester internationaler Film nominiert war? Er hat die Trophäe nicht bekommen, aber mein Favorit war er. Jeden Abend rollt der schweigsame japanische Putzmann, dessen Namen wir nicht erfahren, seinen traditionellen Futon aus und legt ihn auf eine Tatami-Matte, das ist ein hartes Gebinde aus Reisstroh, das seit Jahrhunderten so gefertigt wird. Und so schläft er. Hart, einfach, erholsam. Oder anders gesagt: wie ein Stein.

Weitere Anleitungen zu richtig ausgeführten Bewegungen werde ich am Ende des folgenden Kapitels geben. Zunächst aber kommen wir dazu, was wir von den Kindern lernen können, und womöglich sogar von den Tieren.

Geschichten aus der Praxis

Manfred, Metzger, 62 Jahre

»Ich bin Metzgermeister mit einem eigenen Geschäft. Für meinen Alltag heißt das: viel stehen, viel tragen, viel heben. Darüber beklage ich mich nicht. Das ist halt so wie in den meisten handwerklichen Berufen. Und ich habe es jahrzehntelang so gemacht. Alles halb so wild! Dachte ich immer. Und dann kamen plötzlich die Rückenschmerzen. Vor einem Jahr war das.

Erst tat mir der untere Rücken ein wenig weh, dann der ganze, dann wurde der Schmerz immer intensiver. Das ging alles ganz schnell, es wurde täglich schlimmer. Ich hatte bald das Gefühl, dass überhaupt keine schmerzfreie Bewegung mehr möglich ist. Aber ich musste die ganze Zeit weiterarbeiten – meinen Laden lasse ich nicht allein. Das war eine richtig unangenehme Zeit. Die Schmerzen kamen morgens und blieben den ganzen Tag.

Natürlich bin ich zum Arzt gegangen. Und nicht nur zu einem. Ich lief von Pontius zu Pilatus, wie man so sagt; konnte der eine Orthopäde mir nicht helfen, habe ich einen anderen aufgesucht, der mir auch nicht helfen konnte. ›Das ist wohl ein Bandscheibenvorfall‹, bekam ich zu hören. Dann wurde ein MRT gemacht und danach galt die Diagnose als sicher. Doch das hat mir auch nichts genützt, denn die Ärzte sagten, da könne man nichts machen. Ich bekam eine Spritze in die Wirbelsäule, dann war es ein paar Stunden angenehmer, aber das änderte auf Dauer nichts.

Beim nächsten Arzt war es wieder so: Spritze rein, kurze Linderung, sonst nichts. Ich habe mich überhaupt nicht ernst genommen gefühlt. Die Ärzte winken einen durch, verordnen ihre Standardbehandlung, und das war's. Dabei bin ich sogar Privatpatient. Mir wird dann gern ganz viel aufgeschrieben: Schmerztabletten, Krankengymnastik. Zu der ging ich hin. Der Physiotherapeut nahm sich eine Viertelstunde Zeit, zeigte mir zwei oder drei Übungen, dann schickte er mich weg. Die Übungen haben gar nichts gebracht. Das ganze Medizinsystem hat mir gar nichts gebracht. Nur den Satz ›Wenn es nicht besser wird, können wir operieren‹ habe ich mehrmals gehört.

In meiner Verzweiflung habe ich gegoogelt und durch Zufall die faszienorthopädische Behandlung gefunden. Auch die Untersuchung dieses Arztes ergab, dass ich ›mit Sicherheit einen Bandscheibenvorfall‹ hatte. Aber dann hat er etwas gesagt, was ich bis dahin noch nicht gehört hatte: ›Das haben viele. Wenn man einige typische Alltagsbewegungen verbessert und neu lernt, braucht man meistens keine OP.‹

Für die Behandlung nahm er sich Zeit. Er schaute erst lange hin, wie ich stehe, wie ich ein paar Schritte gehe, und er stellte viele Fragen. Dann begann er, sich richtig tief in meinen Körper reinzuknien. Der drückt richtig fest rein, knetet einen intensiv durch. Dabei ziehe er die Faszie wieder lang, sagte er mir. Mir muss man das nicht extra erklären, dass es eine Faszie gibt, ich kenne das ja vom Tier und weiß, wie zäh und stark dieses Gewebe sein kann. Dass es enorm wichtig ist, glaube ich gern.

Ich bin davon ausgegangen, dass er an meinem Rücken arbeitet. So war es aber nicht, jedenfalls nicht nur. Er schaute sich den ganzen Körper an und arbeitete an vielen verschiedenen Stellen. Da war ich zuerst skeptisch. ›Warum drückt der da rum?‹, fragte ich mich. ›Das hat doch mit dem Rücken nichts zu tun.‹ Mit vollem Einsatz legte er sich in die Faszie, verbiss sich richtig, ich war nass geschwitzt nach der Stunde, und er auch. Eigentlich ist er derjenige, der sich dabei anstrengt, aber man ist auch als Patient erschöpft am Ende. Doch dann ging ich nach Hause und fühlte mich schon auf dem Weg, als ob ich Flügel hätte. Als hätte sich ein Hebel umgelegt. Es war wie ein Wunder. Das Wunder hielt zwar nicht vollständig an, es wurde dann immer auch wieder etwas schlechter, aber mit jeder Behandlung ging es weiter bergauf.

Endgültig kam die Besserung mit einer Bewegung, die ich gezeigt bekam: Nämlich wie man sich richtig bückt. Da habe ich gelernt, dass man sich am Anfang der Bewegung eigentlich vom Gefühl her gleichzeitig hoch- und runterbringt. Man lässt im Bauch los und beugt die Hüfte. Dann beuge ich auch die Knie leicht, das Gesäß geht nach hinten und unten, aber Kopf und Schultern wollen im selben Moment ein wenig nach oben. Der Rücken wird lang, der Körper soll eine Zickzack-Linie bilden, wenn man ihn von der Seite anschaut. Man zieht den Rücken immer weiter lang und richtet sich dadurch beim Hochkommen dann auch wieder auf. Das hat's gebracht für mich.

Zuerst war es ungewohnt. Zuerst musste ich es Schritt für Schritt einüben. Dabei fühlte ich mich ganz steif. Aber dann ist es mir nach und nach in Fleisch und Blut übergegangen, heute mache ich das nur noch so, ohne darüber nachzudenken. Diese eine neue Gewohnheit hat eine riesige Verbesserung für mich gebracht! Ich glaube, wenn ich mich wieder auf die alte Art bücken würde, kämen die Schmerzen wieder zurück. Aber das wird nicht passieren. Wenn ich heute in die Knie gehe und dann wieder hoch, mache ich es ganz automatisch nur noch so – ich ziehe den Rücken lang.

Auch über andere Bewegungen haben wir gesprochen, Dr. Neumann schaute sich meine Füße an und die Art, wie ich gehe. Alle Probleme kommen von unten, sagte er einmal. Unten fängt die Haltung an, der Körper muss sich aufrichten, eins muss auf dem anderen ruhen. Das klingt alles richtig, aber mein Gehen habe ich nicht bewusst geändert. Für mich hat es diese Veränderung des Bückens gebracht. Das kam bei mir an, das konnte ich sofort in mein Leben einbauen, und damit wurde auch alles besser.

Ich finde, da braucht man sich gar nicht im Yoga-Kurs quälen, wenn man einfach direkt im Alltag immer wieder an der guten Bewegung üben kann. Die Schmerzen waren nach der dritten Behandlung weg, fünf Behandlungen habe ich gemacht. Mir geht es heute wieder wie früher. Oder eigentlich sogar besser. Schade, dass es so wenig Ärzte von seiner Sorte gibt. Das sollte sich durchsetzen, damit viel mehr Menschen Schmerzen und OPs erspart werden.«

Kapitel 6

Alles im Lot – richtig bewegen ist ein Kinderspiel

Kleine Kinder sind Bewegungstalente. Von ihnen können wir lernen. Genau wie auch von der Bewegungsökonomie mancher Tiere. Man hört nun öfter von der neuen Fitness-Mode »Animal Movement«, sie hat aber ein entscheidendes Problem. In diesem Kapitel geht es darum, wie man wieder lernt, sich natürlich zu bewegen – ungezwungen, schmerzfrei und mit Freude. Die gute Nachricht: Wir können es bereits. Wir müssen es nur neu entdecken.

Ich habe unlängst eine Eltern-Kind-Kinovorstellung besucht. Das ist eine Veranstaltung, bei der ausdrücklich auch Babys und Kleinkinder zugelassen sind, bei der es vor und neben den Sitzreihen auch Platz für Kinderwagen gibt. Bei der niemand sich beklagt, wenn es manchmal kurz laut wird im Publikum. Alles ist darauf ausgerichtet, dass Familien mit Kindern sich frei fühlen können. In der ersten Reihe saß im Sitz neben mir ein kleiner, etwa dreijähriger Junge. Genau genommen saß er nur einen Teil der Zeit. Während des Trickfilms drehte und wendete er sich in dem Sitz, lag manchmal auf der Sitzfläche, einmal sogar kopfüber. Da hatte er sich mit dem Rücken auf den Sitz gelegt, den Kopf vornüber hängen lassen, sodass er die Leinwand in diesem Moment umgedreht sah. Seine Beine waren dabei entlang der Lehne des Kinosessels in die Höhe gestreckt. Sie pendelten mal hier hin, mal dort hin. Vorher hatte der Kleine nach Lust und Laune die Ärmchen ausgestreckt, die Rippenbögen mal links, mal rechts überstreckt – die ganze Zeit über floss eine unbändige Bewegungsenergie frei durch seinen Körper. Früher hätte man gesagt: was für ein Zappelphilipp! Ich sage heute: was für ein Vorbild! Dieser kleine Junge zeigt uns allen, wie wir unseren Körper bewegen sollten: nämlich so, wie er es will und wie er es gerade braucht.

Wenn wir uns wieder lebendig und mit dem ganzen Körper bewegen wollen, gibt es also eine gute Nachricht: Wir können es bereits. Der Bewegungsexperte in jedem von uns ist das Nervensystem, und zwar von Geburt an. Die besten Bewegungsvorbilder sind gesunde Kleinkinder (und zum Teil auch Tiere, darauf komme ich gleich ausführlicher zu sprechen). Kein Fitness-Trainer, Arzt oder Physiotherapeut gibt dem Kleinkind vor, wie es steht, geht, sich hinhockt. Und trotzdem erschließt es sich das alles nach und nach und nutzt seinen Körper optimal. Ganz ohne den Einfluss anderer Menschen. Die Entwicklungspsychologie geht davon aus, dass Nachahmung überhaupt erst ab der Mitte des zweiten Lebensjahres langsam in das Handeln des kleinen Kindes integriert wird. Man spricht von einem unbewussten Nachahmen in den ersten vier Jahren, und erst danach beobachten Kinder ganz gezielt die Eltern und probieren Handlungen aus, die sie bei ihnen gesehen haben. Bevor Kinder ihr Verhalten an Vorbilder anpassen, bewegen sie sich also gemäß einem natürlichen Programm. Dabei sind viele Bewegungen auch noch nicht individuell ausgeprägt. Kinder hocken sich zunächst alle ähnlich hin, stehen alle ähnlich wieder auf. Später erkennt man Opa Werner bereits von Weitem an seinem Gang. Was geschieht in der Zwischenzeit?

Das Nervensystem bildet neuronale Bahnen aus, die bei wiederholter Nutzung immer stärker werden und die meisten Nebenpfade und Umwege verdrängen. Anders gesagt: Wir können zwar immer wieder auf eine andere Art und Weise probieren, etwas zu tun, aber wenn sich eine Art bewährt und mehrmals gewählt wird, dann wird diese im Gehirn auch verstärkt und bald immer wieder benutzt. Sie wird sozusagen zur gut ausgebauten Autobahn im neuronalen Netzwerk, während alternative Wege zu kaum genutzten Trampelpfaden verkommen. Das kennen die meisten aus ihrem Leben. Putzen Sie auch immer mit der rechten Hand die Zähne? Versuchen Sie es mal mit links. Sie werden sich wundern, wie unbeholfen die andere Hand sich dabei bewegt, der ganze Vorgang dauert plötzlich länger, ist nicht mehr so präzise. Vielleicht fühlen Sie sich wie ein kleines Kind, das etwas Neues lernen muss. Die Tendenz unseres Nervensystems, gut Bewährtes zu stärken und somit immer leichter zu machen, birgt ein Problem in sich: Es können dysfunktionale Muster sein, die sich verstärken. Etwa, dass wir immer ein wenig schief sitzen, weil das im ersten Moment eben bequem wirkt, am Ende der Arbeitswoche aber nach und nach zu enormen Nackenschmerzen führt.

Wie man Gewohnheiten doch noch verändern kann, wird in der Neurowissenschaft in jüngster Zeit intensiv diskutiert. Nicht nur auf Bewegung bezogen, sondern auch hinsichtlich der Verhaltensmuster und Glaubenssätze, in die Menschen immer wieder verfallen. Diese seien in einem »Default Mode Network« gespeichert, lautet eine aktuelle These. Das besteht aus eben jenen Bahnen im Gehirn, die häufiger benutzt werden und dadurch stärker werden. Das betrifft auch starke innere Überzeugen, mit denen wir uns manchmal in unserer Freiheit und unseren Möglichkeiten einschränken. Ich denke an Glaubenssätze wie: »Das geht nicht«, »Das kann ich nicht«, »Das schaffe ich nicht«, »Das darf man nicht«. (Vom Dreimeterbrett springen, barfuß durch die Fußgängerzone gehen, sich einfach mal anders als die meisten bewegen und dadurch auffallen …) Die meisten Menschen halten an ihren Glaubenssätzen erstaunlich hartnäckig fest, und zwar auch, wenn diese ihnen gar nicht mehr dienen. Das Festhalten manifestiert sich in der Persönlichkeit und im Körper. Im Faszien-System werden auch Vorstellungen abgespeichert. Sie verursachen irgendwann körperliche Beschwerden wie Verspannungen, Bewegungseinschränkungen oder Schmerzen. Und die bereiten den Boden für Ängste, Sorgen, Zwänge, Neid und eingeschränkte Kreativität. Im schlimmsten Fall sind die Faszie und der Mensch irgendwann insgesamt unflexibel. Körperlich wie mental. Dann braucht das Default Mode Network einen Reset oder einen Umbau.

Kurz gesagt: Unsere Gewohnheiten legen fest, welche neuronalen Verbindungen bevorzugt genutzt werden. Die Faszie etabliert dann die Formen, die dazu passen. Deswegen fällt es uns auch so schwer, von den Kindern wieder neu zu lernen. Wir müssen es über Umwege wieder freilegen. Ein Weg dazu ist das Hinsehen. Deswegen studiere ich so genau wie möglich, wie Kinder ihren Körper einsetzen.

Von den Kindern lernen

Meine vierjährige Tochter hangelt sich auf dem Spielplatz über eine Distanz von circa drei Metern an einem Seil entlang. Die Strecke beträgt damit das Dreifache ihrer Körpergröße. Dabei geht sie Hand um Hand voran, der Körper hängt herab. Das alles gelingt ihr nicht ausschließlich durch Muskelkraft. Denn davon hat sie ja ganz wenig. Jedenfalls deutlich weniger als ein Erwachsener, auch prozentual zum Körpergewicht. Sie hängt in der Faszie und nutzt deren Elastizität und Rückstellkraft aus, also die Fähigkeit der Faszie, Energie zu speichern und wieder abzugeben. Weil sie sich so sehr auf die fasziale Kraft verlassen kann, findet sie auch leicht den Mut, sich in großer Höhe, etwa drei Meter hoch, so frei zu bewegen. Vor der gleichen Aufgabe hätten wohl viele Erwachsene schlicht Angst. Im Vergleich zur Körpergröße wäre das immerhin eine Höhe von ungefähr fünf Metern. Natürlich gibt es erwachsene Extremsportler, die sich unter einer Brücke über einen Canyon hangeln, immer wieder Schwung holen, ein Stück fliegen, sich wieder festhalten. Jedenfalls finden sich solche Videos im Internet. Diese Athleten besitzen beeindruckende Muskeln. Aber keine aufgepumpten Gebirge, sondern eher funktionelle schlanke Muskeln, die ihre Kraft im Zusammenspiel mit einer geschmeidigen Faszie entfalten.

Mein Sohn hat Ähnliches wie seine Schwester auf einem Sportspielplatz im selben Alter geschafft: An einem Gerüst mit mehreren Querstangen hat er sich jeweils wechselnd einarmig etwa fünf Meter weit Stange um Stange nach vorne bewegt, dann umgedreht und zurück. Um dann ohne Pause noch einmal denselben Weg zurückzulegen. Auch das ist eine Leistung, zu der viele Erwachsene nicht mehr spontan in der Lage sein dürften. Das Interessante scheint mir auch hier wieder zu sein: Muskelkraft kann nicht den Ausschlag geben bei solchen Übungen! Kinder haben keine dicken Muskelpakete an Oberarmen oder Beinen und keine Six-Packs.

Stellen Sie sich nun bitte ein vierjähriges Kind vor. Es hat die Tollpatschigkeit der ganz Kleinen überwunden. Es klettert, balanciert und hüpft gern. Treppensteigen kann es, ohne sich am Geländer festzuhalten, und rückwärtsgehen auch. Es bewegt sich bei all dem frei und folgt seinem eigenen Impuls, ohne auf andere zu schielen. Das Beobachtungslernen oder Modelllernen hat zwar schon eingesetzt, die Kinder können also etwas bewusst nachmachen. Die eigene Motorik ist aber noch nicht verbildet und verzerrt durch den Wunsch, sich anzupassen. Wenn das Kind steht, wird es den Kopf über der Wirbelsäule halten, nicht zu weit vorn, also seinen Nacken nicht übermäßig belasten, so wie das leider viele Erwachsene tun. Die Arme hängen in Ruhestellung herab, baumeln frei in den Gelenken, die Schultern sind nicht hochgezogen. Allerdings steht es ungern und nicht lange ruhig da. Und vor allem: nie stocksteif. Es verlagert immer wieder das Gewicht, lehnt sich nie zu lange in einen Bereich des Körpers hinein. An jeder seiner größeren Bewegungen ist der ganze Körper beteiligt. Und meist bekommt der Körper zuerst Länge (durch Loslassen) und justiert seine Bewegung dann im Zusammenziehen. Letzteres klingt vielleicht etwas technisch, für die faszienorthopädische Sicht ist es aber enorm wichtig: erst Länge gewinnen, dann Kontraktion. Die in die Länge gezogene Faszie nutzt ihre elastischen Rückstellkräfte. So kann auch ohne größere Muskelkontraktion viel Kraft freigesetzt werden. Gute Bewegung wird ausgelöst durch Loslassen und durch Entspannung. Und zu Beginn einer Bewegung entsteht Länge. Das sind zwei Grundsätze. Erst werden beispielsweise Oberkörper und Arm in Zielrichtung ganz lang, dann wirft man den Ball. So arbeitet die Faszie im Idealfall. Man kann es auch so ausdrücken: Ein ständiger Wechsel von kurz und lang treibt gute Bewegungen von innen heraus an. Wenn wir eine Katze anschauen, sehen wir es bei jedem der grazilen Schritte: Eine Körperseite wird kurz, die Gegenseite lang. Und so geht es im Wechsel weiter. Dazu muss die Faszie lang werden können. Länge schaffen im Körper. Auch wenn die Bewegung bei uns Menschen nach unten gerichtet ist – etwas aufheben, sich auf den Teppich setzen –, geht zunächst der Po nach hinten, zieht den Rücken in die Länge, auch hier wieder: erst Länge schaffen, dann folgt die zielgerichtete Bewegung. Erst bewegen sich die großen Gelenke (Hüfte, Knie), dann die kleinen (Zwischenwirbel- und Fingergelenke). Und wenn es dem Menschen gelingt, richtig loszulassen, kann sie oder er bei Bewegungen nach unten die Schwerkraft nutzen und spart so wiederum Muskelkraft und damit Energie.

Kinder hüpfen gern. Auch dafür gibt es gute Gründe. Man kann sich am Beispiel des Hüpfens ideal die Arbeitsweise der Faszie vor Augen führen. Wie schon erläutert, ist sie in der Lage, Bewegungsenergie zu speichern. Wie eine Feder stellt sie elastische Energie zurück, um sie im nächsten Moment wieder freizugeben. In Kapitel 2 und 3 haben wir ja schon gesehen, dass nicht die Muskeln, sondern das Fasziengewebe Bewegungsenergie speichern und wieder abgeben kann. Unsere Achillessehne, als ein Teil des Fasziennetzwerkes im menschlichen Körper, ist beispielsweise in der Lage, Energie kurz zu speichern und rasch wieder zu entladen. Deswegen können wir springen, wenn wir es wollen, und können es darin auch zu einer gewissen Meisterschaft bringen. Nur deswegen konnte es einen Michael »Air« Jordan und seine atemberaubenden Leistungen im Basketball geben.

Der isolierte Blick auf die Achillessehne führt allerdings schon wieder ein wenig in die Irre. Denn auch sie würde nicht viel leisten, wenn alle anderen Körperbereiche festhalten und sich versteifen. Jede Bewegung ist idealerweise eine Ganzkörperbewegung. Alle Körpersegmente verfolgen dann das gleiche Bewegungsziel und unterstützen das Gesamtsystem. Kein Bereich bleibt rigide. Das ist besonders wichtig und wird oft verkannt. Beißen Sie doch einmal die Zähne fest zusammen, halten Sie das, und spielen Sie dann so ein wenig Federball. Ihre Leistung wird nicht so spritzig sein, wie sie sein könnte, nicht so flüssig. Ziehen Sie eine Zeitlang die Schultern fest hoch und nehmen Sie dann Anlauf und führen einen Weitsprung aus – der wird niemals Ihre Bestmarke werden. Oder nehmen Sie eine eingefallene, zusammengesunkene Haltung an und werfen Sie dann einen Ball. All diese Versuche werden scheitern. Je elastisch-flexibler die ganze Körperstruktur ist, desto besser funktioniert die Bewegung.

Der israelische Bewegungslehrer Moshé Feldenkrais war einer der Ersten, die im 20. Jahrhundert die starre Orthopädie hinter sich ließen und die organische, lebendige Seite des Körpers wiederentdeckten. Mehrmals in seinen Schriften erwähnt er die Haltung des Babys, das sich zum ersten Mal aus dem Liegen heraus aufrichtet. Es befindet sich in Bauchlage und beginnt, den Kopf zu heben und sich umzuschauen. Dabei steht alles ideal und in perfekter Schönheit zueinander: Der Kopf hebt sich, bis die Augen auf einer horizontalen Ebene sind. Er ist nicht zu weit vorgeschoben und kann sich geschmeidig und leicht zu beiden Seiten bewegen. Als Erwachsene können wir das so kaum noch nachmachen. Aber: Wir konnten es einmal. Auch hier zeigt sich, dass alle gesunden Babys es so machen. Es gibt bei dieser Haltung in diesem Alter noch keine Individualität. Das ist etwas, was Babys mit den Tieren teilen. Sie bewegen sich genau wie ihre Artgenossen. Über einige Tiere möchte ich jetzt sprechen. Denn es gibt derzeit den Fitness-Trend »Animal Movement«, offenbar getragen von der Idee, dass wir auch von den Tieren für unsere Bewegungen lernen können und sogar sollten. Überprüfen wir das einmal.

Oder von den Tieren lernen?

Solche Kurse heißen manchmal auch »Animal Flow«, »Animal Walk« oder »Animal Athletics«; die im Internet sehr erfolgreiche Gymnastiklehrerin Gabi Fastner nennt es »Crawling Fitness«. Das sind, wie bei vielen neuen Trends, unterschiedliche Namen für die gleiche Sache. Die Auswahl an Übungen ist überall ähnlich: Da gibt es zum Beispiel den »seitlichen Affen«, bei dem man zunächst am Boden kauert, dann beide Hände neben den Körper stellt, dann auf die andere Seite der Hände springt. Setzt man die Hände immer wieder auf, kann man so durchaus auch Wege zurücklegen. Das ist angeblich von Affen abgeschaut – aufgrund ihrer sehr langen Arme bewegen sich bestimmte Affenarten manchmal (keineswegs immer) durch das Aufstützen der Hände statt der Füße über kleine Strecken. Eine andere Übung ist der Tiger: Man beginnt auf allen vieren, die Knie schweben aber stets etwas über der Unterlage, und nun setzt man in fließenden Bewegungen immer die rechte Hand und den linken Fuß ein Stück vor, dann die linke Hand und den rechten Fuß. Einer der ersten, der mit solchen sogenannten Animal-Bewegungen begonnen hat, ist der israelische Trainer Ido Portal, der vor 20 Jahren mit den Trainingsmethoden bekannt wurde, die ohne Geräte mit dem Gewicht des Körpers arbeiten. Portal hat heute mehrere Hunderttausend Follower, sein Logo ist ein Langur, das ist ein Primat aus der Familie der Meerkatzen. Im deutschsprachigen Raum ist der gebürtige Rumäne Stefan Crainic recht bekannt, ein Schwimmer, Arzt und Musiker; er nennt sein Bewegungstraining »The Human Animal Project«. Weil diese Trainings derzeit sehr in Mode sind, sind Workshops erstaunlich teuer und trotzdem begehrt.

Dass wir Tiere in unseren Bewegungen nachahmen oder etwas Motorisches von ihnen lernen, ist grundsätzlich aber eine ganz alte Idee. Es gibt auch im modernen Yoga einzelne Positionen mit Namen wie der Hund, die Krähe, das Krokodil, der Schmetterling. Beim Animal Movement sind allerdings nicht nur statische Posen, sondern ganze Bewegungsabläufe von denen der Tiere inspiriert. Weitere gängige Figuren sind etwa:

Der Krebsgang: Diese Tier-Übung dürfte den meisten bekannt sein, etwa aus dem Schulsport. Man sitzt am Boden, winkelt die Beine an und stellt die Füße auf, setzt die Hände neben den Hüften ab, die Finger weisen nach vorn. Jetzt das Gesäß anheben und dann diagonal laufen. Wie man es bei den Krebsen im Watt sieht.

Der Frosch-Sprung: ein möglichst weiter Sprung aus der Hocke heraus. Und dann gleich beim Landen wieder in die Hocke hinabgleiten, dann direkt noch ein solcher Sprung. Und so weiter.

Der Entengang: Man geht in die Kniebeuge, bleibt unten und wandert nun vorwärts. Das wirkt wie ein Watscheln. Und es ist wirklich anstrengend.

Krabbeln wie ein Bär: funktioniert ähnlich wie der eben schon erwähnte »Tiger«, aber diesmal darf man sich absichtlich etwas behäbig fühlen dabei. Hände und Füße berühren den Boden. Die Knie aber nicht. Das fällt vielen schon nicht ganz leicht. Dann soll man so vorwärtsgehen, immer auf allen vieren, immer ohne die Knie abzusetzen.

Eins fällt schon auf: Die Vorbilder für diese Bewegungen sind meistens größere Tiere. Die Bewegung einer Heuschrecke werden wir mit unseren Gliedmaßen nicht nachmachen können, und auch wie ein Zander durchs Wasser zu schießen wird uns nicht gelingen. Man darf aber auch bei den Bewegungen, die nach großen Säugetieren benannt sind, nicht glauben, dass wir uns wirklich wie diese Tiere bewegen. Es handelt sich nur um Bilder, um Anregungen aus dem Tierreich. Die sogenannten Animal Moves sind letztlich nichts weiter als ein funktionelles Training, das heißt: Man trainiert die Kraft mit seinem eigenen Körpergewicht und ohne weitere Hilfsmittel.

Zudem fällt mir bei diesen Trainings auf, dass sie auch nur aus Übungen bestehen. Damit meine ich: Eine Bewegungsabfolge wird einstudiert und dann immer wieder ausgeführt. Die Übungen sind zwar vielfältiger als bei vielen anderen Sportarten und Fitness-Übungen. Aber auch hier sind die Bewegungen nicht unbedingt fließend, sondern haben einen klar einstudierten Charakter. Das heißt, man muss und soll Bewegungen auf eine ganz bestimmte Art ausführen und auch in vielen Wiederholungen, was immer etwas Unnatürliches hat. Etwas Überwindung und Zwang sind deshalb auch hier dabei, man kommt ins Schwitzen, es ist anstrengend. Letztlich aber vollführt man bei diesen Übungen künstliche Bewegungen, die man im Alltagsleben so nicht braucht.

Tiere können ihre Bewegungen meist perfekt ausführen. Die Katze schleicht und rennt so lautlos, wie auch der beste »Animal

Mover« es niemals erreichen wird. Aber die Katze kann eben nur das – sie kann nicht trampeln. Der Schimpanse klettert in der sprichwörtlich affenartigen Geschwindigkeit auf einen Baum, scheint überhaupt nicht planen zu müssen, wo er Füße oder Griffe setzt, er ist viel schneller oben, als der weltbeste Mensch im Klettern es jemals könnte. Aber der Schimpanse kann eben nur das, Klavierspielen kann er nicht. Der Elefant lässt sich von nichts und niemandem umwerfen, aber bei Leichtfüßigkeit muss er passen. Die Tiere haben bei all dem wohl auch eine gewisse individuelle Varianz, aber in viel kleinerem Ausmaß als der Mensch. Eine Katze oder ein Meerschweinchen erkennt man eben nicht »am Gang«. Dafür sind sie in dem, was sie tun, richtig gut. Was der Mensch besser als all diese Tiere kann, ist: vieles zu können. Er kann klettern (schlechter als ein Affe), er kann rennen (langsamer als ein Gepard), er kann hüpfen (nicht so hoch und weit wie das Känguru) und so weiter, aber er kann all das. Der Mensch kann sich auf viele Arten bewegen, in keiner – außer vielleicht der Augen-Hand-Koordination – ist er richtig gut, doch in seiner Variabilität ist er unerreicht.

Wenn ein Animal-Movement-Training den Menschen in solchen Workouts verschiedenste Bewegungen nahebringt, erfahren sie sicher grundsätzlich etwas Sinnvolles. Und es spricht selbstverständlich nichts dagegen, sich besser kennenzulernen, verschiedene Gelenke zu aktivieren, zu spüren, wie weit sie sich schmerzfrei bewegen lassen, wann es anstrengend wird oder was Spaß macht. Für den Alltag aber bringen sie nicht viel. Das ganze schöne Animal Movement, das manchmal auch »Natural Movement« heißt, ist doch nicht ganz so *natural,* wie der Name vermuten lässt: Es fügt sich einfach nicht ins »Human Life« ein. Der Mensch ist nun mal ein Mensch. Und daher sollte er sich auch wie ein Mensch bewegen. Der Elefant geht mit seiner Partnerin auch nicht zum Tiger-Move und trainiert, wie ein Tiger zu laufen. Oder? Wie sähe das denn auch aus?

Der bereits erwähnte Ido Portal ist ein besessener Bewegungsenthusiast und sicher nicht mit den meisten Menschen vergleichbar. Letztlich ist er ein sehr spezialisierter Trainer aus der Fitness-Szene, die nur mit dem Boden und dem Eigengewicht des Körpers arbeitet. Das ist also mitnichten neu, auch wenn es beeindruckend aussieht. Einen denkwürdigen Satz von ihm können wir uns aber in jedem Fall zu eigen machen: »The body will become better at what you do, or don't do.« Der Körper wird besser in dem, was man tut – oder nicht tut. In diesem Satz kann man die wichtige Wahrheit über die Faszie wiederfinden: Sie bildet sich permanent um. Das ist ihre große Kraft, deswegen können wir so viel wieder zum Guten verändern.

Herr Professor sucht im Urlaub Spielplätze auf

Der renommierte Faszienforscher Professor Robert Schleip sagte einmal, dass er in jeder Stadt, in der er sich beruflich öfter aufhält, ein paar gute Spielplätze kennt. Dort verbringe er am frühen Morgen oder abends, wenn es ruhiger wird, ein wenig Zeit mit dem Ausprobieren der Geräte. Warum sucht ein 70-jähriger Wissenschaftler Klettergerüste und Balance-Parcours auf? Ganz einfach: Er hat einen klugen Entschluss gefällt – er möchte seine Faszie trainieren. Nicht seine Muskeln. Und unsere Faszie fördern und trainieren wir lustvoll, entspannt, durch das zwanglose Ausprobieren all dessen, was unser Körper kann und mag. Der Spielplatz ist dafür besser als jedes Functional- oder Movement-Workout, der Wald sicher auch, und vielleicht auch der Hinterhof Ihres Hauses. Ausprobieren lohnt sich. Schleips Credo lautet: »Die Routine heißt Abwechslung.« Mit den Kindern am Boden krabbeln, unter dem Tisch durch oder mal durch ein bodennahes Loch im Zaun. Sich strecken und langziehen, wo es geht. Aktiv werden und bleiben. Die alltäglichen Bewegungsschemata durchbrechen, gern spielerisch und nach und nach. Wer das nicht zulässt, dem hilft eigentlich auch kein Therapeut, der dann für viel Geld hier und da die Faszie längt oder aktiviert. Denn eine faszienorthopädische Therapie funktioniert nur bei denjenigen richtig gut, die aktiv mitmachen. Man kann diesen Wandel im Körper, dieses Umbilden der Faszie, nicht durch bloßes Konsumieren einleiten oder irgendwie an sich vornehmen lassen. Körper und Geist müssen es wollen und mithelfen. Aber wer es zulässt, wird erfahren, dass es wie von selbst passiert. Deswegen benutze ich Worte wie »lustvoll« und »spielerisch«.

Damit bin ich nicht der Einzige. Zurzeit tut sich was im Grenzbereich zwischen Fitness, Training, Tanz und Körpertherapie. Man hört immer wieder von neuen Bewegungstechniken, in den größeren Städten ist die Vielfalt manchmal schon verwirrend. Mitunter sind wunderbare Ideen dabei. Bei manchen der neuen Techniken sehe ich viel Potenzial, dass eine spielerische Freiheit endlich ernst genommen wird. Die uruguayische Tänzerin Florencia Lamarca etwa hat in ihrer Wahlheimat Berlin die »Fluent Body«-Technik erfunden und lehrt sie an einer privaten Akademie. Dort wird zwar das Rad nicht neu erfunden, verschiedene Einflüsse spielen eine Rolle, etwa die sogenannte Gaga-Tanzpädagogik der berühmten Batsheva Dance Company oder die Grinberg-Methode, eine Körpertherapie. Doch was man in einer »Fluent Body«-Stunde sieht, sind Menschen, die ihrem Körpergefühl freien Lauf lassen. Die ihre Arme in die Höhe strecken und sich hier und da langziehen, im Takt der Musik verschiedenste Bewegungen ausprobieren. Alles so, wie es ihr Körper ihnen gerade sagt. Dort wird Freiheit gelehrt. Und Schwerkraft auch – wenn es etwa darum geht, den Boden zu benutzen wie ein Fitness-Gerät, sich fallen zu lassen, zu rollen, das eigene Gewicht mal über die Schultern an den Boden abzugeben, mal über die Außenseiten der Arme, mal über den Po. (Übrigens setzt das Emotionen frei, und man sieht in diesen Workshops hin und wieder Menschen lachen oder weinen. Das überrascht mich nicht. Die Verbindung zwischen Faszie und Gefühlen erwähnte ich ja schon – dazu mehr im letzten Kapitel.) »Fluent Body« ist eine Technik von vielen. Ich greife sie als Beispiel heraus, weil ich dort das Verspielte als ein zentrales Element sehe – das Fließenlassen, das Chaotische, das Spontane. Darin liegt das Lebendige der Faszie. So kommt sie zur Geltung und so können wir sie geschmeidig halten. Solche Angebote könnten die Zukunft einer klugen, auf die Faszie ausgerichteten Fitness sein.

Bei solchen Methoden, die eher der freien Körperarbeit oder dem Tanz entstammen, wird man von der Lehrkraft manchmal Anweisungen hören wie: »Lass deine Arme steigen, aber ohne Kraft und Energie, sie schweben ganz von selbst nach oben.« Das tun sie natürlich in Wirklichkeit nicht, aber trotzdem steckt in diesem Bild und dieser Vorstellung viel Wahrheit. Sie ist eine blumige Formulierung für das schöne Prinzip, dass Bewegung durch Muskel*ent*spannung ausgelöst werden kann, statt durch Anspannung. Auch das können Sie einmal selbst ausprobieren. Heben Sie auf zwei Arten den Arm und vergleichen Sie das Körpergefühl. Erst mit Kraft: Spannen Sie die Schulter an, führen Sie dann den Arm wie ein Gewicht seitlich nach oben, hieven Sie ihn regelrecht über den Kopf. Und dann die zweite Variante: mit Entspannung. Lassen sie den Schultergürtel und den Arm zuerst los, spüren sie das Gewicht, wie es die Schwerkraft nach unten zieht. Lösen Sie alle festhaltenden Spannungen. Lassen Sie in den Gelenken los. Stellen Sie sich aber weiter vor, dass der Arm nach oben will – diese Bewegung wird aus dem Ellenbogen heraus beginnen. Die Schulter wird ein wenig nach unten gehen. So entsteht durch Loslassen zuerst Länge. Dann steigt der Arm, immer mit dem Ellenbogen voran. Daran ist natürlich Muskelkraft beteiligt, es fühlt sich aber eher so an, als arbeite das Gewicht selbst, als verteile es sich im ganzen Oberkörper neu. Der Rolfing-Experte Dr. med. Hans Flury nennt das »geschehen lassen« statt »ausführen«. Der Arm soll »schweben«.

Bewegen sich Angehörige von Urvölkern besser als wir?

Kinder wissen noch, wie man sich gut bewegt, die Tiere können es auf ihre jeweilige Art auch. Die Vermutung liegt nahe, dass wir Menschen es als Gattung auch einmal konnten. Dass wir im Verlauf des Zivilisationsprozesses viel von unseren Fähigkeiten verloren haben. Es fragt sich daher, ob Urvölker, etwa die indigenen Stämme Südamerikas oder Afrikas, sich bessere Bewegungsmuster erhalten haben als wir in der westlichen Welt. Forschung dazu gibt es leider kaum. Der westliche Blick auf diese Völker war bekanntlich lange ein paternalistischer und ausbeutender, heute lässt man sie immerhin links liegen. Dabei könnten wir von ihnen viel lernen. Ganz selten geschieht das auch. Biologen der Kent State University im US-Bundesstaat Ohio untersuchten im Jahr 2020 das Volk der Hadza in Tansania, eine der letzten echten Jäger-und-Sammler-Gemeinschaften der Erde. Es ging in der Studie um Körperhaltungen, vor allem Hocken und Sitzen. Das Forscherteam machte die erstaunliche Beobachtung, dass die Hadza etwa zehn Stunden in statischen Positionen verbringen, vor allem hockend oder knieend. Das warf eine Frage auf: Ist nicht das stundenlange Verharren in einer Position ungünstig, ist es nicht das große Problem am Sitzen? In unserer Gesellschaft wird das Sitzen zwar einerseits von allen verlangt – leider auch von kleinen Kindern, die Schule richtet hier sehr viel Schaden an –, und andererseits hören wir seit Jahren, dass es keine gute Haltung sei, es gibt sogar den Slogan »Sitzen ist das neue Rauchen«. Die Warnungen vor dem Sitzen basieren auf der Hypothese, dass es einen Zusammenhang zwischen Vielsitzen und einem früheren Tod geben könnte. Zuletzt stellte Anfang 2024 eine Studie des National Health Research Institute in Taiwan mit fast 500.000 Teilnehmern fest: Wer sitzend arbeitet, hat ein 34 Prozent höheres Risiko, an einer kardiovaskulären Krankheit zu sterben. Wie kann es also sein, dass auch ein Naturvolk sehr viel Zeit sitzend verbringt? Der scheinbare Widerspruch lässt sich auflösen: Ja, Sitzen ist gefährlich, aber nur das Sitzen auf die bei uns so weit verbreitete falsche Art. Die Männer und Frauen des Stammes der Hadza jagen mit Pfeil und Bogen und sammeln auch Früchte, Wurzeln und Pflanzen. Dabei müssen sie zwar oft lange ausharren, aber es ist eben eine ganz andere Haltung als das Sitzen auf einem Stuhl. Negative Folgen für die Gesundheit sind nicht festzustellen, im Gegenteil: Das kleine Volk kennt laut der Studie weder Herz-Kreislauf-Erkrankungen noch Verspannungen und Gelenkverschleiß. Wie gesagt, Forschung zu indigenen Völkern und ihrer Körperhaltung ist rar. Hier gab es einmal den Glücksfall einer methodisch gut gesicherten Untersuchung. Sie zeigt: Es gibt kaum etwas, das der Körper nicht kann. Viele Haltungen können eine gute Haltung sein, wenn man die Schwerkraft sinnvoll nutzt und sich fasziengerecht bewegt. Auf den Bildern der Hadza sieht man, dass sie zum Beispiel die tiefe Hocke bevorzugen, bei der die Fußsohlen ganz auf dem Boden stehen, der Körper gibt sein Gewicht über die Füße an den Boden ab, die Knie- und Hüftgelenke schöpfen jeweils ihren vollen Spielraum aus. Aktives Ruhen ist das Zauberwort. Die Aktivität in den Beinen ist nicht null, also nicht wie beim Liegen auf dem Sofa ganz heruntergefahren. (Eine kleine Fitness-Lüge steckt nämlich auch in der Vorstellung, dass Muskeln sich nach der Anstrengung vollkommen ausruhen müssen, also ganz abgeschlafft und sozusagen tatenlos liegen müssen.) Die Autoren der Hadza-Studie kommen zu dem Schluss, dass unsere westliche Vorstellung von Inaktivität falsch ist: Weder fördert sie die Gesundheit noch ist eine totale Inaktivität für bestimmte Bereiche des Körpers immer wieder nötig.

Leider gehört die tiefe Hocke zu den Bewegungen, die offenbar nicht mehr alle Menschen einnehmen können. In verschiedenen kleinen Untersuchungen stellte sich heraus, dass bis zu 40 Prozent der Menschen es auch dann nicht schaffen, wenn es ihnen gezeigt wurde oder sogar versucht wurde, es mit ihnen einzuüben. Ich teile trotzdem die Unkenrufe nicht, die sagen, dass wir heute nicht mehr artgerecht leben können.

Immer wieder hört man, dass die moderne Zivilisation mit ihren weichen Sesseln, ihren Bürostühlen und dem Zwang zu körperlicher Monotonie uns verkümmern lasse und uns beinahe notwendigerweise in all die Rücken-, Hüft- oder Knieleiden treibe. Das stimmt nicht ganz. Denn die alltäglichen, einfachen Bewegungen – sitzen, aufstehen, gehen, etwas vom obersten Regalbrett nehmen – können wir auch auf eine Art ausführen, dass sie uns guttun und uns sogar auch immer ein wenig trainieren. Wenn Sie sich auf einem Tisch abstützen, vielleicht um aufzustehen oder auch nur um in einem Gespräch einen Moment so zu verharren, geben Sie einmal all Ihr Gewicht über die Handfläche an die Tischplatte ab. Die Schulter steht genau über der Hand, der aktive Arm ist absolut lotrecht. Wichtig: Lassen Sie alle unbeteiligten Körperbereiche los und hängen Sie sozusagen im Fasziennetz. Dabei geht die Schulter über dem Stützarm etwas nach oben, steht knapp unter dem gleichseitigen Ohr. Breiten Sie die Finger auf der Tischplatte aus, lassen Sie jeden Finger seinen Anteil tragen und lassen Sie die andere, nicht beteiligte Schulter locker. Sie hängt ganz frei im Gelenk, der Arm pendelt daran, tut wirklich gar nichts. Dieses eher passive, jedoch bewusste Aufstützen bei gleichzeitigem Entspannen der anderen Bereiche ist ein gutes Beispiel für mein alltägliches Training.

Wir haben in diesem Kapitel nun über die Bewegung der Kinder gesprochen und über die der Tiere. Wir haben darüber nachgedacht, wie eine neue Art von Sport aussehen könnte, ein Sport, den man dann auch Tanz- oder Körpertherapie nennen könnte, jedenfalls aber einer, welcher der Faszie gerecht wird. Und dem natürlichen Bedürfnis des Körpers, sich zu spüren und alle Bereiche und alle Gelenke aktiv zu benutzen, mit geringstmöglichem Energieaufwand, also minimaler Muskelaktivität. Weil der Alltag unser Training und unser Üben sein soll, möchte ich einige grundsätzliche Bewegungen näher anschauen und erklären, wie man sie besser und sinnvoller meistern könnte, als die meisten das heute tun.

Stehen

Nehmen wir an, die ideale Körperstruktur ließe sich wie ein Haus von unten nach oben bauen. Beginnen wir mit dem Fundament: Die Füße stehen achselbreit (nicht schulterbreit) auseinander und gerade parallel. Sie stehen auf einer Linie (kein Fuß steht weiter vorne als der andere, ein Zentimeter versetzt wäre schon zu viel). Die Kniegelenke sind gelöst bis leicht gebeugt. Das Körpergewicht liegt gleichermaßen auf Ballen und Fersen sowie gleichermaßen auf dem rechten wie linken Fuß. Stellen Sie sich bitte frontal vor einen Spiegel: Von der Nasenspitze über das Brustbein und den Bauchnabel bis zum Schritt sollte eine gedachte Linie genau im Lot verlaufen. Stellen Sie sich nun seitlich vor den Spiegel und achten Sie auf die Linie Ihrer Beine: Auch die sollte im Lot sein (also parallel zum Rahmen des Spiegels, im 90-Grad-Winkel zum Boden). Die ideale Vertikale lässt sich auch spüren: Wenn Sie weder an der Vorder- noch an der Rückseite der Schenkel einen Zug spüren, stehen Sie richtig.

Wir könnten als Nächstes an der korrekten Beckenneigung arbeiten, ich ziehe es aber vor, gleich zum Brustkorb zu springen. Stellen Sie sich vor, in Ihrer Brust steckte ein mit Helium gefüllter Ballon. Er will aufsteigen und zieht dabei den gesamten Oberkörper (Vorder- und Rückseite!) lang. Falls Ihre Beine immer noch im Lot stehen, ordnet sich der Rest des Körpers automatisch: Im

Lendenwirbelbereich bildet sich ein leichtes Hohlkreuz, eine sanfte und harmonische Kurve nach innen, während die obere Öffnung Ihres Beckens leicht nach vorn kippt (hätte man es randvoll mit Wasser gefüllt wie ein Waschbecken, würde es nun vorn überlaufen). Das Brustbein steht hoch. In dieser aufrechten Position ist Ihr Körper entspannt, das können Sie prüfen: Betasten Sie mit Ihren Fingerspitzen die Rückenmuskeln rechts und links der Lendenwirbel – es sollte sich butterweich anfühlen. Das Pendant zum leichten Hohlkreuz ist ein Bauch, der ohne jegliche Anspannung ist, sich leicht nach außen wölbt und dadurch streckt. Ihre inneren Organe wie Magen, Darm, Nieren, Leber und Milz danken es Ihnen – sie haben nun den größtmöglichen Platz. Die Körpervorderseite ist im Ganzen gesehen nun konvex, die Rückseite konkav. Beim typischen Rundrücken ist genau das Gegenteil der Fall.

Kommen wir zu Schulter, Hals und Kopf. Für einen geraden, entspannten Nacken hilft auch hier die Vorstellung, dass der Kopf wie ein Ballon aufsteigen will – oder dass jemand an einer unsichtbaren Schnur zieht. Der Kopf-Hals-Bereich steht ebenfalls aufrecht im Lot zum »Boden«, hier gleichbedeutend mit dem Schultergürtel. Die Schultern lassen Sie dagegen fallen, und sie befinden sich seitlich, nicht nach vorn gezogen. Auch die Arme überlassen Sie ganz der Schwerkraft, an jeder Schulter dürfen damit volle 3 bis 4,8 Kilogramm ziehen (bei einem Körpergewicht von 50 bzw. 80 kg). Spüren Sie ganz bewusst das Eigengewicht. Die Ellenbogen sind locker, also leicht gebeugt, die Hände hängen – falls Sie eine Hose tragen – seitlich ungefähr im Bereich von Hosentaschen oder an den Hosennähten. Die Handflächen stehen dabei parallel zueinander.

Bücken

Sie stehen zunächst wie oben beschrieben. Der Oberkörper ist aufrecht, der Bauch locker. Durch ein betontes weiteres »Loslassen«

des Bauches beugt sich als Nächstes einzig das Hüftgelenk (nicht der Nacken, nicht der Rücken). Das geschieht, indem Sie Ihr Becken nach hinten schieben, als wollten Sie sich auf einen Stuhl setzen, der ziemlich weit nach hinten gerückt ist. Der Oberkörper bleibt lang, den Po strecken Sie raus, dabei neigt sich der Oberkörper langsam in die Waagerechte und sinkt. Bald spüren Sie Zugspannung an der Oberschenkelrückseite – beugen Sie nun die Knie, die Spannung verschwindet. Die Wirbelsäule bleibt bis zum Lendenbereich in ihrer Anfangsposition (weder rollt der Nacken ein noch machen Sie einen Rundrücken), der Bauch hängt entspannt nach unten durch. Das Brustbein ist hoch, der Blick geradeaus gerichtet. Der Abstand von Brustkorb zu Becken bleibt somit maximal weit. Es sollte sich anfühlen, als würde die obere Hälfte Ihres Körpers, Kopf bis Po, von einem Kran gut ausbalanciert herabgelassen. Sie »falten« sozusagen den Körper zusammen. Wichtig: Es geht nicht nur Richtung Boden, es geht vor allem gedacht auseinander, sodass stets maximale Länge im Rücken vorhanden ist. Irgendwann erreichen Sie eine Position, die Sie vielleicht vom Skifahren kennen: die Abfahrtshocke. Füße, Unterschenkel, Oberschenkel und Oberkörper verlaufen im Zickzack. Kraftsparender kann man sich nicht bücken, sonst würden Abfahrt-Skiläufer diese Haltung während ihrer ultraharten Rennen nicht einnehmen. Oder ein anderes Bild: Wenn Sie mit Zuschauern üben und jemand sagt: Sie sehen aus wie ein Gorilla – dann haben Sie wahrscheinlich schon viel richtig gemacht. Arme und Hände baumeln entspannt nach unten und können tun, was Sie veranlasst hat, sich zu bücken – Schuhe binden, Geschirrspülmaschine einräumen oder eine Getränkekiste greifen. Auf dem Rückweg in die aufrechte Position durchlaufen Sie denselben Prozess, nur andersherum. Achten Sie darauf, dass Ihr Gewicht gleichmäßig auf Ferse und Ballen verteilt ist. Es geht zwar nach oben, Sie denken aber »nach unten« und drücken beziehungsweise stützen sich gegen den Boden. Daraufhin strecken Sie die Knie langsam durch, der Po steigt, während der Oberkörper zunächst in der Höhe verharrt. Die hintere Oberschenkelmuskulatur gerät erneut unter eine Art Zugspannung, das dann einsetzende Aufsteigen des Brustbeines löst diesen Zug auf. Der Oberkörper geht in die Senkrechte und zuletzt gleitet das Becken leicht nach vorne in die Ausgangsposition des korrekten Stehens. Die einzelnen Bewegungsabschnitte laufen fließend ab und werden beim Einüben immer flüssiger. Zum Trainieren gehen Sie aber ruhig schrittweise vor, verharren auch öfter und kontrollieren sich selbst. Und wenn Sie die Bewegung dann im Alltag machen und sich etwaiger Fehler bewusst werden, stoppen Sie und führen Sie alles noch mal richtig aus. Erst im Kopf, dann in der tatsächlichen Bewegung.

Mit dieser tiefen »Zickzack-Position« haben Sie Länge im gesamten Körper. Es ist *das* Grundbewegungsmuster beim Menschen und die ideale Trainingsform. Falls Sie kleine Kinder haben, freuen Sie sich also ab jetzt jedes Mal, wenn diese wieder einmal etwas heruntergeschmissen haben und Sie es aufheben dürfen. Und ohne Kinder schmeißen Sie sich halt selbst etwas runter, das Sie dann richtig aufheben können.

Hocken

Jetzt kommen wir zum gemütlichsten Teil. Wir lassen uns sinken in das, was ich oben schon die »tiefe Hocke« genannt habe. Sie bücken sich wie oben beschrieben und führen diese Bewegung einfach fort. Statt sich aufzurichten, sinken Sie noch tiefer, Ballen und Fersen sind gleichmäßig belastet und weichen leicht auseinander. Die Arme strecken Sie gegebenenfalls ein Stück nach vorn, als Gegengewicht. Irgendwann treffen Unterschenkel, Oberschenkel und Oberkörper aufeinander und stützen sich gegenseitig. Die ganze Fußsohle berührt dabei den Boden, der Po liegt auf der Ferse, der Bauch wölbt sich zwischen den Oberschenkeln nach vorn, die Arme baumeln nach unten oder liegen auf den Knien. Wer die Hockstellung zum ersten Mal (vermutlich seit der Kindheit) einnimmt, hat eventuell Schwierigkeiten, in der Balance zu bleiben, und droht, nach hinten zu kippen. Der Grund: Die Faszie hat sich über viele Jahre des Auf-einem-Stuhl-an-einem-Tisch-Sitzens an verschiedenen Stellen verkürzt. Wer öfter übt und sich auch sonst ausreichend bewegt, wird die Balance zunehmend besser hinbekommen; anfangs kann man sich auch an einem Tischbein festhalten. Der Lohn der Übung ist eine Ruheposition, die die Evolution uns geschenkt hat und die Hilfsutensilien wie Stuhl, Sessel und Kissen nicht braucht. In manchen Teilen der Welt rasten auf diese Weise noch heute Menschen aller Altersgruppen, nicht nur bei dem so gesunden Volk der Hadza. Und noch ein Tipp: Da heute ja auch ganz offen über die Darmtätigkeit gesprochen wird – auch in diesem Zusammenhang spielt die Körperhaltung eine große Rolle. Spüren Sie doch mal den Unterschied bei der Entleerung Ihres Darms. In der tiefen Hocke geht es leicht und wie von selbst. Ich freue mich immer, wenn ich auf Camping-Plätzen, zum Beispiel in Frankreich, noch solche alten »Plumpsklos« finde. Der bei uns übliche Toilettensitz ist nämlich grundsätzlich eine ungünstige Sitzposition. Und apropos …

Sitzen

Selbst wenn Sie versuchen, Stühle so oft wie möglich zu meiden, an Stehpulten oder an höhenverstellbaren Schreibtischen arbeiten, es sich auf dem Boden gemütlich machen und die Hockstellung nutzen – ums Sitzen auf Stühlen kommen Sie in unserer Gesellschaft wohl nicht ganz herum. Zunächst: Wählen Sie einen Stuhl ohne Rückenlehne und ohne seitliche Armstützen. Oder nutzen Sie, wenn vorhanden, beides nicht. Ein paar wenige, aber sehr wirksame Dinge gilt es beim eigentlichen Sitzen zu beachten: Die Hüften sollten höher sein als die Knie und das Becken insgesamt leicht nach vorne gekippt wie beim Stehen. Sie sitzen dann auf den Sitzbeinen und nicht auf dem Steißbein. Der Name ist schließlich kein Zufall! (Manche Patienten leiden an Steißbeinschmerzen, medizinisch Coccygodynie. Allein mit dem richtigen Sitzen könnte bei ihnen sehr häufig der Schmerzzustand beendet werden. So einfach und dauerhaft kann Medizin wirken.) So wird ein Teil des Gewichts auf die Füße gelenkt. Gut wäre, wenn die Sitzfläche flexibel ist und sich leicht nach vorn neigt, oder Sie setzen sich auf die vordere Stuhlkante einer ganz flachen Sitzfläche. Hier finden Sie schon eine große Herausforderung vor. Schauen Sie sich Ihren Stuhl doch mal aus ein paar Metern im Profil an. Meistens ist die Sitzfläche nach hinten gekippt, abschüssig. Damit kippt Ihr Becken automatisch nach hinten, Sie sitzen auf dem Steißbein und Ihr Oberkörper fällt zusammen. Natürlich könnten Sie mit aktiver Muskelkraft nun trotzdem Ihr Becken nach vorne kippen. Aber das ist ja nicht Sinn der Sache, da Sie damit den Teil der Faszie am unteren Rücken noch unflexibler und härter werden lassen. Wenn Sie meine ehrliche Meinung hören möchten: Werfen Sie diese Stühle weg. Bitte auch nicht verschenken, denken Sie an Ihr Karma. Das gilt auch für die Stühle mit dem Prädikat »ergonomisch« oder »von Orthopäden empfohlen«. Übrigens, wie sitzen Sie im Auto? Auch mit elektrischer Verstellung bleibt es meist eine schiefe Ebene, die nach hinten abfällt. Hier hoffe ich in Zukunft auf eine wirkliche Innovation. Vielleicht ist ja eine Leserin beim Automobilhersteller beschäftigt? Ich würde mich sehr über den ersten »sitzgesunden« Pkw freuen! Beim Sitzen sollte der Oberkörper lang und aufrecht sein wie beim Stehen, Sie sitzen satt wie ein »nasser Kartoffelsack«, aber ein bisschen nach vorn geneigt ohne jegliche Anspannung im Bauchbereich, die Arme lassen Sie locker hängen. Wenn Sie allerdings länger am Schreibtisch arbeiten müssen, sollten Sie zumindest die Sitzposition öfter wechseln. Dafür empfehle ich, auf möglichst hartem Untergrund zu sitzen. Hören Sie auf Ihren Körper. Wenn er signalisiert: »Aua, jetzt geht es nicht mehr«, dann freuen Sie sich über das Signal und stehen Sie auf. Auch meine Beschreibung hier zum idealen Sitzen ist letztendlich nur ein Hilfskonstrukt. Nicht sitzen oder die tiefe Hocke sind stets zu bevorzugen. Und bedenken Sie: Kein Kind sitzt länger als zwei Minuten reglos auf einem Stuhl, daran dürfen Sie sich ein Beispiel nehmen. Schlagen Sie die Beine übereinander, mal nach rechts, mal nach links, legen Sie einen Fuß auf dem Oberschenkel ab, knien Sie sich mit einem oder mit beiden Beinen auf den Stuhl, stehen Sie auf und laufen eine Runde.

Fliegen

Klar, in dieser Überschrift steckt ein kleiner Scherz. Fliegen ist nun wirklich etwas, das ich in meiner Praxis leider niemandem beibringen kann. Und wenn der Berliner Songwriter Philipp Dittberner davon singt, dass wir »manchmal fliegen«, obwohl wir »nicht mal wissen, wie es geht«, meint er wohl eher das Verliebtsein. Aber die Kinder schlagen gern mit den Flügeln, auch wenn das bei uns eben Arme sind, und tun damit etwas sehr Sinnvolles. Denn in dieser Überschrift steckt auch eine Wahrheit. Diese Übung dient zur Veranschaulichung einer Grundregel kraftsparender Bewegung: vom großen zum kleinen Gelenk. Beim Bücken werden zuerst Hüften und Knie aktiv, dann das Sprunggelenk. Wenn Sie die Arme heben, sollte sich zuerst das Schultergelenk (nach unten) und der Ellenbogen (nach außen-oben) bewegen, zuletzt Unterarme sowie Hand- und Fingergelenke. Vielleicht beobachten Sie mal einen Vogel mit langen Schwingen: Wenn er den Flügel aufwärtsbewegt, rundet sich dieser nach oben, der »Ellenbogen« zeigt gewissermaßen die Bewegungsrichtung an, abwärts rundet sich der Flügel nach unten.

Auf diese Weise überwindet der Vogel mit dem geringsten Kraftaufwand den Widerstand von Luft und Gravitation. Übertragen auf die menschliche Anatomie bedeutet das: Der Schultergürtel bleibt tief, die Schulter geht sogar leicht nach unten, der Oberarm entfernt sich ein Stück vom Oberkörper, dabei knickt der lockere Ellenbogen etwas ein. Dann steigt der Ellenbogen hoch, zieht den entspannt hängenden Unterarm und die locker fallende Hand mit sich. Etwa auf Höhe der Schulter verharrt der Ellenbogen, der Arm dreht sich etwas um seine Längsachse, dabei steigt der Unterarm mit Schwung weiter auf, zieht die hängende Hand mit, die sich erst ganz oben aufrichtet. In diesem Moment klappt das Schultergelenk schon wieder ein, der Oberarm fällt mit gebeugtem Ellenbogen voran, Unterarm und Hand folgen. Am besten wäre, wenn Sie über den exakten Bewegungsablauf gar nicht so viel nachdenken würden, sondern einfach einen flügelschlagenden Reiher oder Kranich nachahmen. Das sieht sehr anmutig aus. Bedenken Sie: Diesen Bewegungsablauf setzen Sie bitte nicht nur ein, wenn »Major Tom« läuft, der Hit mit der schönen Zeile »völlig losgelöst«. Denken Sie an das Alltagstraining. Bei jedem Handschlag, bei jedem Tür-Öffnen oder Tisch-Abwischen: Der Ellenbogen führt.

Wie wir uns nach und nach verändern können

Wie man sieht, bergen die eben genannten eigentlich einfachen Bewegungen eine gewisse Komplexität in sich, wenn man sie neu lernt. Was wir als Kind intuitiv konnten, haben wir in den Jahrzehnten mit falschem Schuhwerk und ungünstigen Stühlen verlernt. Sich wieder körpergerecht zu bewegen, ist diesmal schwieriger. Im Gehirn haben neue, manchmal ungünstige Muster das überlagert, was wir als Kleinkinder ganz von selbst richtig gemacht haben. In meiner Therapie versuche ich daher, sozusagen direkt mit der Faszie und dem Nervensystem zu kommunizieren. Durch Druck auf bestimmte Bereiche der Faszie lernt diese, eine angestammte, etwas festgefahrene Position auch wieder zu verlassen (dazu mehr im folgenden Kapitel).

Wenn ich von ungünstigen Mustern und Bewegungen spreche, gilt das nicht nur für offensichtlich Schädliches, wie täglich schief und krumm in einem Bürostuhl zu hängen. (Vielleicht obendrein noch mit leicht hochgezogenen Schultern wegen einer diffusen Angst vor dem Chef oder den Kollegen.) Dass solche Haltungen ungut auf Gelenke und die Faszie wirken, ist offensichtlich. Aber auch alles andere soll einmal auf den Prüfstand. Besonders die Dinge, die als fit machend gelten. Neben dem Laufband und dem Stemmen von Gewichten gibt es eine dritte Säule, die zu den Konzepten der Fitnes-Studios gehört: das Fahrradfahren. Oft heißt es »Cycling«, »Power-Cycling« oder »Spinning«, im Kern ist es immer das Gleiche, nämlich Radfahren. Muss ja gesund sein? Sagen doch alle, machen doch alle? Von den Krankenkassen über die großen Radio-Redaktionen bis zur Deutschen Herzstiftung: Die Verbindung der Stichworte »Radfahren« und »gesund« findet man tausendfach. Aber auch hier ist leider eine kleine Fitness-Lüge versteckt. Wenn es einem um das bloße Herz-Kreislauf-Training geht, also darum, den Puls eine Zeit lang hochzuhalten und das Herz dadurch hoffentlich zu trainieren, kann man natürlich durch Radfahren sein Ziel erreichen. Könnte man aber auch durch Seilspringen oder irgendetwas anderes. Schauen wir uns die Bewegung auf dem Rad einmal genauer an, sind mindestens ein paar Zweifel angebracht.

Einen interessanten kritischen Beitrag über das Radfahren habe ich im Blog des Kampfsportlers und Faszientherapeuten Frank Demann gelesen. Demann ist ein kluger Bewegungslehrer und auf seine Art auch ein Reformator des Sports. Seit 30 Jahren stellt er die Faszie in den Mittelpunkt seiner Behandlungen und seines Denkens. Das Radfahren schätzt er nicht. Es geht ihm dabei um die Grunderkenntnis, dass an einer guten Bewegung immer der ganze Körper beteiligt ist. Wenn meine kleine Tochter, als sie zwei Jahre alt war, vom Spielplatz nach Hause musste und darüber richtig wütend war und mich geboxt hat – dann konnte das richtig wehtun. Weil sie mit ihrem kleinen, nur 90 Zentimeter großen Körper weit ausgeholt hat und mich aus der Drehung heraus mit der Kraft ihres ganzen Körpers traf. Und wenn mein Sohn, der damals noch nicht in die Schule ging, abends nicht ins Bett getragen werden wollte, konnte er sich ganz schwer machen, er wurde weich und schlaff in allen Gelenken. Dann war es wirklich anstrengend, ihn hochzuheben. Beim Anheben war er schwer wie Blei, hatte ich ihn auf dem Arm, hat er sich gewunden wie der sprichwörtliche Aal – kaum festzuhalten, wenn er alles loslässt. In beiden Fällen dient der gesamte Körper einem Ziel, alle Muskeln, Bänder und Gelenke spielen mit – und die ganze Faszie. Nichts hält fest, nichts spannt unnötig an, nichts steht der Bewegung im Weg. Und prompt ist die Wirkung enorm.

Nun schauen wir uns mit diesen Gedanken im Sinn das Fahrradfahren an. Die Arme halten den Lenker fest im Griff. Sie sind damit in eine relativ starre Position gezwungen. Da kann wenig mitschwingen. Das ist eine unnatürliche Bewegungseinschränkung. Wenn wir rennen, bewegen wir ja auch die Arme links und rechts des Körpers, auch wenn es ganz funktional gesehen doch nur darum geht, die Füße immer wieder schnell auf dem Boden aufzusetzen und den Körper weiter nach vorne zu treiben. Wer tanzt, legt die Arme nicht hart und starr an die Körperflanken. Wer hüpft, lässt auch die Hände durch die Luft fliegen. Das Radfahren erschwert die sogenannte kontralaterale Bewegung: Wenn ein Bein vorgeht, geht die Hüfte auf der anderen Seite leicht zurück. Eigentlich – denn dazu muss der Bauch auf der anderen Seite des Körpers lang werden können. Wenn ein Arm ausholt, um einen Ball zu werfen, geht die andere Schulter etwas nach vorn. Und beim Gehen ist es am offensichtlichsten und am komplexesten (dazu gleich mehr). Doch die starre Armhaltung beim Radfahren behindert diese Bewegung oder lässt sie nur in ganz kleinem Ausmaß zu. Der Oberkörper bleibt relativ fixiert, kann sich nicht wie beim Gehen mit jeder Pedalumdrehung leicht verdrehen. Der Bauch kann keine Länge schaffen. Das alles ist ungünstig. Es steht einer freien Entfaltung der Faszie im Weg. Sie will immer den ganzen Körper aktivieren.

Nicht dass wir uns missverstehen: Ich will das Radfahren nicht pauschal verteufeln. Viele meiner Kollegen aus der Orthopädie halten es für eine empfehlenswerte Sportart. Es kann nützlich sein. Jürgen Kosel, Diplom-Sportlehrer und Facharzt für Orthopädie, sagt in einem Artikel vom April 2024, wenn man Sattel- und Lenkerhöhe wirklich richtig einstellt, sei das Radfahren »als Ausdauertraining für das Herz-Kreislauf-System gut geeignet«. Außerdem habe es »einen günstigen Effekt auf Knie- und Hüftgelenke, die besonders bei Arthrose belastungsarm bewegt werden«. Belastungsarm dürfte das entscheidende Stichwort sein. So erleben viele Patientinnen und Patienten das Radfahren. Wenn Gehen und Stehen bereits Gelenkschmerzen verursachen, ist Radfahren häufig noch schmerzarm bis schmerzfrei möglich. Ich selbst fahre nur selten Fahrrad. Heute fühlt sich Gehen einfach besser für mich an. Wenn überhaupt, dann fahre ich möglichst entspannt und auf dem Land oder auf kleinen Wegen, um weitgehend ohne Verkehrslärm die Landschaft genießen zu können. Oder ganz schnell, um meine Tochter noch pünktlich vom Kindergarten abzuholen, wenn ich den Bus verpasst habe. Wie bei fast allen Tätigkeiten gilt auch hier: Wenn es Ihnen Freude bereitet, treten Sie in die Pedale, soviel Sie wollen! Aber wenn Sie sich dazu zwingen müssen und es widerwillig tun, nur weil Sie glauben, dass es sein müsse und die Gesundheit fördert, dann steigen Sie besser ab.

Zwei Bewegungen kamen übrigens hier noch nicht vor: das Gehen und das Atmen. Die eine, weil sie so komplex ist, die andere, weil sie so einfach scheint. Es lohnt sich aber, über beide zu sprechen.

Atmen

Das Atmen läuft automatisch ab, gesteuert vom vegetativen Nervensystem. Aber es ist doch eine Bewegung, die man auf verschiedene Arten ausführen kann. Viele Menschen atmen zu flach. Bei einer guten Einatmung, im Fachjargon Inspiration genannt, sinkt der Druck in den Lungenbläschen (medizinisch: Alveolen) unter den Umgebungsdruck, der entstehende Sog lässt Luft einströmen. Die Faszie dehnt sich aus, der Bauch wölbt sich, der Brustkorb weitet sich dreidimensional aus, in der Lunge entsteht Raum. Sie füllt sich mit Luft. Mindestens 500 Milliliter. Beim Ausatmen gehen alle genannten Bereiche in die Gegenbewegung, der Rücken kann sogar leicht rund werden. Das geschieht ohne großen Energieaufwand, da die elastischen Rückstellkräfte der Faszie genutzt werden können und der im Vergleich zum Umgebungsdruck größere Druck in den Alveolen. Eine tiefe, vom Gefühl her bis nach oben in den Hals und nach unten in den Bauch gehende Atmung ist die beste Basis für eine Haltung, bei der nichts unnötig angespannt ist. Mit besonders hoher Durchlässigkeit spürt man die Einatmung bis in die Fußsohlen. Probieren Sie es doch mal aus und stellen sich barfuß hin. Wie richtig stehen geht, wissen Sie ja nun schon. Es gibt etliche Faktoren, die eine freie Atmung behindern können. Schlagen Sie einmal die Beine fest übereinander, so, wie es zum Beispiel in einer Cocktailbar oder in einer geselligen Runde auf dem Sofa viele Menschen tun, und atmen Sie tief – das wird nicht gut gelingen. In dieser Haltung kann der Brustkorb sich nicht frei weiten, das Zwerchfell sich nicht auf beiden Bauchseiten frei bewegen und der Bauch kann sich nicht gut nach außen wölben. Die flache Atmung kann aber auch entstehen, wenn man den Bauch nicht wölben möchte, weil das dem Schönheitsideal widerspricht. Oder wenn man sich gestresst oder unter Druck fühlt. Stress aktiviert den Sympathikus, jenen Teil unseres Nervensystems, der zum Beispiel für erhöhte Wachsamkeit bei Gefahr verantwortlich ist. Bei der flachen Atmung strömt weniger Luft in die Lunge ein. Damit die Sauerstoffversorgung dennoch die gleiche bleibt, erhöht der Körper die Atemfrequenz. Man atmet also nur wenig ein, dafür oft. Das Stresshormon Cortisol wird ausgeschüttet, die Muskulatur bekommt zusätzliche Energie, der Mensch ist kaum merklich leicht erregt und hinterher schneller erschöpft. Wer jahrzehntelang seinen Körper durch falsches Atmen unter Dauerstress setzt, muss sogar mit gefährlichen Folgen wie Herz-Kreislauf-Erkrankungen rechnen. Auch die chronische Erschöpfung gilt heute als Volkskrankheit. Eine tiefe Atmung dagegen aktiviert jene Systeme, die für Entspannung und Wohlbefinden zuständig sind. Wer sie zulässt, wird abends vermutlich weniger ausgelaugt und erledigt ins Bett fallen.

Gehen

Das Gehen ist hoch komplex. Es ist kein Wunder, dass es bis heute keine Roboter gibt, die sicher, stabil und anmutig gehen können. Denn das Gehen ist ein Vorgang, bei dem es um Balance geht, um das richtige Aufsetzen des Fußes, um die Stellung des Knies über dem Fuß und vieles mehr. Minimale Abweichungen können für maximale Probleme sorgen. Ich hatte schon einige Patienten, die nach wenigen Hundert Metern gehen (und erst recht laufen) so intensive Knieschmerzen verspürten, dass sie sofort stehen bleiben mussten und sich deswegen natürlich sehr beeinträchtigt fühlten. Beim genauen Hinsehen, wie sie stehen und wie sie ein paar Schritte gehen – was immer das Allererste in meiner Therapie ist –, fiel mir sofort auf, dass sie zum Beispiel einen Fuß weiter nach außen drehen als den anderen. Das kann nur um einen halben Zentimeter weit sein. Trotzdem: Diese winzige Abweichung bewirkt, dass mit jedem Schritt das Körpergewicht auf die falsche Stelle im Gelenk drückt, bis dort Schmerzen entstehen – und auch Schäden. Und natürlich gibt es über die Faszie auch beinferne ungünstige Veränderungen, die die Gesamtbewegung negativ beeinflussen. Das wiederum führt zu Fehlspannungen und dann zu Umbauten der Faszie. Und das zerstört nach und nach die gute Bewegungsökonomie.

Wir können noch eine weitere kleine Fitness-Lüge in diesem Zusammenhang ansprechen. Es geht dabei um Sportschuhe. Sie werden immer teurer, sie können angeblich immer mehr. Ein Nike Airfly etwa kostet in der ganz normalen Serienversion schon mehr als 300 Euro – nutzt sich aber aufgrund des besonderen Materials sehr schnell ab. Dafür versprechen die Hersteller oft, dass der Fuß in ihrem Produkt besonders gut »abrollen« könne. Es gibt Abrollschuhe mit sogenannten Abrollsohlen, es wird über sanftes oder hartes Abrollen diskutiert. Aber wie kann etwas abrollen, das nicht rund ist? Überhaupt nicht. Ein Fuß rollt nicht ab. Er braucht das auch überhaupt nicht.

Ein Fuß setzt auf dem Boden auf, und zwar am besten eher von vorn nach hinten, also meist zuerst mit dem Ballen. Entscheidend ist, dass im Bein das Knie führt. Dieses bewegt sich zuerst und wird angehoben. Ausgelöst wird diese Kniehebung durch ein Loslassen im Bauch, einen Längengewinn, der zu einer leichten Hüftbeugung führt. Der Fuß setzt dann ganz flexibel auf, variabel und situationsangepasst, je nach Untergrund. Manchmal zuerst der Ballen, manchmal Vor- und Mittelfuß, manchmal der ganze Fuß. Dieser natürliche Gang ist das, was ich in meiner Therapie den Menschen wieder nahebringe. Üblich ist im Allgemeinen aber ein ganz anderer, eher ungünstiger Gang, ein regelrechter Fersenlauf. Die gängigen Schuhe mit ihren recht unflexiblen Sohlen drängen uns dazu: Die Ferse wird in den Boden gerammt, eine Erschütterung geht bis in die Wirbelsäule hinauf durch den Körper, danach wird der vordere Fußbereich aufgesetzt und stößt sich vom Boden etwas ab. Wie sehr die Erschütterung beim Aufsetzen den ganzen Körper durchdringt, können Sie ganz einfach selbst testen: Suchen Sie sich eine Gehstrecke von circa zehn Metern, auf der Sie barfuß gehen können. Halten Sie sich mit Ihren Fingern beide Ohren fest zu. Nun gehen Sie einmal »normal«, d. h. die Ferse setzt also wie eben beschrieben zuerst auf. Gehen Sie auch mal etwas schneller. Haben Sie es gehört oder vielmehr gespürt? Nun gehen Sie noch einmal die Strecke, diesmal im Ballengang. Die Ferse berührt den Boden zuletzt. Gehen Sie wieder mit den Fingern in den Ohren. Hören und spüren Sie den Unterschied? Jetzt sind Sie lautlos. Sie schleichen regelrecht. Wäre die Handlungsanweisung gewesen: »Schleichen Sie mal zehn Meter«, dann hätten Sie automatisch die letztere Gangart gewählt. Wenn Sie übrigens barfuß über Steine vorwärts gehen (oder generell seitlich oder rückwärts gehen), dann wählen Sie dabei auch automatisch diesen lautlosen Gang. Und nun führen Sie sich vor Augen, dass Sie bis gerade eben immer im Fersengang gelaufen sind. Wie viele Milliarden kleine Erschütterungen hat Ihr Körper schon ertragen müssen? Sind da Abnutzungserscheinungen ein Wunder? Und noch ein Punkt: Um von der Ferse aus zu gehen, was mit dem Begriff »Abrollen« gemeint ist, müssen sowohl die Kniestrecker als auch die Unterschenkelmuskeln, die den Fuß nach oben heben, benutzt werden. Beim Ballengang dagegen, wenn das Knie führt und der Fuß vom Gefühl her hängt, brauchen diese Muskelabschnitte nicht kontrahiert zu werden. Allein das spart viel Energie. Und zwar bei jedem Schritt!

Wer wirklich ökonomisch gehen will, kann noch auf weitere Dinge achten. Die Bewegung des Brustbeins beispielsweise, es schwingt mit, sowohl leicht nach links und rechts als auch leicht nach außen-oben und innen-unten gemäß der Regel »lang und kurz werden«. Spüren Sie außerdem das Eigengewicht des Beckens. Lassen Sie ganz los im Bauch. Gehen Sie aus dem Zwerchfell. Das mag jetzt seltsam klingen, doch wenn Sie die hier genannten Techniken eines natürlichen Gehens etablieren, wird es nach und nach alles Sinn ergeben. So kann man auch als fortgeschrittener Geher weiterhin achtsam gehen und immer mehr und weitere Bereiche ausfindig machen, an denen man, ohne es gemerkt zu haben, noch leicht festhält.

Beobachten Sie einmal am Strand oder im Park ein Vorschulkind beim Gehen. Alles, was wir zu guter Bewegung gesagt haben, ist sichtbar: Brustbein und Schultergürtel sind frei beweglich, die Arme schlenkern seitlich am Körper in der oben erklärten kontralateralen Bewegung. Die Hüften bewegen sich mit. Das Knie hebt sich mit jedem Schritt merklich über die Höhe seiner Ruheposition. Die Füße setzen so auf, wie der Untergrund es gerade verlangt, meist vorn oder mit der ganzen Fläche. Und das Spielerische, von dem ich immer wieder spreche, werden Sie auch sehen. Wenn der Fuß immer wieder mal scheinbar sinnlos in der Luft bleibt, die Zehen sich für einen Moment einrollen, vielleicht ein Hüpfer eingebaut wird. Da nimmt die Faszie sich ihre Freiheit. Davon können wir Erwachsenen viel lernen.

Geschichten aus der Praxis

Petra, Managerin, 64 Jahre

»Ich bin Joggerin, ich fahre viel Rad, ich bewege mich gern. Doch vor vier Jahren etwa spürte ich Schmerzen in der linken Hüfte. Es wurde schnell immer schlimmer. Und dann, von einem Tag auf den anderen, ging Sport nicht mehr. Nichts ging mehr. Ich kam ohne Festhalten am Geländer die Treppe nicht mehr hoch. Ich konnte keinen Strumpf anziehen, weil ich das Bein nicht mehr hoch genug heben konnte. Lange Strecken zu gehen, kam auch nicht mehr infrage.

Ich begann eine Odyssee von Arzt zu Arzt. Als ich bei einem MRT in die Röhre kriechen sollte, sagte ich der Ärztin, dass dies meine erste Untersuchung dieser Art sei. Das wollte sie kaum glauben. Ihr Urteil war klar: »Da ist überhaupt nichts mehr zu machen, das Gelenk muss ausgetauscht werden.« Ich holte mir eine zweite und eine dritte Meinung ein, auch die lauteten: »Sie brauchen ein neues Hüftgelenk.« Aber mir war die ganze Zeit klar: Ich will so etwas nicht. Das widerspricht meinem Selbstbild. Ich will es einfach nicht hinnehmen, dass etwas Künstliches in meinen Körper eingebaut werden soll. Es mag ja sein, dass viele den Körper wie eine Maschine sehen, und wenn etwas kaputt ist, wird es eben mechanisch repariert. Aber meine Sichtweise ist das nicht. Ich nenne das Drohmedizin, was ich bei den meisten Ärzten erfahren habe. Es müsse eben sein, wurde mir immer wieder gesagt. Das weckt meinen Trotz. Ich wollte keine OP und deshalb über Alternativen nachdenken.

Der Faszien-Orthopäde war bereit, etwas anderes auszuprobieren, mich nicht gleich unters Messer zu schicken – auch wenn er mir keine großen Hoffnungen machte. Er sagte, es sei unklar, ob für mich spürbare Funktionsverbesserungen lokal im Hüftgelenk erreicht werden können. Mein Gelenk ist nun einmal teilweise deformiert und es kann wohl nicht wieder voll und ganz funktionsfähig werden wie früher. Aber er versprach mir Hilfe, den Alltag zu bewältigen. Das ist auch gelungen. Ich lebe nach wie vor ohne künstliches Gelenk.

Diese Form der Therapie pflegt einen besonderen Blick auf den Körper. Er nimmt den ganzen Körper in den Blick. Es ist, als wenn der Arzt durch die Haut auf das Skelett schauen könnte. In der Behandlung fühlte es sich an, als würde der Körper neu ausgerichtet. Mein Körpergefühl hat sich verändert. In kleinen Schritten, aber ab dem ersten Termin. Da entsteht etwas Neues, ein anderer Ansatz, habe ich gedacht.

Dazu musste ich erst einmal lernen, meinen Körper wahrzunehmen. Fußstellung, Beckenstellung, Schulter, Kopf. Ich weiß heute, dass mir die Sensibilität für falsche Körperhaltungen fehlte. Da musste ich nachlernen. Heute erkenne ich es, wenn sich über den Tag so etwas einschleicht. Ich kann dann besser ins Lot zurückkommen. Früher habe ich immer nur das Negative gesehen, beziehungsweise gefühlt, nämlich die Schmerzen. Heute nehme ich auch wahr, wenn etwas gut und leicht ist im Körper. Und sollten sich Schmerzen einstellen, kann ich ihnen etwas entgegensetzen.

Denn ich empfinde auch heute noch Schmerzen, sobald ich mein Gelenk fordere. Ich kann aber damit deutlich besser umgehen. Als die Probleme anfingen, war mein Hüftgelenk regelrecht eingefroren. Heute kann ich es wieder bewegen. Ich fahre am Wochenende Fahrrad, ohne elektrische Unterstützung, auch bergauf.

Jede Sportart verursacht Spannungsschmerzen. Die strahlen dann bei mir ins Bein oder in Gesäß oder Rücken aus. Ich habe gelernt, das anzunehmen, und am Tag danach werde ich mit besserer Beweglichkeit belohnt.

Joggen kann ich immer noch nicht. Aber ich kann spazieren gehen, ich kann durch die Stadt bummeln. Treppensteigen ist Training und keine Belastung mehr. Nordic Walking gelingt mir auch, bis zu sieben Kilometern. Die meisten sehen es mir nicht an, dass ich ein Problem habe. Ich arbeite im Management einer Versicherung, von meiner Ausbildung her bin ich Ingenieurin. Ich bin für industrielle Anlagen zuständig, muss oft auf Exkursionen, um eine zu besichtigen. Das kann ich alles wieder leisten. Die Einschränkungen sind nicht weg, aber ich weiß damit umzugehen. Ich bekomme meinen Arbeitstag gut hin.

Ich glaube, wenn man so eine Behandlung früher beginnen würde, um aktiv das Gesundbleiben zu erhalten, könnte man sich viel ersparen. Ich sehe heute Menschen auf der Straße und denke, bei der schiefen Haltung werden die Schmerzen nicht lange auf sich warten lassen. Am liebsten würde ich sie zur faszienorthopädischen Behandlung schicken.«

Kapitel 7

Es ist ein Match! Welche Verbindungen uns guttun

Der Mensch ist ein soziales Wesen. In der Verbindung, im Kontakt mit anderen Menschen lernen wir, gewinnen wir Einsichten, entwickeln wir Fähigkeiten. Auch als Erwachsene. Die Beziehung zwischen Therapeuten und Patienten ist enorm wichtig. Ihre Zusammenarbeit entscheidet, wie erfolgreich die Behandlung wird. Ich bringe meine gesamte Persönlichkeit ein: als Facharzt, Sportler und Trainer, meine Intuition und Empathie als Mensch. So entsteht Vertrauen, so werden jene Kräfte aktiv, die die eigentliche Arbeit machen: die Selbstheilungskräfte.

In meiner Kindheit und Jugend habe ich fast jeden Tag Sport getrieben. Regelmäßig ging ich an meine Grenzen und nicht selten darüber hinaus. Ich war umgeben von Lehrern, Trainern, Ärzten und Physiotherapeuten, die mir sagten, was ich tun sollte, um noch fitter zu werden, wie ich mich bessern, meine Leistung noch weiter steigern könnte. Ich folgte ihrem Rat, doch beschlichen mich manchmal Zweifel, ob diese oder jene Übung wirklich Sinn ergab. Ich war 19, als ich beschloss, den Dingen auf den Grund zu gehen. Ich entschied, Sportwissenschaften zu studieren, ich wollte verstehen, wie Bewegung funktioniert. Wie lassen sich diese ungeheuer komplexen Vorgänge im Körper so in Gang setzen, dass man sich gut und locker fühlt und fast wie nebenbei Erfolge feiert? Was mir damals nicht klar war: Entscheidenden Anteil an meiner Kraft und Leistung, an Erfolg und Wohlbefinden haben die Menschen, die mich umgeben.

Beinahe wäre ich gescheitert, bevor es losging. Vor meinem Sportstudium stand eine praktische Eignungsprüfung an. Ich stellte mich ihr an der Humboldt-Universität in Berlin. Fußball, Basketball, Leichtathletik, Schwimmen – alles kein Problem, lief gut. Geräteturnen lief weniger gut. Turnen ist meine Achillesferse. Meine Hände waren schweißnass, ausgiebig bediente ich mich am Bottich mit Talkumpuder. Barren, Boden und der Sprung über ein Pferd klappten erstaunlich gut. Aber die Kippe am Reck – die haute mich raus.

Leipzig stand auf Platz zwei meines Wunschzettels. Die Uni hieß zu DDR-Zeiten »Deutsche Hochschule für Körperkultur«, war die höchste Instanz im ostdeutschen Sport, hier wurden Olympiakader trainiert. Auf dem Campus stehen mehrere Sporthallen im 50er-Jahre-Stil dicht an dicht, die Wege zwischen Studentenwohnheim, Schwimmbecken und Vorlesungssaal sind kurz, in der Mensa gibt es, stellte ich bei einem Besuch vorab fest, extra große Sportlerportionen. Das gefiel mir. Die Hürde zum Glück: Auch hier musste ich vorturnen.

Dieses Mal aber half mir jemand. Herr Leske war Anfang 60 und blickte mir freundlich in die Augen. Er war kleiner als ich, stand sehr aufrecht, hatte die typische Figur eines ehemaligen Spitzenturners. Bei der Prüfung verbreitete er eine wohltuende Ruhe und war mir auf Anhieb sympathisch. Gut, die Kippe am Reck war in Leipzig nicht gefordert, aber die anderen Übungen fielen mir bei ihm sehr viel leichter.

Anschließend begleitete er mich zwei Semester lang, bis zur Turn-Abschlussprüfung, die in Leipzig ein Event ist. Fast alle Studenten und etliche Lehrkräfte schauten sich den Spaß an. Herr Leske hatte die Aufgabe, Turnnieten wie mich dafür fit zu machen. Ganz langsam, Schritt für Schritt, führte er mich an die Geräte und die geforderten Übungen heran. Egal, wie oft ich am Barren einknickte, vom Reck rutschte, beim Handstandüberschlag auf den Rücken plumpste – er lächelte oder verkniff es sich, erklärte, was ich besser machen sollte, ermunterte mich, es noch mal zu versuchen. Er hatte Geduld. Und das tat mir sehr gut. Dieser Mann war in der Lage, sich in Menschen hineinzuversetzen, die sich tollpatschig anstellten, bei Übungen, die ihm selbst leichtfielen. Er hatte ein Herz für Menschen, die verabscheuten, was er liebte. Er hatte Empathie. Gepaart mit Können und Methodik brachte er mich und meine Kommilitonen dazu, Unglaubliches im Geräteturnen zu erreichen: Handstand-Überschlag über den Sprungtisch, Oberarmstütz am Barren und schließlich – Tusch – eine Kippe am Hochreck!

Frau Lachnitt, der klassische Manndecker und die Schmerzen im Internat

Jeder begegnet im Laufe seines Lebens Menschen, die seine Zukunft beeinflussen. Anfangs sind es die Eltern, später Erzieherinnen und Lehrer, Trainer und Chefinnen, Coaches, Ärztinnen und Therapeuten. Diese Menschen haben Macht. Wir begeben uns in Abhängigkeit zu ihnen, nicht immer freiwillig. Sie sind Vorbilder, wir bewundern sie, manchmal fürchten wir sie. Wir erhoffen uns ihre Hilfe und Unterstützung. Läuft es gut, bekommen wir diese. Läuft es schlecht, werden wir blockiert; auch können uns diese Menschen sehr wehtun. Ich habe beides erlebt.

Zu den positiven Erinnerungen gehört definitiv Herr Leske. Dank seiner zugewandten, souveränen Art konnte ich einen für mich sehr wichtigen Weg einschlagen. Im Nachhinein bin ich aber auch über schmerzhafte, enttäuschende Begegnungen froh. Auch die fließen in meine Arbeit ein, helfen mir, die Menschen in meiner

Praxis zu verstehen, mitzufühlen. Denn zwischen ihren Geschichten und meiner Entwicklung, stelle ich immer wieder erstaunt fest, gibt es etliche Parallelen.

Ich wuchs in einem Dachgeschoss in Sichtweite der Berliner Mauer auf, auf Ostberliner Seite. Die Kita war gleich gegenüber, ich mochte die Erzieherinnen, sie kümmerten sich. Ich spielte mit Freunden im Monbijou-Park an der Spree, spielte Fußball auf einem roten Schlackeplatz und verehrte die Lehrerin an der Grundschule zwei Ecken weiter; sie verbreitete gute Laune. Frau Lachnitt hieß sie – Lach*mit* wäre passender gewesen. Später schrieben wir uns Briefe. Die ersten sechs Jahre meiner Kindheit waren, würde ich sagen, gelungen. Dann kamen Wende und Wiedervereinigung. Meine Eltern beschlossen, einen Aufbruch in den »Westen« zu wagen, bekamen verlockende Arbeitsangebote aus der Oberpfalz und zogen mit mir und meiner Schwester nach Neumarkt. Von der Hauptstadt in die bayerische Kreisstadt. Plötzlich wurde ich gemobbt. Ich war der »Ossi«, der Zugezogene, der deppert berlinerte und Buchstaben deppert »falsch« schrieb, nämlich ohne die im Westen damals übliche Schreibschrift mit Schleifen und Schnörkel, sondern so, wie ich es in der ersten Klasse gelernt hatte. Die Lehrerin schnitt mich, übersah mich, wenn ich mich meldete, ich fühlte mich ungerecht behandelt. Ich fing an, Quatsch zu machen, flog regelmäßig raus und stand dann allein vor der Tür.

Der Erste, der mir half, war Hüseyin. Ein Klassenkamerad, einer der wenigen, die sich nicht über mich lustig machten. Hüseyin war Ringer, und die Geschmeidigkeit, mit der er sich bewegte, beeindruckte mich. Einmal begleitete ich ihn zum Training; seitdem ging ich immer wieder dorthin. Ich mochte die Atmosphäre, das Kämpferische und Körperliche. Das Zweite, was mich auffing, war der Fußball. Ich fing beim ASV Neumarkt an, trainierte täglich – im Verein, allein oder mit meinem Vater auf dem Bolzplatz. Bald bekam ich die Chance, zum 1. FC Nürnberg zu wechseln. Ich hätte Talent als Verteidiger, hieß es. Meine Mutter fand das zum Glück auch und fuhr mich zweimal die Woche ins 40 Kilometer entfernte Nürnberg zum Training und am Wochenende zu Auswärtsspielen; sie förderte mich, wo sie konnte. Zwischendurch radelte ich zweimal die Woche zum Ringen. Meine Trainer forderten viel, aber sie konnten auch motivieren. Ab der dritten Klasse klappte es auch mit den Lehrern wieder besser: Frau Pauli trat in mein Leben. Sie lobte meine Schrift. Auch das Lernen fiel mir leicht. Als ich aufs naturwissenschaftliche Gymnasium wechselte, wurde ich einer der Klassenbesten.

In diesen Jahren lief alles super. Ich genoss das Gefühl, wenn der Ringrichter meine Hand in die Höhe reckte. Ich errang Pokale, wurde bayerischer Vizemeister in Freistil und Griechisch-römisch. Beim Fußball war ich schnell und kopfballstark, reihenweise stellte ich Stürmer kalt. Ich war der klassische Manndecker.

Doch bald endete meine Glückssträhne. Auf eine Verletzung folgten persönliche Enttäuschungen – es drohte ein Absturz. Solche körperlichen und seelischen Aufs und Abs haben die meisten meiner Patienten erlebt. Keine Entwicklung verläuft geradlinig, am wenigsten die von Schmerz und Genesung. Viele Menschen suchen ihre Chance, Besserung, Erfolg, schöpfen Hoffnung, werden wieder enttäuscht. Und was uns seelisch erschüttert oder aufbaut, wirkt immer auch auf unseren Körper. Verändert Haltung und Struktur, kann Schmerzen verstärken oder abbauen.

Ich ging mit 15 Jahren auf das Sportinternat nach Jena. Ich hoffte, dort Schule und Fußball noch besser vereinbaren zu können. Ohne zeitaufwendige Wegstrecke und mit zusätzlichen Trainingseinheiten am Vormittag. Der Unterricht fiel mir leicht. Bei einigen Schülern galt ich jedoch als Streber. Und bald rutschte ich beim Fußball ab. In Jena waren Dribbler und Techniker gefragt, weniger klassische Verteidiger. Bei einem Kopfballsprung verletzte ich mich am Knie. Zunächst spielte ich mit Schmerzen weiter, doch es wurde schlimmer, schließlich wurde ich operiert. Ich lag in der Klinik und hoffte auf Besuch. Doch kein Mitschüler kam, nicht mal der Trainer. Anschließend trainierte ich wie ein Irrer, verbrachte Stunden im Kraftraum, rannte mit Gewichten Berge hoch. Mein Zimmergenosse und noch heutiger Freund Thomas Hurt übte mit mir Fußballtennis – das ist gut, um die Technik zu verfeinern. Oft spielten wir »Einer gegen einen« auf einem Street-Soccer-Platz. Doch vergebens. Der Trainer beim FC Carl Zeiss Jena hatte mich abgeschrieben. Ich fühlte mich ausgegrenzt, womöglich konnte er mich nicht leiden. Er ließ mich einen Sprint-Test machen, als mein Knie noch nicht genesen war. Ich schnitt schlecht ab und musste das Internat verlassen.

Doch noch gab ich den Fußball nicht auf. Wille und Trotz ließen mich kämpfen. Ich absolvierte bei Vereinen in verschiedenen Städten Probetrainings und erlebte das nächste Debakel. Bielefeld: Wieder lief es erst gut. Dem Trainer imponierte meine Selbstständigkeit, mit 17 Jahren besorgte ich mir selbst eine Unterkunft und meine Mahlzeiten, als Innenverteidiger spielte ich in einer Vierer-Kette, verständigte mich mit der Mannschaft, dirigierte die Abwehr. Der Verein bot mir 300 Mark im Monat und eine Wohnung. Zum ersten Mal Geld fürs Fußballspielen! Ein neuer Trainer wurde engagiert, und auch mit ihm kam ich zurecht. Ein Ex-Profi. Er war härter, verlangte mehr, aber das mochte ich. Ich gehörte zu den Stammspielern, sollte Führungsspieler werden und schöpfte Hoffnung: Sollte es doch noch was werden mit der Karriere?

Doch dann zog ich mir einen Bänderriss im Sprunggelenk zu. Ich fiel wochenlang aus, anschließend saß ich auf der Reservebank. Aber ich kämpfte mich zurück, der Trainer schenkte mit Vertrauen und stellte mich wieder auf. Nach meinem ersten Punktspiel wurde der Trainer jedoch entlassen. Ein dritter Trainer kam, und plötzlich war ich nichts mehr wert. Der Mann rollte die Augen, wenn ich spielte, machte abschätzige Gesten, bei Fehlpässen brüllte er: »Der kann nix.« Er gab mir keine ernsthafte Chance, hielt an seiner unmittelbar gefassten Meinung fest. Das war's, Ende Gelände, aus der Traum vom Profifußball.

Im Jahr darauf kam mir, vielleicht auch nach den mit meinen Trainern gemachten Erfahrungen, die Idee, Profi-Fußballtrainer zu werden. Ich erwarb die C-Lizenz des Deutschen Fußballbunds, später auch die A-Lizenz, und begann als Co-Trainer bei Wartburgstadt Eisenach. Hier hatte ich ein Aha-Erlebnis: Wenn ich mit den Sieben- bis Neunjährigen der F-Jugend über den Platz lief, wenn ich ihnen etwas erklärte und sie mir mit glühenden Wangen zuhörten, fühlte ich, dass es mir gelingt, an andere etwas weiterzugeben. Es erfüllte mich, wenn ich merkte, dass die Kinder profitierten. Zugleich spürte ich die Verantwortung und beschloss: Ich will fundiert unterrichten. Schlechte Trainer hatte ich genug erlebt, ich wollte kein Schwätzer sein. Ich wollte mir fußballspezifisches, trainingswissenschaftliches und pädagogisch-didaktisches Wissen aneignen. So wurde ich Sportwissenschaftler. Neben dem Studium in Leipzig machte ich als Trainer Karriere, wurde unter anderem Stützpunkttrainer des Deutschen Fußballbunds. Mit jungen Fußballern zu arbeiten, wie ich kurz zuvor noch selbst einer war, machte mir großen Spaß.

Diese Erfahrungen sind für mich heute Gold wert. Ich weiß, wie schön es ist, wenn einem ein Mensch beisteht, wenn man vereint ein Ziel erreicht. Ich weiß aber auch, wie es ist, wenn Wünsche nicht erfüllt und Erwartungen enttäuscht werden. Ich weiß, was Schmerzen sind, was langfristige Verletzungen anrichten, wie es ist, sauer auf den eigenen Körper zu sein, weil der nicht so funktioniert, wie der Kopf es sich ausmalt. Ich kenne Verzweiflung und Hilflosigkeit und die riesige Hoffnung, dass ein Arzt oder Physiotherapeut es wieder richten wird. Ich kenne das Gefühl von Ausgrenzung, wenn Schmerzen einen daran hindern, vorne mitzuspielen, mit dabei zu sein, die Leistung zu erbringen, die man eigentlich erbringen möchte.

Früher war ich abhängig vom Wohlwollen und Können anderer. Auch aus dieser Erfahrung heraus spüre ich die große Verantwortung, die ich als Arzt und Faszien-Spezialist habe, wenn sich mir Menschen, oft nach einem langen Leidensweg, anvertrauen. Körperlicher Schmerz ist ein Gefühl, das eine Vielzahl weiterer Gefühle auslöst. Im Inneren meiner Patientinnen und Patienten spielen sich oft Dramen ab, ein Sturm an Gefühlen. Viele haben Angst, für immer mit Schmerzen leben zu müssen. Oder ihre berufliche Existenz zu verlieren. Oder sich operieren lassen zu müssen. Sie machen sich Vorwürfe und fühlen sich oft hilflos. Die meisten leiden und hoffen, dass ich ihr Leiden beende. Aber auch Patienten ohne Schmerzen kommen zu mir. Sie möchten eine ursächliche Behandlung, Prävention von körperlichen Beschwerden oder eine Optimierung ihres Fasziennetzwerks in Statik und Dynamik für sportliche oder berufliche Leistungssteigerungen.

Ich arbeite nah mit Menschen, die sich oft in einer Krise befinden, schon deshalb ist das Verhältnis zwischen Patienten und Arzt für mich ein wichtiges Thema. Ich bin der festen Überzeugung, dass dieses Verhältnis eine entscheidende Rolle bei der Genesung spielt. Alles beeinflusst sich gegenseitig. Das Körperliche lässt sich nicht vom Seelischen trennen. So hat auch die Haltung des Arztes zur Patientin oder zum Patienten einen enormen Einfluss auf Erfolg oder Nichterfolg der Behandlung, besonders in der manuellen Therapie. Wie authentisch ein Arzt ist, wie sehr er das lebt, was er tut und sagt und rät, ist ebenso wichtig. Ein rauchender Kardiologe, ein verspannter Orthopäde können nicht zum Umdenken anregen. Und ein Therapeut, der am Körper des Patienten arbeitet, überträgt sogar ganz konkret seine Spannungen auf den Patienten. Je lockerer und geschmeidiger, je flexibler der Therapeut ist, umso erfolgreicher ist also die Behandlung.

Therapeutinnen und Therapeuten tragen große Verantwortung, jeder geht damit anders um. Ich habe mir einerseits reichlich Wissen angeeignet. Neben den Sportwissenschaften habe ich Medizin studiert und anschließend die Ausbildung zum Facharzt für Orthopädie und Unfallchirurgie absolviert. Ich wollte mein Bild vom Bewegungsapparat – Atmung, Stoffwechsel, Gelenke, Muskeln, Faszie – komplettieren und schärfen. Dieses schulmedizinische Wissen ist mir kostbar, und ich nutze es täglich. Aber es ist nicht alles. So wenig, wie meine Patienten ihre Schmerzen von Gefühlen wie Niedergeschlagenheit, Wut und Hoffnung auf Heilung trennen können, so wenig kann ich mein akademisches Wissen vom meiner Persönlichkeit abspalten. Erfahrung, Gefühl, Intuition arbeiten immer mit. Ärzte sind keine Roboter und sollten auch nicht versuchen, so zu wirken. Ich widme mich einem Patienten als Mensch. Und damit wären wir beim Placebo-Effekt. Beim scheinbar magischen Einfluss, den die Persönlichkeit des behandelnden Arztes auf die Genesung eines Patienten hat.

Warum Genesung Vertrauen braucht

Berühmt-berüchtigt, viel zitiert und bestaunt ist er, etwas Magisches unterstellt man ihm, doch auch wissenschaftlich ist er belegt: der Placebo-Effekt. Wir wissen heute aus zahlreichen Studien, dass er keine Einbildung ist. Der stoffliche Prozess, der mit ihm einhergeht, ist gut nachgewiesen. Er besteht aus einer physiologischen Wirkungskette, wie sie allen Emotionen zu eigen ist. Unsere Sinne nehmen etwas wahr, das Gehirn bewertet die Information und belegt sie mit Gefühlen wie Angst, Freude, Hoffnung.

Dabei flitzen elektrochemische Signale durch Nervenbahnen und befehlen die Produktion und Ausschüttung von Hormonen. Beim Placebo-Effekt sind es vor allem schmerzstillende Endorphine.

Vorfreude setzt diesen Mechanismus in Gang. Hegen wir Hoffnung, dass etwas Großartiges passieren wird, etwa, dass wir demnächst Arm oder Rücken wieder schmerzfrei und geschmeidig bewegen können, dann schüttet der Körper berauschende Opioide aus, Glückshormone aus dem hauseigenen Chemielabor. Dieser Vorgang begleitet jeden Heilungsprozess. Egal, ob wir außerdem Medikamente schlucken oder uns einer Operation unterziehen oder ein Physiotherapeut das Knie massiert. Der Placebo-Effekt mischt mit und fördert die Heilung. Wir sollten ihn nicht belächeln oder dulden. Wir sollten ihn uns zum Partner machen.

Wenn ich einer Patientin zuhöre, wenn sie mir erzählt, was sie stört und quält, und ich Fragen stelle und mitfühle und eine Idee äußere, dann erzeugen diese Reaktionen in ihr Gefühle. Die flitzen als Botenstoffe über Neuronen und Synapsen durch ihren Körper. Wenn sie sich verstanden und wohl fühlt, wird so auch der Placebo-Effekt aktiv. Ein Gespräch mit ihr reicht aber nicht. Der Placebo-Effekt entsteht durch Hoffnung auf Heilung. Soll der Effekt längere Zeit und nachhaltig wirken, braucht die Hoffnung Nahrung, Erfolgserlebnisse. Für diese sorge ich durch meine Arbeit am Körper, indem ich Bindegewebe umbaue, Stoffwechselprozesse in Gang setze, Verbindungen über Sehnen und Bänder mit Muskeln und Gelenken erneuere, der Faszie Schritt für Schritt ihre Geschmeidigkeit wiedergebe. Das spürt der Patient oder die Patientin und der Placebo-Effekt jubelt: Super, wir sind auf dem richtigen Weg, weiter so. Er und ich, wir arbeiten Hand in Hand.

Und da ist zudem noch eine dritte Partei: die Selbstheilungskräfte. Die betrachte ich ebenfalls als Freundin und als entscheidende

Basis. Denn heilen kann sich der Mensch nur selbst, der Körper findet die Lösung. Ich verstehe mich als Aktivator und Beschleuniger der Selbstheilungskräfte. Sie hängen eng mit dem Placebo-Effekt zusammen. Forscherinnen und Forscher haben herausgefunden, dass dieser die körpereigenen Selbstheilungskräfte aktiviert. Er kurbelt also nicht nur die Produktion von körpereigenen Schmerzmitteln an, sondern auch das Immunsystem. Die Frage ist: Warum tut er das und wann? Was veranlasst den Placebo-Effekt zu glauben, jetzt sei der richtige Zeitpunkt gekommen, eine Genesung einzuleiten? Darauf gibt es keine gesicherte Antwort, aber eine spannende Theorie.

Die Situation kennt jeder: Man schleppt eine Erkältung oder Grippe über Tage mit sich herum und ist froh, dass sie nicht ausbricht, denn man hat gerade wahnsinnig viel zu tun. Ist aber die Arbeit erledigt, schwindet der Stress und beginnt das Wochenende, schießt Hitze in den Kopf und kriecht Kälte in die Knochen und man selbst bald ins Bett. Als hätte das Fieber gewartet, bis man Zeit fürs Krankwerden hat. Womöglich ist das auch so.

Unsere Vorfahren konnten auf dem Weg zur Jagd nicht mal eben bei der Ärztin oder in der Apotheke vorbeischauen und sich unterwegs etwas einwerfen, sie mussten ihren Infekt mit körpereigenen Mitteln bekämpfen. Dieser Kampf, von Fieber begleitet, kostet jedoch viel Energie. Ein kränkelnder Mensch konnte sich diesen Abwehrkampf nur leisten, wenn er sonst nichts zu tun hatte. Und die Umgebung musste stimmen: ein wärmendes Feuer, genug Nahrung und Wasser und Menschen in der Nähe, die sich kümmern. Dann sieht der Körper Chancen auf eine erfolgreiche Infektbekämpfung und läutet mit dem Placebo-Effekt die Genesung ein.

Evolutionär betrachtet hat das angenehme Rauschgefühl, das die körpereigenen Opioide verströmen, die Funktion einer doppelten Belohnung: Der kränkelnde Mensch hat durchgehalten, bis er sich in Sicherheit der Höhle und in der Obhut wohlmeinender

Menschen weiß. Und indem er sich diesen Menschen vertrauensvoll hingibt, stärkt er die sozialen Bindungen. Dafür erhält er biochemische Geschenke: Schmerzlinderung und das Gefühl von Erleichterung.

Diesen Weg gehen auch die meisten meiner Patientinnen und Patienten. Lange kämpfen sie gegen ihr Leiden an, rücken Verspannungen, Verfilzungen der Faszie und chronischen Schmerzen mit allerlei Mitteln zu Leibe, beißen die Zähne zusammen, bis sie schließlich bei mir landen. In den meisten Fällen passiert dann der Höhleneffekt: Der Patient streckt die Waffen, er oder sie erlebt eine Art innere Kapitulation. Gleichzeitig wächst Vertrauen zwischen uns, macht sich Erleichterung breit. Psychische und körperliche Anspannungen beginnen sich zu lösen.

Die Aktivierung der Selbstheilungskräfte betrachte ich als Körperintelligenz. Sie zu nutzen ist ein wesentlicher Teil meiner Therapie. Ich gebe Impulse, entscheidende Impulse, klar, aber den Rest der Arbeit erledigt die Körperintelligenz des Patienten. Die ist meiner Intelligenz überlegen. Der Körper selbst weiß gut, wie er mit dem, was er hat – der faszialen Struktur –, sein bestmögliches Funktionieren erreicht. Diese Voraussetzungen kann ich bearbeiten, das Potenzial erhöhen – doch erkenne ich an (und nutze schamlos aus), dass der jeweilige Körper sein individuelles Ideal selbstständig baut. Für beide Seiten ist das praktisch. Ich kann mich auf das fokussieren, was ich wirklich beeinflussen kann, und der Patient muss nicht bis ans Ende seiner Tage zum Arzt rennen und womöglich hohe finanzielle Belastungen tragen. Ich gebe Anstöße zur Neuordnung der Faszie und zu einer veränderten Selbstwahrnehmung. Und der Patient hört auf, sich unnötig anzustrengen, lernt loszulassen, schenkt sich selbst mehr Zeit und Aufmerksamkeit und entwickelt ein psychisch-physisches Leichtigkeitsgefühl.

Dieser Prozess ist nicht originell. Eine wachsende Wellness-, Yoga- und Selbstoptimierungsindustrie verspricht ganz Ähnliches. Begriffe wie Achtsamkeit, Selfcare, positives Mindset sind in aller Munde, und das ist gut so. Was ich allerdings schade finde, ist, dass bei allem Gerede darüber die wenigstens Menschen begreifen, was damit wirklich gemeint ist. Ich glaube an die Beziehung zwischen Therapeut und Patientin beziehungsweise Patient, an die konkrete Arbeit, ein vertrauensvolles Wechselspiel, das allmählich zum gewünschten Körpergefühl führt. Auf diese Weise begreift und fühlt jeder Patient und jede Patientin, worum es geht. Den Prozess mit Worten zu erklären, ist schwieriger, es wird schnell abstrakt. Ich will es daher mit einem Beispiel versuchen, aus einem Bereich, in dem ich mich gut auskenne: Fußball. Genauer: Elfmeter.

Fußball ist die dramatische Verdichtung des Lebens, Elfmeterschießen ist die höchstmögliche Zuspitzung. Wenn wir nach Gründen suchen, warum wir uns dem Leben zuweilen nicht gewachsen fühlen und Körper und Geist auf seltsame Weise versagen – hier finden wir sie.

1994 steht Roberto Baggio im Rose Bowl Stadium bei Los Angeles am Elfmeterpunkt. Weltmeisterschaftsfinale Italien gegen Brasilien, nach 120 torlosen Minuten soll Elfmeterschießen das Spiel entscheiden. Es steht 3:2 in der Elfmeterbilanz für Brasilien, als Baggio sich den Ball zurechtlegt. Er muss treffen, um auszugleichen, sonst hat Italien verloren.

Zu dieser Zeit gilt Roberto Baggio als der beste Fußballer der Welt. Ein präziser Schütze, die allermeisten Elfmeter verwandelt er. Doch der Druck im Rose Bowl Stadium ist extrem: Die halbe Welt guckt zu, und in seiner Heimat ist Fußball mindestens so wichtig wie der Papst. Baggio nimmt Anlauf, einen ungewöhnlich langen Anlauf, und donnert den Ball meterweit über den Kasten. »Ich war erschöpft und habe es mit der Brechstange versucht«, erklärte er später. Ein paar Nummern kleiner kennen wir solche Situationen aus unserem eigenen Leben. Eine wichtige Aufgabe steht an, hoher Erwartungsdruck von außen, große Ansprüche an uns selbst, eine anstrengende Arbeitswoche hinter uns, doch dieses eine Ding, ganz wichtig, das muss jetzt unbedingt noch klappen. Tunnelblick, Kiefer angespannt, volle Kraft voraus und … autsch.

Kann man lernen, unter Druck locker, zielorientiert und erfolgreich zu sein? Der norwegische Sportpsychologe Geir Jordet hat über hundert Elfmeterschießen von Spitzenturnieren analysiert. Ergebnis: Wichtiger als technische Fähigkeiten sind mentale. Unter hohem Druck nützt auch Weltklassespielern die gefeierte Treffsicherheit wenig, wenn die Nerven versagen. Umgekehrt versenken selbst mittelmäßige Elfmeterschützen den Ball ziemlich sicher im Netz, wenn sie in der richtigen Stimmung sind. Und diese Stimmung, fand Jordet heraus, stellen die Spieler selbst her. Weil sie von Natur aus resilient oder unerschütterliche Frohnaturen sind oder weil sie mit Trainern und Psychotherapeuten oder allein an sich selbst gearbeitet haben. Wie auch immer, sie zeigen ein Verhalten, das sich auf so ziemlich alle Lebensbereiche übertragen lässt. Jordet hat es für uns freundlicherweise analysiert, strukturiert und daraus vier Empfehlungen abgeleitet, die uns in vielen Situationen helfen können: 1. Lass dir Zeit. 2. Atme tief durch und konzentrier dich auf dein Ziel. 3. Vertraue dir, deinem Können und deiner Routine. 4. Jubeln!

Den letzten Punkt finde ich besonders hübsch. Wenn nämlich der Spieler nach dem Treffer die Arme hochreißt, zu seinen Teamkollegen rennt und lautstark mit ihnen feiert, ist die Wahrscheinlichkeit hoch, dass der Nächste aus seinem Team ebenfalls trifft.

Jubeln steckt an, Freude verbreitet sich und entspannt. Es erzeugt eine optimistische Sicht auf die Welt, die oft zum Erfolg führt.

Jubel in der Praxis

Solch eine Stimmung lässt sich nicht auf Knopfdruck erzeugen. Sie bei meinen Patienten mal eben schnell herstellen zu wollen, wäre recht unrealistisch, wenn nicht gar zynisch – vielen ist der Optimismus, vom Jubel ganz zu schweigen, im Laufe ihrer Schmerzgeschichte vergangen. Aber der Grundgedanke ergibt Sinn. Freude ist ansteckend, besonders wenn Menschen dasselbe Ziel verfolgen, sei es der Sieg in einem Fußballspiel oder die Beseitigung von Schmerzen und die Wiedererlangung von körperlichem Wohlgefühl. Freude ist ein komplexes Gefühl, bei dem Botenstoffe durch den Körper strömen. Es kann einerseits kognitiv durch Worte (»Ich finde dich toll«; »Sie werden wieder ganz gesund«) oder eine Erkenntnis (Tor!!!) erzeugt werden. Und ebenso durch reines Fühlen, etwa bei physischen Empfindungen – wenn uns etwas schmeckt, ein geliebter Mensch uns umarmt, wir Sex haben oder uns Bewegungen sicher und mühelos gelingen, oder aber auch durch manuelle Therapie. Solche Gefühle, die unmittelbar durch einige unserer Abermillionen Sensoren im Körper ausgelöst werden, haben wiederum Auswirkung auf unsere Großhirnrinde: Wenn ich feststelle, dass mein Körper tolle Sachen machen kann, wenn ich beginne, ihm zu vertrauen, wächst mein Selbstbewusstsein, meine Achtsamkeit, meine Selbstsicherheit. Und die Freude am Leben.

Kopf und Körper lassen sich nicht trennen. Ebenso gilt: Gemeinsam bewegen Menschen mehr als allein. Und: Freude und Zuspruch motivieren. Diese Wahrheit belegt der Sport bei jedem Spiel und jedem Wettkampf aufs Neue, ich kenne sie besonders gut vom Fußball und kenne niemanden, der sie bezweifelt. Außerhalb des Sports aber scheint diese scheinbar banale Erkenntnis gar nicht mehr selbstverständlich. In Unternehmen, in der Politik, in der Medizin, ja sogar im Privaten, in Familien und in manchen Liebesbeziehungen wird quergeschossen, verletzt, ignoriert und gedemütigt. Das liegt sicher zum einen an einer komplexeren Interessenlage als der in einer Fußballmannschaft, zum anderen an den finsteren, destruktiven Anteilen in uns. Auf die will ich hier nicht näher eingehen, ich bin allerdings sicher, dass dysfunktionale, vergiftende Beziehungen – mit dem Lebenspartner, der Familie, Bekannten, Kollegen oder dem Chef – Stress erzeugen, der großen Anteil daran hat, dass sich Menschen schmerzerfüllt in meine Praxis schleppen.

Ich kann die Lebensumstände meiner Patienten nicht ändern, will ich auch gar nicht. Das können die Menschen nur selbst. Was ich aber kann, ist, sie wieder in die Lage zu versetzen, zu ändern, was ihnen nicht guttut. Das erinnert ein bisschen an Psychotherapie, und tatsächlich wirkt Faszientherapie stets auch auf die Psyche. Doch anders als ein Psychotherapeut, der Emotionen und die Sicht aufs Leben durch Gespräche bearbeitet, gehe ich den Weg über den Körper. Die Gefühle, die die Patientin durch meine Faszien-Orthopädie für ihren Körper entwickelt, und die verbesserte Wahrnehmung beeinflussen ihr Lebensgefühl insgesamt.

Ich strebe also etwas Ähnliches an wie Trainer im Spitzensport: Menschen mental und physisch aufzubauen. Ich behandle sowohl den Körper als auch die Sicht einer Patientin auf ihren Körper und damit ihre Haltung zur Welt. Wie ist ihr Körper in den schmerzhaften, verspannten Zustand gekommen? Welcher Druck, welche Ansprüche lasten auf ihm, haben ihn buchstäblich verbogen? Und: Wie lässt sich dieser Druck reduzieren? Solche Fragen treiben mich an, wobei ich nicht den Anspruch habe, sie erschöpfend zu beantworten. Aber sie helfen, der Ursache des Leidens näherzukommen, Lösungen zu entwickeln und sie anzubieten.

Anbieten bedeutet, der Patient entscheidet, ob er meine Vorschläge annimmt. Es ist Teamarbeit. Ob die funktioniert, zeigt sich oft schon im Erstgespräch oder während der ersten zwei, drei Termine. Ist der Patient bereit, mit mir und an sich zu arbeiten? Mir ist lieber, ein Mensch lässt sich das in Ruhe durch den Kopf gehen, lässt meine Fragen und das, was ich über den Behandlungsverlauf erzähle, sacken, als dass er leichtfertig Ja sagt. Denn ein Ja hat Konsequenzen. Ganzheitliche Arbeit kann einen aus der Fassung bringen. Sie stellt Vertrautes infrage. Bei mir saß mal im Erstgespräch ein Bodybuilder mit starken Rückenschmerzen. Ich sagte ihm, dass durch die manuelle Therapie seine Faszie an Länge und Geschmeidigkeit gewinnen würde. Es könne dann aber sein, dass seine Muskeln den Raum nutzen, weniger komprimiert werden und deshalb anschließend weniger hervorträten, die Berge sich also abflachen würden. Das wollte er auf keinen Fall, er war stolz auf seine Muskeln und kam nicht wieder. Für mich war und ist das okay. Es ist wichtig, dass Therapeut und Patient sich auf dasselbe Ziel einigen. Und auf den Weg dahin.

Das ist gar nicht so leicht, der Weg ist für viele neu. Der Mensch, der schon mehrere Behandlungen hinter sich hat, an seinen Schmerzen zu verzweifeln oder zu resignieren droht, kommt in meine Praxis, in der nicht mal ein Schreibtisch steht. Auch kein Computer. Er trifft auf einen Kerl, der sich Faszien-Orthopäde nennt. An den Wänden hängen keine Urkunden, die Aus- und Weiterbildungen belegen. Der Mann trägt keinen weißen Kittel, seine Hose sieht verdächtig bequem aus, tatsächlich, sie hat keinen Gürtel, und er trägt nicht mal Schuhe. Ich wähle meine Kleidung mit Bedacht, weil ich zum einen Komfort liebe, zum anderen eine Botschaft vermitteln möchte.

Ich habe Gürtel und Hosen mit unnachgiebigem Bund ausgemustert, weil ich erkannt habe, dass die Faszie Freiraum braucht, besonders im Bauch, wo so viele Organe in Bewegung sind, allein schon durch Atmung und Verdauung. Karl Lagerfeld soll mal gesagt haben, wer Jogginghosen trägt, habe die Kontrolle über sein Leben verloren. Für mich stellt sich die Situation umgekehrt dar. Ich würde als lebensbejahende Maßnahme am liebsten nur noch Jogginghosen tragen (aus Rücksicht auf meine Frau und soziale Gepflogenheiten tue ich es zu Hochzeiten und in schickeren Restaurants allerdings nicht). Aus ähnlichen Gründen arbeite ich am liebsten und ausschließlich barfuß. Wenn ich manuell behandle, muss ich den Boden spüren, ich verlagere mein Gewicht, lasse die Schwerkraft arbeiten, konzentriere meine Energie auf den Körper des Patienten.

In der Therapie entsteht Nähe. Die muss man erst mal zulassen können. Das ist gar nicht so einfach. Wenn ich zum Beispiel im Stand den Unterarm behandele, mit meinen Fingern vom Ellenbogen bis zum Handgelenk fahre, gehe ich mit einem Großteil meiner Energie dort hinein, ich lebe die Behandlung. Das ist ein Qualitätsanspruch. Halte ich hingegen mental oder körperlich irgendwo fest, bin also abgelenkt oder verspannt, kann ich kein Loslassen beim Patienten einleiten. Beides, die Behandlung wirklich zu *leben* und ein Loslassen bei der Patientin zu bewirken, kann ich nur, wenn ich eine gewisse Sympathie für sie habe. Auf der anderen Seite kann der Patient oder die Patientin das nur zulassen, wenn er oder sie mir vertraut.

Vom Jubeln hat der norwegische Sportpsychologe Geir Jordet gesprochen. Im Fußball mag es dazu öfter Gelegenheit geben als in der Faszien-Orthopädie, aber vielleicht ist es doch vergleichbar. Ein geschossenes Tor, ein verwandelter Elfmeter ist ein eindeutiger, messbarer Anlass zur Freude. In der Therapie gibt es viele Anlässe zur Freude, allerdings sind es kleine Schritte, manchmal

Phasen, und für den Patienten nicht immer gleich als Erfolg erkennbar. Für die gemeinsame Arbeit an der Faszie, das Teamwork in der Praxis, mögen darum die ersten drei Empfehlungen von Geir Jordet – leicht abgewandelt – helfen:

1. Lass dir Zeit.
2. Atme tief durch und konzentriere dich auf deinen Körper.
3. Vertraue dir und der Therapie.

Geschichten aus der Praxis

Andrea, Büroangestellte, 42 Jahre

»Während meiner ersten Schwangerschaft fing es an. Da bekam ich plötzlich das Gefühl, ich stehe nicht mehr richtig, sondern bin irgendwie schief. Mein Körper fühlte sich außerdem an, als sei mir ein fester Metallgürtel umgelegt worden. Es war, als wäre ich eingezwängt. Ich hatte zwar keine Schmerzen, aber der untere Rücken wirkte unbeweglich, durchgelegen, steif. Und zwar dauerhaft.

Ich habe mich vorher immer als sportlich und tatkräftig wahrgenommen, habe früher Tennis gespielt und bin gelaufen. Wenn es ein Problem gibt, packe ich es an – in allen Lebensbereichen. Auch jetzt wollte ich mir selbst helfen. Zuerst habe ich es mit Dehnübungen versucht. Das half nichts. Dann fiel mir ein Zettel mit Übungen in die Hände, den mir vor Jahren mal ein Physiotherapeut geschrieben hatte. Auch das bescherte mir keine nachhaltige Veränderung. Erst einige Besuche bei einer Osteopathin brachten eine gewisse Linderung. Mein Körpergefühl wurde besser, mein Sohn kam zur Welt, und als das Baby dann etwa anderthalb war, hatte ich wirklich das Gefühl, alles sei wieder im Lot.

Doch bei der zweiten Schwangerschaft kamen die Probleme wieder. Sogar schlimmer. Morgens nach dem Aufstehen fühlte ich mich ganz steif, musste erst einmal langsam alle Gelenke bewegen, alle Knochen sozusagen sortieren, in Gang kommen. Ich war Mitte 30 und fühlte mich alt. Damit wollte ich mich nicht abfinden.

Schon in der ersten Sitzung sagte mir der Faszien-Orthopäde: »Ich kann zielgerichtet auf den Beschwerdeherd hin behandeln. Oder ich kann den Körper ganzheitlich betrachten. Damit wir das ganze System anschauen und nicht Gefahr laufen, dass sich das Problem an einer anderen Stelle manifestiert.« Letzteres war auch der Weg, den er bevorzugt und offensichtlich fast nur noch praktiziert. Und das schien auch mir sinnvoll. Ich habe zwar BWL studiert, übe eine Bürotätigkeit aus, Medizin ist wahrlich nicht mein Bereich. Aber ich habe ein ähnliches Bild vom Menschen, ich finde: Der Körper ist doch ein Ganzes, nicht nur die Summe seiner Teile!

Mein Beruf wird, wie viele andere auch, im Wesentlichen sitzend ausgeübt. Heute fühle ich mich sensibilisiert für so etwas, heute fällt mir auf: Unsere Welt ist durch Sitzen geprägt. Es ist ganz generell eine körperfeindliche Welt. Ich meine damit nicht nur das stundenlange Sitzen, heute stört es mich auch, wie man sich einschnürt. Das gilt schon für normale Kleidung. Gürtel, Schuhe, alles engt ein, schränkt ein. Die Beweglichkeit, die ich von Natur aus mitbringe, kann ich so kaum ausleben. Überall ignoriert unser Leben den natürlichen Freiheits- und Bewegungsdrang.

Darauf mehr zu achten habe ich in der Therapie gelernt: Die Bewegungen wieder zu entdecken, wie der Körper sie eigentlich machen möchte, sie wie die Kinder ausführen, das ist mein Ziel. Bei meinen eigenen Kindern sehe ich, wie sie zum Beispiel ihre Füße aufsetzen, wie sie sich geschmeidig hinhocken, wie sie immerzu in Bewegung sind. Eben noch nicht eingeschränkt und eingeschnürt. Andererseits tut es mir richtig weh, wenn ich sehe, wie früh die Einschränkungen beginnen. Mein großer Sohn ist noch ein Vorschulkind, aber er hat sich Schuhe einer der großen berühmten Sportmarken gewünscht. Als er sie dann eine Zeit lang trug, entdeckte ich ein Hühnerauge an seinen kleinen Füßchen. Das hat mich schockiert.

Mein erster Behandlungstermin bestand aus sehr viel Gespräch. Das war mir neu. Sport und selbst Physiotherapie hatten meiner Erfahrung nach nicht viel damit zu tun, dass mir jemand aufmerksam zuhört und sich Zeit nimmt. Und dann die Behandlung. Der therapierende Arzt legt die Hände auf bestimmte Punkte meines Körpers bzw. auf bestimmte Körperbereiche, er zieht, drückt, schiebt oder gleitet. Er ist sozusagen wie eine menschliche Faszienrolle, nur dass er zusätzlich wirklich Länge im Fasziennetzwerk schafft. Er kann ja mit seinen Handbewegungen mehr tun als eine Rolle – etwa auch Bereiche längen, in den Gelenken mehr Raum geben, ein besseres Gleiten erzeugen. Ich bewege mich zum Teil ein bisschen mit, aber es ist nicht anstrengend. Und es gibt nach jedem Termin eine Anregung für das Bewegen im Alltag. Ich glaube, diese Art von Therapie gibt viele Anstöße, damit bei einem selbst etwas passiert. Man muss allerdings auch etwas dafür tun.

Ich habe zum Beispiel verstanden, wie hohe Schuhe mich aus dem Gleichgewicht bringen. Sie heben den Fuß hinten hoch und der ganze Körper verschiebt sich dadurch. Er wird schräg, ich muss mich immer minimal nach hinten lehnen, um im Gleichgewicht zu bleiben. Es gibt auch bei jedem Termin kleine Hausaufgaben, Dinge, auf die man im Alltag achten kann, um sich selbst bewusster wahrzunehmen. Etwa beim Stehen bewusst fühlen, wie beide Füße geradestehen und die Knie ein klein wenig gebeugt sind, nicht ganz durchgedrückt. Sobald ich richtig loslasse und ich somit mit meinem Körper in einer leichten Zickzack-Linie bin, fühlt sich mein Rücken bis in die Schultern hinauf entspannter an. Ich entdecke meinen Körper neu. In guten Momenten empfinde ich eine Mühelosigkeit in meinen Bewegungen. Mir gelingt das noch nicht immer, aber doch immer öfter. Ich bin also noch nicht hundert Prozent im Lot, fühle mich aber ganz anders als vor einem Jahr. Ich bin deutlich weniger verspannt, richte mich anders auf, fühle mehr Energie. Ich jogge jetzt wieder, und irgendwann werde ich einen Halbmarathon laufen.

Wir tragen heute Barfußschuhe, meine ganze Familie. In herkömmlichem Schuhwerk werden die Zehen so zusammengedrückt, das könnte ich gar nicht mehr ertragen, ich will mich frei fühlen. Das war nicht immer so. Ich habe in meiner früheren beruflichen Tätigkeit Hosenanzüge getragen, enge Kostüme. »Der Bauch muss flach sein« – das ist das gesellschaftliche Ideal. Durch die Behandlung ist mir auch klar geworden, wie unnatürlich das tradierte Schönheitsideal eines komplett flachen Bauches ist. Mein Körper fühlt sich heute natürlicher, freier und unabhängiger an. Ich bin auf einem sehr guten Weg und freue mich auf die Zukunft.«

Schlusswort

Lust auf Loslassen?

Schon erstaunlich: Wir machen uns viele Gedanken über Ästhetik, Wirtschaftlichkeit, Nachhaltigkeit und Funktionsweise von Dingen. Aber beim eigenen Körper scheint uns das alles nicht zu interessieren. Wir achten auf Statik oder Energieeffizienz unserer Häuser, nicht aber auf die unserer ureigenen, natürlichen Behausung. Dies zu ändern ist die Leitidee der Faszien-Orthopädie: den Körper von Schmerzen und unnötiger Anstrengung zu befreien. In diesem Kapitel geht es um die Techniken, die Sie nicht nur konkret anwenden können, um ein Leben lang schmerzfrei und geschmeidig zu bleiben, sondern auch um Ängste zu lösen und Anmut zu erlangen. Die Erkenntnis, dass unsere von vielen Nerven durchzogene, uns stützende Faszie eine Tür zur Seele ist, sollte unser Bild vom orthopädischen Heilen verändern.

Seine ersten Schritte sind etwas steif und zögerlich. Aber die Scheu verfliegt schnell. Während ich möglichst unauffällig in einer Ecke meiner Praxis hocke, tut der Mensch, worum ich gebeten habe: Er spaziert umher, als sei ich gar nicht da. Und verfällt unwillkürlich in eine Gangart, die er sich über Jahre und Jahrzehnte angeeignet hat. Ausdruck jener unverwechselbaren, individuellen Bewegungsmuster, die jeder und jedem Erwachsenen zu eigen sind, die uns, wie der Volksmund so treffend sagt, in Fleisch und Blut und Mark und Bein übergegangen sind. Ich bitte den Menschen, stehen zu bleiben, ein paar Schritte rückwärtszugehen, sich mit beiden Seiten, dann mit dem Rücken zu mir zu drehen. Zeit für einen ersten Befund, die Gang- und Statik-Analyse.

Ich sage dabei Dinge, die oft irritieren. Etwa: »Ihr linker Arm schwingt beim Gehen weniger als Ihr rechter.« Oder: »Sie drehen den rechten Fuß und das rechte Knie tendenziell nach außen.« Oder ich bemerke: »Sie halten den Schultergürtel fest und bewegen Ihre Hüften zu wenig.« Das irritiert, auch weil die meisten Menschen nicht gewohnt sind, über ihren Körper zu sprechen. Seltsam eigentlich, dreht sich in unserer Gesellschaft doch fast alles um den Körper – beim Thema Partnerwahl, Schönheit und Sex, Sport und Fitness, Tattoos und Mode, Gesundheit und Gebrechen. In Spielfilmen, auf Plakaten, in Streaming-Serien, auf Social Media. Jugendliche stellen sich auf TikTok und Instagram in Posen zur Schau, die sie bei Star-Influencern abgeguckt haben, 60-Jährige ackern im Fitness-Studio, um auszusehen wie ein Superheld aus dem Marvel-Kosmos, 40-Jährige erwägen Brustvergrößerungen, um ihre Chancen auf dem Beziehungsmarkt zu steigern. Ständig beschäftigen wir uns mit unserem Körper, allerdings: Das Ideal ist immer jemand anders. Und weil wir im tiefsten Innern wissen, dass das nicht gelingen kann, reagieren wir auf Bemerkungen über unser Äußeres oft empfindlich.

Die meisten Bemühungen um die Optimierung des Körpers gründen auf eine tiefe Unzufriedenheit mit sich selbst. Selbstzweifel als Antrieb zur Verschlimmbesserung – kann eigentlich nicht gutgehen. Aber die Verlockung ist groß. Der Verstand mag einem Menschen sagen, du wirst nie aussehen wie jene, die Marketing-Spezialisten für eine Werbekampagne ausgesucht, hochbezahlte Fotografen in ideales Licht getaucht und pfiffige Grafiker am Ende noch gephotoshoppt haben. Fitness-Besessene wissen im Prinzip, dass sie nie jene Muskellandschaft erreichen werden, die Illustratoren nach dem Vorbild griechischer Statuen konturenreich entwickelt haben. Doch Wissen ist das eine, Hoffnungen und Wünsche sind etwas anderes. Die Sehnsucht, etwas anderes darzustellen, als man ist, ist menschlich, hat aber auch eine tragische Note. Der Versuch, einem Traumbild hinterherzujagen, hat etwas Selbstzerstörerisches. Bei manchen Patienten denke ich, dass ihre Schmerzen nicht zuletzt von dieser Flucht vor sich selbst herrühren.

Als Faszien-Therapeut arbeite ich mit dem, was ein Mensch mitbringt. Und das ist immer genug.

Jeder und jede ist anders gebaut, die Statur ist nie symmetrisch. Viele Menschen haben eine seitliche Verkrümmung der Wirbelsäule oder eine Beckenschiefstellung oder Senkspreizfüße, das gehört zum Leben und zur menschlichen Vielfalt dazu. Meine Arbeit orientiert sich an keiner äußerlichen Norm. Ich bespreche mit Patienten, was sie oder er sich wünscht und welche Ziele ich für realistisch halte. Das sind fast immer Schmerzfreiheit und eine aufrechte, geschmeidige Beweglichkeit. Mein Mittel: Ich versetze die Struktur des Körpers in einen natürlichen Zustand. Der Beitrag des Patienten: loslassen.

Die Therapie beginnt mit einer wohlwollenden, sachlichen Bestandsaufnahme. Ich bitte den Patienten, sich vor dem Spiegel bequem hinzustellen. Gemeinsam schauen wir uns das Bild an. Zu sehen könnte zum Beispiel sein, dass eine Schulter ein paar Millimeter höher ragt als die andere. Der rechte Fuß ein paar Zentimeter weiter vorsteht als der linke. Oder dass der Kopf nach vorn geneigt ist, das Brustbein eingefallen und die Hüfte vorgeschoben. Vorgeschobene Hüften sind weitverbreitet.

Bei vielen Dingen um uns herum ist uns wichtig, dass sie passen, lange halten, wirtschaftlich sind und möglichst auch gut aussehen. Sei es eine Hose, ein Garten, ein Haus oder ein Auto. Beim eigenen Körper sind wir nachlässiger. Dass ein Turm aus Bauklötzen, die nachlässig aufeinandergestellt sind, nicht besonders hoch werden kann, leuchtet jedem ein; ebenso, dass ein Haus, dessen Statik nicht stimmt, bald bröckeln und einstürzen, Ärger und viel neue Arbeit verursachen wird. Beim menschlichen Körper scheint uns eine nachhaltige, energiesparende Statik wenig zu interessieren. Ein Mensch, der mit Schmerzen an Rücken, Nacken oder Bein zum Arzt geht, gibt sich meist damit zufrieden, dass an Symptomen herumgedoktert wird. Da wird gespritzt, der Aufbau von Muskeln empfohlen oder gar operiert. Das ist, als würde man in dem schiefen, statisch unzulänglichen Haus bloß eine Etage renovieren und die Küchenzeile erneuern; oder als glaubte man, mit Bauklötzen aus besonders hartem Holz könnte ein krummer Turm nicht umstürzen.

Der Bauplan, nach dem ich mich richte, ist der Bauplan der Natur. Die Evolution hat ihn entwickelt, als es noch keine Schreibtische gab, über die wir uns krumm machen mussten, keine Autos, die uns das Laufen abgewöhnen konnten. Er folgt dem Konzept, die Erdanziehungskraft nicht als Gegnerin zu betrachten, gegen die wir uns stemmen müssen, sondern als Freundin, die uns hilft, mit wenig Energieaufwand in der Balance zu bleiben. Das Wissen davon ist in vielen Kulturen im Laufe der Zivilisation verloren gegangen. Was nicht bedeutet, dass wir ihn gänzlich vergessen haben. Er wurde längst, vor über hundert Jahren, wiederentdeckt: von Leuten wie dem australischen Bühnenschauspieler Frederick Matthias Alexander oder Andrew Taylor Still, dem Erfinder der Osteopathie. Später haben Ida Rolf und Moshé Feldenkrais den Plan weiterentwickelt, erfolgreich angewandt und in vielen Ländern verbreitet. Dennoch kennen ihn nur wenige. Obwohl viele Menschen nach einem gesunden, erfüllten und entspannten Leben streben, sich Leichtigkeit und Balance wünschen. Achtsamkeit, Selbstsorge, Gelassenheit und Loslassen sind Gebote der Stunde – Tausende Lebensratgeber sind voll davon. Und es stimmt ja auch: Nichts ist schöner, als sich frei und entspannt zu fühlen, eins mit sich und der Welt. Aber warum interessieren wir uns dann so wenig für die Struktur des Körpers? Warum fällt uns das Naheliegende, das Offensichtliche nicht auf – zumindest nicht bei uns selbst?

Mut zur Selbstreflexion

Ich kenne viele Eltern, die sich Sorgen machen um die Gesundheit ihrer Kinder. Sie fürchten, die Kleinen könnten Plattfüße, krumme Beine oder gar einen Buckel bekommen, berichten von Verspannungen und Knoten im Nacken ihrer 13- oder 14-jährigen Söhne und Töchter. Ich sehe mir die Eltern an und wundere mich nicht. Tiere, vor allem höhere Säugetiere, lernen durch Imitation. Wenn Eltern sich krumm halten und bewegen, machen ihre Kinder es nach. Verhaltens- und Bewegungsmuster entwickeln sich sehr früh und prägen uns ein Leben lang, wenn wir nicht gegensteuern. Sie prägen uns durch häufig genutzte Nervenbahnen. Der Körper ist ein gelehriger Diener. Wenn das kindliche Gehirn mehr oder weniger unbewusst beschließt, nach dem Vorbild von Mutti den Kopf hängen zu lassen oder wie Papi mit dem Bauch voranzulaufen, dann baut sich das komplette Bewegungsnetzwerk des Kindes, die Faszie, eilfertig um, um diese Haltung zu ermöglichen – auch wenn die sich auf lange Sicht als Fehlhaltung erweist, die Schmerzen erzeugen wird. Deshalb würden Eltern ihren Kindern am besten helfen, wenn sie ihre eigene Haltung, ihre eigenen Bewegungen hinterfragen und gegebenenfalls ändern würden.

Zurück zur Frage, warum wir am Offensichtlichen vorbeischauen. Ich habe zwei Theorien. A: Ähnlich wie bei den Körperidealen blenden uns verlockende Lösungen – die schnelle Operation, der coole Fitness-Club mit attraktiven Menschen, die schmerzstillende Spritze. B: Uns ist eine tiefsitzende Abneigung, umzulernen, uns vom Vertrauten zu lösen, uns selbst zu ändern, in die evolutionäre Wiege gelegt worden. Das ist verständlich, denn Umlernen erfordert Energie. Und im Umlernen liegt das Eingeständnis, etwas lange Zeit nicht richtig gemacht zu haben. Das schmerzt und lässt viele intuitiv zurückschrecken. Doch vergegenwärtigen Sie sich bitte Folgendes: Ihr derzeitiger Ist-Zustand ist die Folge Ihrer Denkweisen, Handlungen und Bewegungsabläufe der Vergangenheit. Wenn Sie unzufrieden mit Ihrem Ist-Zustand sind und Verbesserungen möchten – glauben Sie wirklich, dass diese Veränderung schlagartig und ohne Ihr Zutun erfolgen kann? Wenn Sie aber so weitermachen wie bisher, wie soll sich dann etwas ändern? Das Gute ist: Sie haben es selbst in der Hand. Sie können vieles ändern. Sie müssen es aber wirklich wollen.

Um mit Lebensgewohnheiten zu brechen, braucht es Selbstreflexion, Mut und einen inneren Ruck. Der wird eigentlich immer belohnt – auch wenn es sich zunächst anders anfühlt als erwartet.

Wie ich den Körper behandle

Stehe ich mit einem Patienten oder einer Patientin vor dem Spiegel und er oder sie schiebt auf meine Bitte sein oder ihr Becken so weit nach hinten, dass die Beine im Lot stehen, sagt er oder sie oft verwundert: »Aber jetzt strecke ich doch den Hintern total weit raus!« Die ungewohnte Haltung erzeugt diesen subjektiven, verzerrten Eindruck. Von außen betrachtet ist alles im Lot. Der Bauch erregt zuweilen Diskussionen, wenn ich erläutere, dass es normal ist, wenn er sich im entspannten Zustand etwas vorwölbt. Das empört einige, bemühen sie sich doch seit Jahr und Tag, mit einem flachen Bauch herumzulaufen. Ob ich etwa wolle, dass sie dick aussehen, fragen sie. Nein, will ich nicht, im Gegenteil: Wer den Bauch entspannt und zugleich den Oberkörper aufrichtet, als würde ein Ballon im Brustkorb ihn nach oben ziehen, wirkt schlanker – trotz gewölbtem Bauch. Wenn wir das Üben, lächeln manche verlegen: »Soll ich meine Brust wirklich so präsentieren? Sieht das nicht ein bisschen aufgeblasen aus?« Männer kommen sich zuweilen vor wie Machos. Aber es sieht weder angeberisch noch machomäßig aus, sondern gesund. Was bei den Menschen in solchen Momenten passiert, ist eine tiefgreifende Wandlung. Sie, die anfangs schmerzerfüllt in die Praxis fast gekrochen sind, machen sich nicht länger klein. Sie beanspruchen Raum, wirken präsent.

Das geht natürlich nicht von heute auf morgen. Und es braucht die Kombination mit der manuellen Heilbehandlung. Mit Daumen, Fäusten, Unterarmen und Ellenbogen bearbeite ich die Faszie, um ihre ursprüngliche Länge und Geschmeidigkeit wiederherzustellen. Das geht teilweise überraschend schnell. Da ist zum Beispiel der Patient, dessen rechtes Bein weiter nach außen gedreht ist als das linke. Bei der orthopädischen Untersuchung stelle ich fest, dass das Bein etwa kürzer ist, die Länge der Knochen aber ausreichend und das Hüftgelenk in Ordnung. Ich beginne mit dem Oberkörper. Der Patient liegt rücklings auf der Liege und streckt seinen linken Arm locker zu Seite aus. Ich halte diesen mit meiner linken Hand fest und bewege den Arm unregelmäßig auf und ab. Gleichzeitig gleite ich mit meiner rechten Hand ganz langsam über seine linke obere Brust, über den Schulter-/Achselbereich sowie über den körpernahen Oberarm. Nach einigen weiteren Griffen entspannt sich der Schultergürtel und sinkt Richtung Liege. Ich drücke die Finger meiner Hände in die Hüftbeuge, während der Patient sein Bein angewinkelt mit dem Knie nach außen auf der Liege ablegt. Nun bewege ich meine Hände in entgegengesetzte Richtungen, während der Patient sein Knie über die Außenposition abwechselnd nach oben und nach unten bewegt.

Das mache ich meistens auf beiden Seiten, die Pobacken senken sich. Noch ein paar weitere Techniken und der Bereich der Faszie rund ums Hüftgelenk hat sich ebenfalls entspannt. Die Füße ragen ein Stück über den Liegenrand hinaus, so ist deutlich zu sehen, dass sie nun, anders als vorher, gleichweit hervorragen, die Beine also gleichlang geworden sind. Auch dreht sich die rechte Fußspitze nicht mehr weiter auswärts als die linke. Solche Entwicklungen sehe ich besonders deutlich, wenn ich den Patienten zwischendurch immer mal wieder aufstehen lasse. Ich erkenne, was meine Behandlungstechnik im Gesamtkörper bewirkt hat, wo eine »Öffnung« erfolgte und wo ich die Faszie als Nächstes bearbeiten sollte.

Solche schnellen Veränderungen faszinieren mich jedes Mal aufs Neue und machen mir klar, wie sensibel und zugleich flexibel die Faszie ist. Sie ist mit Hunderttausenden freien Nervenendigungen und druckempfindlichen Rezeptoren bestückt. Wenn ich ziehe, schiebe, drücke, senden sie Signale ans autonome Nervensystem, das als Antwort schmerzdämpfende und stressabbauende Botenstoffe ausschüttet. Diese Botenstoffe veranlassen Zellen in der Faszie, sich zu weiten. Dadurch ordnet sich das gitterartige Netzwerk der Kollagenfasern neu, entspannt sich und wird länger. Allgemeiner ausgedrückt: Die Körperintelligenz nutzt ihre Möglichkeiten und optimiert die Körperstatik.

Gleichzeitig bringen meine knetenden Arme und Hände den Stoffwechsel in Schwung. Alte Gewebeflüssigkeit mit Endprodukten, abgestorbenen Zellen, Mikroorganismen und Fremdkörpern schiebe ich aus der Faszie, die sich daraufhin wie ein Schwamm mit frischer Flüssigkeit, gewissermaßen neuem Schmierstoff, füllt. So entsteht neben Länge auch Geschmeidigkeit. Körperform und Körperfunktion beeinflussen sich gegenseitig.

Eine neue Idee von Statik

Eine Therapie, die auf diese Weise den gesamten Körper über einen längeren Zeitraum bearbeitet, ist in ihrer Wirkung kaum zu überschätzen. Das dreidimensionale Kontinuum der Faszie, mit ihren Millionen Längs-, Quer- und Schrägverbindungen und Verästelungen, von den Knochenhäuten über Gelenkkapseln und Sehnen, Organbeuteln und Muskelfaserhüllen bis hin zur mächtigen Thoracolumbalis am Rücken und der Plantarfaszie am Fuß, wird mit neuem Leben gefüllt. Um sich dieses Netzwerk in seiner Geschmeidigkeit vorzustellen, wurden schon verschiedene Bilder bemüht. Eine Nylonstrumpfhose etwa oder der eng anliegende Anzug des Superhelden Spiderman. Würde man an einem Zipfel ziehen, würden sich Fasern im Umkreis dehnen und der neuen Situation anpassen. Die Faszie besteht allerdings aus vielen übereinander liegenden Anzügen, die untereinander wiederum an unzähligen Stellen verbunden sind. Diese Dreidimensionalität veranschaulicht ein Modell aus der Architektur. Tensegrity heißt es, zusammengesetzt aus englisch »tension« für Spannung und »integrity« für Ganzheit, Zusammenhalt. Das Modell ähnelt einem wabenförmigen Gebilde, allerdings ohne Wände. Dargestellt ist vielmehr die innere Statik, das Gerüst, und das besteht aus vielen Stäben, kreuz und quer, über- und untereinander angeordnet, verbunden durch flexible Bänder. Bänder und Stäbe halten, ziehen und stützen sich gegenseitig. So in etwa kann man sich das Zusammenspiel von Knochen, Gelenken und Faszie vorstellen.

Die Idee, dass Körpermasse und Kräfte, die auf diese einwirken, von einer Tensegrity-Statik aufgefangen werden, ist ziemlich neu und revolutionär. Vorherrschend war lange die Ansicht, dass die Knochen das Körpergewicht tragen, vor allem die »arme« Wirbelsäule mit ihren stark belasteten Bandscheiben. Unsere biologisch-organische Tensegrity-Statik ist jedoch in der Lage, unser Gewicht über viele Umleitungen und Querverbindungen auf Punkte im ganzen Körper zu verteilen. Der Unterschied ist etwa so wie der Wandel in der Konstruktion von Campingzelten. Früher lastete auf zwei senkrechten Stangen das gesamte Zelt, heute werden flexible Stäbe durch Außen- und Innenhaut gezogen, gebogen und zu einer Kuppel aufgestellt. Die Wirbelsäule ist keine altmodische Zeltstange, die alles trägt, sondern ihre Wirbel sind über Hunderte kleine und große Bänder untereinander ebenso wie mit benachbarten Rippen, Schultern, Muskeln und starken Sehnenplatten verspannt.

Welche Wechselwirkungen dadurch entstehen, lässt sich mit einem kleinen Beispiel illustrieren. Der Patientin, der ich sagte, ihr linker Arm würde beim Laufen weniger schwingen als der rechte, machte anschließend regelmäßig Spaziergänge, bei denen sie auf ihre schwingenden Arme achtete. Gemäß dem Leitsatz »Das Brustbein führt« bewegte sie ihr Brustbein zunehmend richtig, und ihr nun entspannter Nacken-Schulter-Bereich gab den Armen genug Spielraum, damit sie an den Körperseiten harmonisch pendeln konnten. Das Becken schob sie zurück, den Oberkörper richtete sie auf, ihr Bauch blieb lang. Früher, erzählte sie mir beim darauffolgenden Behandlungstermin, zwickte ihr nach längeren Spaziergängen die Schulter, kribbelte ein Arm und wurde sie insgesamt müde. Jetzt aber blieb sie frisch und lief weiter als sonst. In der linken Flanke spürte sie zunächst eine Zugspannung, verursacht durch den linken Arm, der nun weiter schwang als früher, dann eine Art Muskelkater und schließlich Befreiung. »Spazieren fühlt sich jetzt viel leichter und beschwingter an«, sagt sie.

Diese Frau hat begonnen loszulassen. Sie hat sich für die Behandlung geöffnet, sich von eingeschliffenen Mustern gelöst und probiert nun eine energiesparende, entspannte Art zu gehen – im »Go with the flow«-Style. Zugleich hat sie die Idee losgelassen, der Arzt werde es schon richten. Sie übernimmt Verantwortung.

So funktioniert Teamarbeit. Ich strukturiere große Teile der Faszie um, löse Verklebungen und Verhärtungen, empfehle eine ökonomische, natürliche Art der Bewegung. Der Patient besorgt den

Rest. Einerseits unbewusst, ohne sein Zutun. Weil die Therapie seine Körperintelligenz anregt, baut sich die Faszie selbstständig weiter um, heilen Entzündungen, werden Botenstoffe und Hormone ausgeschüttet, Schmerzen gedämpft, gute Laune verbreitet. Zum anderen achtet der Patient aktiv und bewusst auf sich und seine Alltagsmotorik, lernt von Neuem, zu gehen, zu stehen, zu sitzen, sich zu bücken. Und sich zu spüren.

Das Nervensystem ist unser Partner. Sowohl das willkürliche, über das wir Bewegungen aktiv und willentlich steuern, als auch das unwillkürliche (vegetative/autonome), das jenseits unseres Bewusstseins arbeitet. Letzteres entscheidet, wann ein guter Zeitpunkt ist, Selbstheilungskräfte in Gang zu setzen. Der Patient und ich versuchen, den Parasympathikus, jenen Teil des autonomen Nervensystems, der für Entspannung und Erholung zuständig ist, zu überzeugen. Wir umwerben ihn gewissermaßen, schenken ihm reichlich Aufmerksamkeit, damit er beschließt: Stimmt, diese Therapie ist eine super Gelegenheit, meine zauberhaften Kräfte wirken zu lassen.

Das geschieht einerseits über den Placebo-Effekt. Ich wende mich der Patientin mit Empathie und Energie zu, sie soll sich wohlfühlen. Zugleich werde ich handgreiflich. Beispielsweise mit einer Technik am Kreuzbein: Die Patientin liegt auf dem Rücken, ich schiebe meine Hand zum unteren Rücken. Dort, über Lendenwirbel und Kreuzbein, erstreckt sich auch die große, flächige Thoracolumbalis, zudem sitzt dort das Iliosakralgelenk, das Kreuzbein und Becken verbindet. Diese Region ist sehr dicht mit Nervenendigungen besiedelt, sie ist oft Quell chronischer Verspannungen und Rückenschmerzen. Meine rechte Hand liegt unter dem Kreuzbein. Meine andere Hand liegt mittig auf dem Unterbauch. Zwischen meinen Händen befindet sich sozusagen der gesamte Bauchraum. Leichte Bewegungen meiner Hände kombiniert mit minimalen Beckenbewegungen und einer forcierten Atmung der Patientin lösen vorhandene Bewegungseinschränkungen. Für die Patientin ist das zugleich ein entspannendes als auch belebendes Gefühl.

Die Beschreibung dessen, was ein Mensch während der Behandlung empfindet, ist wichtig. Ich bitte darum, frage immer wieder, ob und wie sich ein Gefühl geändert hat. »Das Bein ist jetzt flächiger«, heißt es dann zum Beispiel, oder »wärmer«. »Ich stehe stabiler.« Manche sprechen von einem »besseren Energiefluss«. Und dass sich die aufrechte Position »mühelos« anfühle.

Spüren lernen

Ich versuche, Selbstwahrnehmung zu trainieren, denn sie wird vernachlässigt. Die meisten Menschen merken nicht, wie sie in Stresssituationen die Schultern hochziehen, den Nacken anspannen, sie spüren nicht oder verdrängen, dass die Muskeln angespannt bleiben, weshalb die Faszie allmählich verklebt und versteift. Darum freue ich mich über Reaktionen wie in diesem Fall: Ein Patient, der über Nackenschmerzen klagt, sitzt auf einem Hocker, lässt die Arme hängen. Ich stehe links neben ihm und behandele seine linke Schulter. Ich schiebe mit etwas Druck meinen Unterarm ausgehend vom Ohr die Schulter entlang. Parallel fahre ich mit den Knöcheln meiner Finger am äußeren Oberarm entlang, von der Schulter bis zum Ellenbogen. Zusätzlich bitte ich den Patienten tief ein- und auszuatmen und den Kopf von oben nach unten zu bewegen.

Er sagt: »Die Schulter fühlt sich tiefer an, der Arm schwerer.«

Die Faszie ist dicht besiedelt mit Sensoren, die dem Gehirn unablässig melden, wo sie sich gerade befinden: ob ein Arm sich hebt, ein Fuß vorschnellt, eine Schulter hochgezogen wird. Propriozeption, die Wahrnehmung des Körpers im Raum, ist die Voraussetzung für Balance, bewusste Bewegung, Wohlgefühl. Sie ist die physische Vergewisserung unserer Existenz und lässt sich durch Achtsamkeitsübungen schulen. Nur wenn wir spüren, was unsere

Muskeln gerade tun, ob etwa ein Strang am Rücken über Gebühr angespannt ist, können wir rechtzeitig gegensteuern und uns in einen Zustand der Entspannung bringen. Nur wenn wir spüren, wie sich die Wirbelsäule frei dreht, Arme beim Laufen schwingen, können wir unseren Körper genießen.

Seit einigen Jahren ist öfter von Myokinen die Rede – Botenstoffe mit einer Vielzahl von gesundheitsfördernden Funktionen. Sie wirken entzündungshemmend gegen Rheuma, beugen Diabetes, teils sogar Krebs vor, stärken die Knochen, den Herzmuskel und das Erinnerungs- und Lernvermögen. Mediziner kennen Myokine schon lange als Heilstoffe, die normalerweise von Immunzellen produziert werden. 2007 entdeckte jedoch eine dänische Forscherin, dass Myokine auch von Muskeln produziert werden, wenn sie aktiv bewegt werden. Daraus folgerten Experten erstens: Sport ist gesund, denn da werden Muskeln aktiv bewegt. Zweitens: Mehr hilft mehr – je doller wir Sport treiben, je eifriger wir Gewichte stemmen, desto mehr Myokine produzieren die Muskeln, desto stärker wird das Abwehrsystem. Ich denke, das sind zwei Fehleinschätzungen. Es gibt keine wissenschaftlichen Belege, welche Dosis Sport zum effektivsten Fluss von Myokinen im Blutkreislauf führt. Brutal betriebener Sport, intensives Krafttraining führt, wenn das Fasziennetzwerk nicht über die nötige Grundelastizität verfügt, zu Verhärtungen. Auf mikroskopischer Ebene bedeutet das: Das fasziale Gewebe, das jede Muskelfaserzelle, jedes Muskelfaserbündel und den Muskel als Ganzen umgibt, verfilzt und wuchert. Während die sirupartige Matrix zwischen den Zellen zäh wird. Man kann sich vorstellen, wie diese pathogene Entwicklung Produktion und Transport von Myokinen beeinflusst: Falls ein verhärteter, überspannter Muskel in seinem Innern überhaupt noch Myokine produziert, wird er kaum in der Lage sein, diese durch die faszialen Zellmembranen und die zähe Matrix in den Blutkreislauf zu transportieren. Ich denke, es kommt nicht auf die massenhafte Produktion von Myokinen an, sondern auf die größte Durchlässigkeit und beste Verteilung im Körper. Und dafür ist eine geschmeidige, flexible Faszie notwendig, kombiniert mit alltäglicher, moderater Bewegung, wie sie die meisten Mediziner ohnehin empfehlen.

Anmut und Selbstbewusstsein

Die Geschichte mit den Myokinen zeigt einmal mehr, wie unser natürlicher Drang nach Bewegung instrumentalisiert wird, um Unwahrheiten zu verbreiten. Sport und Fitness sind nicht per se gesund. Die Behauptung, Krafttraining schütze vor Schmerzen und Krankheiten, ist eine Lüge. Sie dient Sportfunktionären dazu, junge Menschen zu Höchstleistungen und Rekorden, Medaillen und Meisterschaftstiteln zu treiben, und einer globalen Fitness-Industrie, Milliarden-Erlöse zu erzielen. Wettkämpfe, Lauf-, Mobility- oder Krafttraining können Spaß machen, die Geselligkeit fördern, Zuschauer unterhalten, sie können helfen, Aggressionen abzubauen und Anerkennung zu ernten. Sie können aber auch krank machen. Wer Sport treibt, sollte für sich klären, welche Motive ihn in Wahrheit dazu treiben. Das wäre ein wichtiger Schritt Richtung Selbstwahrnehmung und Achtsamkeit. Von dort ist es dann nicht mehr weit, nicht länger schwitzend und ächzend gegen den eigenen Körper zu kämpfen, sondern für ein wohltuendes Gefühl in den Gliedern zu sorgen. Doch auch wer Leistungssport treibt und ihn nicht aufgeben will, kann ein Wohlgefühl erreichen – und dem späteren Einbau von künstlichen Gelenken vorbeugen –, wenn er oder sie parallel zur Jagd nach Rekorden auf den Erhalt der faszialen Geschmeidigkeit achtet.

Fremde, idealisierte Ziele und Ansprüche loslassen, Verantwortung für sich selbst übernehmen, darauf achten, dass es einem gut geht;

das sind die besten Voraussetzungen für Gesundheit und – jetzt reden wir doch über Ästhetik – Anmut.

Anmut erlangt, wer sich selbst genießt. Um das zu ermöglichen, versuche ich – um es bildlich auszudrücken –, Ketten, Fesseln, Sicherheitsnadeln zu lösen. Ich möchte, dass meine Patienten jene Freude an Bewegung zurückgewinnen, die sie als Kind sicher einmal hatten. Dass sich ihr Körper sinnlich, spielerisch, stark anfühlt. Dass sie aufrecht und anmutig durch die Welt gehen. Der positive Effekt eines solchen Körpergefühls auf die Psyche ist unumstritten. Erst kürzlich hat ein Forscherteam an der Martin-Luther-Universität in Halle-Wittenberg den Zusammenhang zwischen aufrechter Körperhaltung und positiver Selbstwahrnehmung belegt. Eine dominante Haltung, sogenanntes Power Posing, so die Studie, führt zu mehr Selbstbewusstsein. Probieren Sie es mal: Stellen Sie sich hin, breiten Sie die Arme aus, werfen Sie sich in die Brust. Ihre Stimmung wird sich sofort ändern. Wenn Sie jetzt noch den Kopf in den Nacken legen und jubeln, wissen Sie, wie sich Sieger fühlen.

Faszien-Orthopädie ist immer auch Seelenhygiene. Eine mehrmalige intensive Behandlung verändert den gesamten Menschen. Frei atmen, sich geschmeidig bewegen, mühelos aufrecht gehen ist das Fundament, das Menschen befähigt, ihr wahres Potenzial zu entfalten. Schmerzen, Sorgen, Ängste schwinden. Denn die Modellierung der Faszie wirkt auf die Psyche – sie schaltet lebensbejahende Funktionen ein und ist ein Schlüssel zu Vitalität und Wohlbefinden. Vielleicht ist sie sogar auch das, was die Menschheit seit Jahrtausenden sucht: der Sitz der Seele.

Danksagung

Bei meinen Vorträgen für Patienten der Rehaklinik Reinhardsquelle in Bad Wildungen wurde ich regelmäßig gefragt, ob ich nicht ein Buch zu Faszien-Orthopädie schreiben könne. Im Austausch mit einer Patientin versprach ich, dass ein Buch von mir innerhalb von zwei Jahren vorliegen wird. Das war im Herbst 2022. Was hatte ich bis dato geschrieben? Nichts. Das Einzige, das fest in meinem Kopf existierte, waren Idee und Wunsch. Nun ist es so weit. Sie halten mein Buch »Die Fitness-Lüge« in Ihren Händen. Und ich bin stolz, dass es Realität geworden ist.

Um das Vorhaben in diesem kurzen Zeitraum zu verwirklichen, musste vieles ideal laufen, und es brauchte Unterstützung von allen Seiten. Vielen Menschen bin ich deshalb sehr dankbar.

Einige möchte ich hier erwähnen:

Meiner Frau danke ich für ihre guten Ratschläge, ihr stets offenes Ohr, ihre Geduld bei durchgemachten Nächten und für die ehrliche Kritik bei allen Durchsichten meiner Ideen. Wir sind ein wunderbares Team. Meine Mama hat mir vieles ermöglicht und mich stets unterstützt. Bis heute ist sie eine wichtige Ratgeberin und ich und meine Familie genießen die gemeinsame Zeit mit ihr. Herzlichen Dank!

Zwei Dinge habe ich von Kindesbeinen im Sport gelernt: Qualität ist maßgebend UND die Teamleistung entscheidet. Mein Ziel war es, ein Buch mit inhaltlich inspirierendem Inhalt zu schreiben. Und: Es sollte sprachlich so sein, dass die Leserin und der Leser es gerne lesen und die Inhalte verständlich formuliert sind. Sowohl für Kenner der Materie als auch für den fachfremden Leser. Ich hoffe, das ist gelungen.

Ich konnte mich dabei auf ein wunderbares Team verlassen, das mich strukturell, bei der Durchführung der Patienteninterviews sowie in stilistisch-sprachlichen Fragestellungen beraten und unterstützt hat. Carsten Jasner und Thomas Lindemann - ich danke euch beiden sehr. Für euer Vertrauen, für eure Ehrlichkeit und für eure eingebrachte Expertise. Ich habe die gemeinsame Zeit und den lebendigen Austausch stets sehr genossen.

Im September 2023 war ein für mich wichtiger Teilschritt geschafft. Ich war sehr glücklich. Was war passiert? Frau Dr. Petra Eggers nahm mein Exposé an, und ich hatte fortan eine der profiliertesten Literaturagentinnen Deutschlands an meiner Seite. Liebe Petra, herzlichen Dank für dein Vertrauen und dein stets konstruktives Feedback mit vielen wertvollen Tipps.

Ferner danke ich vor allem auch Tanja Rauch, die als Programmleiterin Sachbuch des DuMont Buchverlags während der ganzen Zeit vom Kennenlernen bis zur Veröffentlichung mit viel Herzblut eine enorme Unterstützung für mich war. Als Lektorin dieses Buches hat sie entscheidenden Anteil an der vorliegenden Qualität.

Ich habe mich beim DuMont Buchverlag von Anfang an sehr wohl gefühlt und bin sehr stolz, mein Buch hier veröffentlichen zu dürfen. Vielen Dank an die Verlegerin Frau Sabine Cramer für die Möglichkeit eines persönlichen Kennenlernens und ihre Unterstützung im Hintergrund. Und vielen Dank an das gesamte Team, persönlich an Beate Textor, Simon Kopp, Torsten Woywod sowie an Anna Ludgen und Judith Habermas.

Last but not least möchte ich allen meinen bisherigen Patientinnen und Patienten von ganzem Herzen danken. Einige kamen im Buch zu Wort. Ich möchte mich herzlich für ihren Beitrag bedanken. Was wir gemeinsam erreichen konnten, macht mich glücklich. Vielen Dank für Ihr Vertrauen in meine Person und in meine Faszien-Orthopädie!

Wir können unser Leben selbst gestalten. Es liegt in unserer Verantwortung. Bleiben Sie geschmeidig und schmerzfrei. Nutzen Sie das enorme Potenzial der Faszie. Für ein Wohlgefühl das ganze Leben lang. Und fangen Sie heute bereits damit an: Prävention schlägt bekanntlich jede Rehabilitation. Die Faszien-Orthopädie kann Ihnen dabei helfen. Denn wie bereits Albert Einstein sagte: »Die reinste Form des Wahnsinns ist es, alles beim Alten zu lassen und gleichzeitig zu hoffen, dass sich etwas ändert.«

Von Herzen alles Gute!

Ihr Arvid Neumann

Literaturliste

Zum Nachlesen und Vertiefen: eine Auswahl von Titeln zu den Themen Faszie, Fitness, Gesundheit und Sport.

Kapitel 1

Fitnessmarkt

Boeckh-Behrens, Wend-Uwe; Buskies, Wolfgang: *Fitness-Krafttraining. Die besten Übungen und Methoden für Sport und Gesundheit*, Rowohlt, 2000.

Brink, Martin: »Ein starker Rücken kennt keinen Schmerz? Das ist Volksverdummung!«, in: *B.Z. Die Stimme Berlins*, 20.11.2007. Online unter: *https://www.bz-berlin.de/archiv-artikel/ein-starker-ruecken-kennt-keinen-schmerz-das-ist-volksverdummung*

Brockskothen, Mandy et al.: Studie: Der deutsche Fitnessmarkt 2024, in: *Deloitte*, 2024. Online unter: *www.deloitte.com/de/de/pages/consumer-business/articles/deutscher-fitnessmarkt-studie.html*

Pronova BKK: Fitness 2022. Ergebnisse einer repräsentativen Bevölkerungsbefragung. Online unter: *www.pronovabkk.de/unternehmen/presse/studien/fitness-2022.html*

Fitnessstudio-Nutzer in Deutschland nach Geschlecht 2023, in: *Statista*, 2023. Online unter: *https://de.statista.com/statistik/daten/studie/272075/umfrage/fitnessstudio-nutzer-in-deutschland-nach-geschlecht/*

Scholten, Peter: *Werbelüge »Starker Rücken«*, Books on Demand, 2019.

Gesundheitsbewusstsein, Rückenschmerzen, Operationen

Anzahl der Implantationen künstlicher Hüftgelenke in deutschen Krankenhäusern nach Altersgruppe im Jahr 2022, 2023. Online unter: *https://de.statista.com/statistik/daten/studie/785143/umfrage/implantationen-kuenstlicher-hueftgelenke-in-deutschen-krankenhaeusern-nach-alter*

Anzahl der Raucher in Deutschland in den Jahren 2000 bis 2025, 2015. Online unter: *https://de.statista.com/statistik/daten/studie/596628/umfrage/anzahl-raucher-in-deutschland/*

Bruhn, Claudia: Schmerzmittel beim Ausdauersport. Marathon-Studie unterstreicht Bedeutung aktiver Beratung, in: *Deutsche Apothekerzeitung (25)*, 2013, S. 46.

Bundeszentrale für gesundheitliche Aufklärung: Der Substanzkonsum Jugendlicher und junger Erwachsener in Deutschland. Ergebnis des Alkoholsurveys 2021 zu Alkohol, Rauchen, Cannabis und Trends, in: *BZgA-Forschungsbericht*, 2022. Online unter: *https://www.bzga.de/fileadmin/user_upload/PDF/studien/BZgA_Alkoholsurvey_2021.pdf*

Graf-Baumann, Toni: Schmerzmittel im Sport, in: *Deutsche Schmerzgesellschaft e.V.*, 2019. Online unter: *https://www.schmerzgesellschaft.de/topnavi/patienten-informationen/medizinische-schmerzbehandlung/schmerzmittel-im-sport*

Faktencheck Gesundheit, Studie, Bertelsmann-Stiftung und Science Media Center Köln (SMC), 2018. Online unter: *https://www.faktencheck-gesundheit.de/de/startseite/index.html*

GKV-Spitzenverband (Hrsg.): Häufige Wechseloperationen bei künstlichem Gelenkersatz können Anzeichen mangelnder Versorgungsqualität sein, in: *90 Prozent – Das E-Magazin des GKV-Spitzenverbandes (28)*, 2022. Online unter: *https://www.gkv-90prozent.de/ausgabe/28/meldungen/28_endoprothesenwechsel/28_endoprothesenwechsel.html*

Häufigste gute Vorsätze für das Jahr 2024 in Deutschland, 2023. Online unter: *https://de.statista.com/statistik/daten/studie/952182/umfrage/umfrage-in-deutschland-zu-den-beliebtesten-neujahrsvorsaetzen/*

IKK e.V.: Zahlen, Daten, Fakten, 2020. Rückenleiden, 2020. Online unter: *https://www.ikkev.de/themen/zahlen-daten-fakten/*

Jones, Matthew D. et al.: Limited association between aerobic fitness and pain in healthy individuals: A cross-sectional study, in: *Pain Medicine 17(10)*, 2016, S. 1799–1808. Online unter: *https://doi.org/10.1093/pm/pnv084*

Küster, Michael et al.: Consumption of analgesics before a marathon and the incidence of cardiovascular, gastrointestinal and renal problems: a cohort study, in: *BMJ Open*, 2013. Online unter: *https://doi.org/10.1136/bmjopen-2012-002090*

Ray, Billy Michael et al.: Relationship between Physical Activity and Pain in U.S. Adults, in: *Medicine & Science in Sports & Exercise 55(3)*, 2023, S. 497–506. Online unter: *https://doi.org/10.1249/MSS.0000000000003078*

Volbracht, Eckhard et al.: Spotlight Gesundheit: Rückenoperationen, Bertelsmann Stiftung (Hrsg.), in: *Daten, Analysen, Perspektiven (7)*, 2017. Online unter: *https://www.bertelsmann-stiftung.de/de/publikationen/publikation/did/spotlight-gesundheit-rueckenoperationen*

Yano, Jessica et al.: Indigenous bacteria from the gut microbiota regulate host serotonin biosynthesis, in: *Cell 161(2)*, 2015. Online unter: *https://doi.org/10.1016/j.cell.2015.02.047*

Kapitel 2 und 3

Überblicksdarstellungen

Alles flutscht, in: *My Life (3)*, 2023, S. 12–17. Online unter: *https://www.apotheke-adhoc.de/fileadmin/user_upload/rubriken/zukunftspakt-apotheke/2023_02_my-life_Magazin_Leseprobe.pdf*

Esch, Kirsten: Faszien. Geheimnisvolle Welt unter der Haut, Dokumentation, Arte, 2018.

Friedman, Danielle: The tissue that connects our muscles may be a key to better health, in: *New York Times*, 09.11.2023. Online unter: *https://www.nytimes.com/2023/09/11/well/move/fascia-muscle-health.html*

Hackenbroch, Veronika: Von der Rolle, in: *Der Spiegel (48)*, 2018. Online unter: *https://www.spiegel.de/wissenschaft/von-der-rolle-a-66ba2565-0002-0001-0000-000160964520*

Ingber, Donald E.: Tensegrity and mechanotransduction, in: *Journal of Bodywork and Movement Therapies 12(3)*, 2008, S. 198–200. Online unter: *https://doi.org/10.1016/j.jbmt.2008.04.038*

Langevin, Helene M.: Fascia mobility, proprioception, and myofascial pain, in: *Life 11(7)*, 2021, S. 668. Online unter: *https://www.mdpi.com/2075-1729/11/7/668*

Luczak, Hania: Der innere Halt, in: *Geo (2)*, 2015, S. 97–119. Online unter: *http://koerpertherapie-dresden.com/wp-content/uploads/2020/11/der_innere_halt.pdf*

Plahl, Sylvia: Faszien. Geheimnisvolles Bindeglied zwischen Knochen und Muskeln, *Zeitfragen, Deutschlandfunk Kultur*, Podcast, 2015. Online unter: *https://www.deutschlandfunkkultur.de/faszien-geheimnisvolles-bindeglied-zwischen-knochen-und-100.html*

Röcker, Annika: Was bringt Faszientraining?, in: *Spektrum der Wissenschaft*, 2021. Online unter: *https://www.spektrum.de/kolumne/was-bringt-das-training-der-faszien/1813634*

Robert Schleip. Faszienforscher verrät: Dieses Gewebenetzwerk beeinflusst unseren ganzen Körper, Interview, in: *SWR Leute*, 06.05.2024. Online unter: *https://www.ardmediathek.de/video/swr1-leute/robert-schleip-oder-faszienforscher-verraet-dieses-gewebenetzwerk-beeinflusst-unseren-ganzen-koerper/swr/Y3JpZD0vL3N3ci5kZS9hZXgvbzIwNDU4NTY*

Sylla, Judith: Dr. Schleip: »Faszien sind unser reichhaltigstes Sinnesorgan.«, in:

#BeatYesterday, 28.12.2022. Online unter: *https://de.beatyesterday.org/active/fitness/dr-schleip-faszien-sind-unser-reichhaltigstes-sinnesorgan/*

Turvey, Michael T.; Fonseca, Sérgio T.: The medium of haptic perception: a tensegrity hypothesis, in: *Journal of Motor Behavior 46(3)*, 2014, S. 143–187. Online unter: *https://doi.org/10.1080/00222895.2013.798252*

Voss, Gerald et al.: Herausforderung Schnelligkeitstraining, Meyer & Meyer Verlag, 2006.

Williams, Caroline: Bindegewebe: Faszien, das übersehene Gewebe, in: *Spektrum der Wissenschaft*, 2022. Online unter: *https://www.spektrum.de/news/bindegewebe-faszien-das-uebersehene-gewebe/2025739*

Definitionen, lexikalische Artikel

Adstrum, Sue et al.: Defining the fascial system, in: *Journal of Bodywork & Movement Therapies 21(1)*, S. 173–177. Online unter: *https://doi.org/10.1016/j.jbmt.2016.11.003*

Cleveland Clinic: *Fascia*. Online unter: *https://my.clevelandclinic.org/health/body/23251-fascia*

Lymphprofis: *Das Lymphsystem ist spannend!*, 2016. Online unter: *https://www.lymphprofis.de/lymphsystem/*

International Fascia Research Congress: About fascia. Online unter: *https://web.archive.org/web/20190411095812/https://fasciacongress.org/congress/about-fascia/*

Schleip, Robert et al.: Fascial nomenclature: Update on related consensus process, in: *Clinical Anatomy 32(7)*, 2019, S. 929–933. Online unter: *https://www.ncbi.nlm.nih.gov/pmc/articles/PMC6852276/*

Walek, Juliana: Bindegewebe, in: *Kenhub*, 2023. Online unter: *https://www.kenhub.com/de/library/anatomie/bindegewebe-de*

Walek, Juliana: Straffes Bindegewebe, in: *Kenhub*, 2023. Online unter: *https://www.kenhub.com/de/library/anatomie/straffes-bindegewebe*

Pioniere, Forscher, Therapeuten und Formen manueller Therapie

Börner, Doris: Ein faszinierender Blick über den großen Teich. Bericht über den 4. internationalen Fascia Research Congress (FRC) in Washington, in: *kleintier konkret 18(6)*, 2015, S. 49–51. Online unter: *https://www.thieme-connect.com/products/ejournals/pdf/10.1055/s-0041-109708.pdf*

Brecklinghaus, Hans Georg: *Rolfing – Strukturelle Integration. Was die Methode kann, wie sie wirkt und wem sie hilft*, Lebenshaus Verlag, 2004.

Frank W. Demann – in Kurzform, in: *Senmotic*. Online unter: *https://faszien-senmotic.de/faszien-therapie/frank-w-demann/#:~:text=Demann%20–%20in%20Kurzform&text=Seit%20über%2030%20Jahren%20sehr,zur%20Behandlung%20und%20Berufsausbildung%20entwickelt*

Feldenkrais, Moshé: *Bewußtheit durch Bewegung. Der aufrechte Gang*, Suhrkamp, 1996.

Fischer, Thorsten: Faszien – eine vernachlässigte Struktur, in: *Heilpraxis*, 30.10. 2009. Online unter: *https://www.heilpraxisnet.de/naturheilpraxis/faszien-eine-vernachlaessigte-struktur-20091030106500/*

Föhrenbach, Tobias: Justiz in alter Zeit: Zwischen Orthopädie und Folter, *Bayern 2, Zeit für Bayern*, Podcast, 25.01.2009. Online unter: *https://www.br.de/mediathek/podcast/zeit-fuer-bayern/justiz-in-alter-zeit-zwischen-orthopaedie-und-folter/1790798*

Gevitz, Norman: The »diplomate in osteopathy«: from »school of bone« to »school of medicine«, in: *Journal of the American Osteopathic Association 114(2)*, 2014, S. 114–124. Online unter: *https://pubmed.ncbi.nlm.nih.gov/24481804/*

Ilar, Massimo: Interview mit Luigi Stecco, in: *Fascial Manipulation*. Online unter: *http://www.fascialmanipulation.de/interview-mit-luigi-stecco/*

Jones, Tracey A.: Rolfing, in: *Physical Medicine and Rehabilitation Clinics of North America 15(4)*, 2004, S. 799–809. Online unter: *https://doi.org/10.1016/j.pmr.2004.03.008*

Koch, Maike: Die Alexandertechnik, in: *Natur & Heilen (10)*, 2023.

Kruckenhauser, Pia: Was es mit den Anti-Schmerz-Versprechungen von Liebscher & Bracht auf sich hat, in: *Der Standard*, 07.04.2023. Online unter: *https://www.derstandard.de/story/2000145205504/was-es-mit-den-anti-schmerz-versprechungen-von-liebscher-bracht*

NIH – Medline Plus: Meet the Director: Helene M. Langevin, M. D., National Center for Complementary and Integrative Health. Online unter: *https://magazine.medlineplus.gov/article/meet-the-director-helene-m-langevin-m.d-national-center-for-complementary-and-integrative-health*

National Center for Complementary and Integrative Health: About the Director. Helene M. Langevin, M.D. Online unter: *https://www.nccih.nih.gov/about/offices/od/about-director*

Orenstein, Robert: History of osteopathic medicine: Still relevant?, in: *Journal of Osteopathic Medicine 117(3)*, 2017, S. 148. Online unter: *https://www.degruyter.com/document/doi/10.7556/jaoa.2017.027/html*

Rolf, Ida P.: Rolfing: *Reestablishing the natural alignment and structural integration of the human body for vitality and well-being*, Healing Arts Press, 1989.

Schwind, Peter: *Alles im Lot: Rolfing. Der Weg zu körperlichem und seelischem Gleichgewicht*, Goldmann, 1985.

Liebscher & Bracht: So funktioniert unsere Therapie. Online unter: *https://www.liebscher-bracht.com/therapie/*

Tenberg, Lucas: Der Fall Liebscher und Bracht: schmerzfrei mit Roland?, in:

Quarks Science-Cops, Podcast, Folge 37, 2022. Online unter: *https://www.quarks.de/podcast/science-cops-der-fall-liebscher-und-bracht-schmerzprofis-oder-schwindler/*

Trowbridge, Carol: Andrew Taylor Still 1828-1917. Eine Biografie des Entdeckers der Osteopathie, Jolandos, 2008.

Um was es in der Faszien-Therapie geht …, in: *Senmotic*. Online unter: *https://faszien-senmotic.de/faszien-therapie/therapie-info/*

Voss, Jens: Köpfen, rädern, vierteilen: Aus dem Leben des Henkers Franz Schmidt, in: *National Geographic*, 14.01.2022. Online unter: *https://www.nationalgeographic.de/geschichte-und-kultur/2022/01/koepfen-raedern-vierteilen-aus-dem-leben-des-henkers-franz-schmidt*

Wanke, Asmus: Von Yoga und Osteopathie zu Rolfing, in: *Rolfing Praxis*. Online unter: *https://rolfing-praxis.net/haltung-und-wohlempfinden/von-yoga-und-osteopathie-zu-rolfing/*

Chirurgische Eingriffe: Zahlen und Kritik

Bertelsmann Stiftung: Rückenschmerzen. In manchen Regionen wird bis zu 13-mal häufiger operiert als andernorts, 2017. Online unter: *https://www.bertelsmann-stiftung.de/de/themen/aktuelle-meldungen/2017/juni/rueckenschmerzen-in-manchen-regionen-wird-bis-zu-13-mal-haeufiger-operiert-als-andernorts#:~:text=19.06.2017-,Rückenschmerzen%3A%20In%20manchen%20Regionen%20wird%20bis%20zu%2013%2Dmal%20häufiger,Das%20zeigt%20unsere%20neue%20Studie*

Blech, Jörg: Pfusch am Rücken. Das Geschäft mit unnötigen Operationen – und was wirklich gegen Schmerzen hilft, in: *Der Spiegel (51)*, 2022. Online unter: *https://www.spiegel.de/wissenschaft/medizin/rueckenschmerzen-ueberfluessige-ops-was-wirklich-gegen-das-volksleiden-hilft-a-a790a0e3-a64d-48e9-bd13-a44e1460906f*

Leinmüller, Renate: Rückenschmerzen: Der größte Teil ist myofaszial bedingt, in: *Deutsches Ärzteblatt 105(31–32)*, 2008. Online unter: *https://www.aerzteblatt.de/archiv/61058/Rueckenschmerzen-Der-groesste-Teil-ist-myofaszial-bedingt*

Lutteroth, Jule: »Rückenschmerzen sind wie Schnupfen«, in: *Der Spiegel (29)*, 2023. Online unter: *https://www.spiegel.de/gesundheit/rueckenschmerzen-was-schmerzmittel-und-mrt-bilder-bringen-und-was-hilft-a-04d61d7a-3c79-4b72-ba88-b21c06224879*

Schiltenwolf, Marcus; Schwarze, Martin: Diagnostik und Therapie von Rückenschmerzen: Was ist empfehlenswert? Was sollte unterbleiben und warum wird es dennoch gemacht?, in: *Bundesgesundheitsblatt 63*, 2020, S. 527–534. Online unter: *https://doi.org/10.1007/s00103-020-03121-y*

Katapulteffekt der Faszie

Albracht, Kirsten; Arampatzis, Adamantios: Exercise-induced changes in triceps surae tendon stiffness and muscle strength affect running economy in humans, in: *European Journal of Applied Physiology 113*, 2013, S. 1605–1615. Online unter: *https://doi.org/10.1007/s00421-012-2585-4*

Arampatzis, Adamantios et al.: Influence of the muscle-tendon unit's mechanical and morphological properties on running economy, in: *Journal of Experimental Biology 209(17)*, 2006, S. 3345–3357. Online unter: *https://doi.org/10.1242/jeb.02340*

Dawson, Terence J.; Taylor, C. Richard: Energetic cost of locomotion in kangaroos, in: *Nature (264)*, 1973, S. 313–314. Online unter: *https://doi.org/10.1038/246313a0*

Kram, Rodger; Dawson, Terence J.: Energetics and biomechanics of locomotion by red kangaroos (Macropus rufus), in: *Comparative Biochemistry and Physiology Part B: Biochemistry and Molecular Biology 120(1)*, 1998, S. 41–49. Online unter: *https://www.sciencedirect.com/science/article/abs/pii/S0305049198000224?via%3Dihub*

Schleip, Robert: Der Katapultmechanismus: elastische Rückfederung von Fasziengeweben, in: *Functional Training Magazin*, 2016. Online unter: *https://www.functional-training-magazin.de/fasziengewebe-in-bewegung-elastische-energie-speicherung-und-rueckstosstechnik/*

University of Colorado at Boulder: Researchers study the biomechanics of locomotion, in: *Phys.org*, 2014. Online unter: *https://phys.org/news/2014-10-biomechanics-locomotion.html*

Funktion und Eigenschaften der Faszie: Wissenschaftliche Studien, Monografien, Videos, Interviews, Definitionen

An interview with Dr. Jean-Claude Guimberteau, in: *Fascia & Fitness*, 07.01.2016. Online unter: *http://www.fascialfitness.net.au/articles/an-interview-with-dr-jean-claude-guimberteau/*

Bertoldo, Dennis et al.: Pilot study of sacroiliac joint dysfunction treated with a single session of fascial manipulation® method: clinical implications for effective pain reduction, in: *Medicina 57(7)*, 2021, S. 691. Online unter: *https://pubmed.ncbi.nlm.nih.gov/34356973/*

Bishop, James H. et al.: Ultrasound evaluation of the combined effects of thoracolumbar fascia injury and movement restriction in a porcine model, in: *PLOS ONE 11(1)*, 2016. Online unter: *https://doi.org/10.1371/journal.pone.0147393*

Brandl, Andreas et al.: Immediate effects of myofascial release treatment on lumbar microcirculation: A randomized, placebo-controlled trial, in: *Journal of Clinical Medicine 12(4)*, 2023, Art.-Nr. 1248. Online unter: *https://doi.org/10.3390/jcm12041248*

D'Almeida, Shellette et al.: Association of thoraco-lumbar fascia length in individuals with non-specific low back pain – an observational study, in: *Journal of Bodywork and Movement Therapies 24(4)*, 2020, S. 581–587. Online unter: *https://doi.org/10.1016/j.jbmt.2020.08.004*

Deising, Saskia et al.: NGF-evoked sensitization of muscle fascia nociceptors in humans, in: *Pain 153(8)*, 2012, S. 1673–1679. Online unter: *https://pubmed.ncbi.nlm.nih.gov/22703891/*

Fukunaga, Tetsuo et al.: Muscle and tendon interaction during human movements, in: *Exercise and Sport Sciences Reviews 30(3)*, 2002, S. 106–110. Online unter: *https://pubmed.ncbi.nlm.nih.gov/12150568/*

Guimberteau, Jean-Claude: Strolling under the skin (orig.: Promenades sous la Peau), Video, 2005. Online unter: *https://www.youtube.com/watch?v=eWolvOVKDxE*

Guimberteau, Jean-Claude; Armstrong, Colin: *Faszien. Architektur des menschlichen Fasziengewebes*, KVM – Der Medizinverlag, 2016.

Hedley, Gil: Does Fascia stretch?, Video, o. J. Online unter: *https://www.gilhedley.com*

Hedley, Gil: Fascia is all around us, Video, 2018. Online unter: *https://www.gilhedley.com*

Hoffrén-Mikkola, Merja et al.: Neuromuscular mechanics and hopping training in elderly, in: *European Journal of Applied Physiology 115(5)*, 2015, S. 863–77. Online unter: *https://doi.org/10.1007/s00421-014-3065-9*

Hoheisel, Ulrich; Mense, Siegfried: Inflammation of the thoracolumbar fascia excites and sensitizes rat dorsal horn neurons, in: *European Journal of Pain 19(3)*, 2015, S. 419–428. Online unter: *https://doi.org/10.1002/ejp.563*

Klingler, Werner et al.: Clinical relevance of fascial tissue and dysfunctions, in: *Current Pain and Headache Reports 18(8)*, 2014, Art.-Nr. 439. Online unter: *https://doi.org/10.1007/s11916-014-0439-y*

Langevin, Helene M. et al.: Reduced thoracolumbar fascia shear strain in human chronic low back pain, in: *BMC Musculoskeletal Disorders 12*, 2011, Art.-Nr. 203. Online unter: *https://bmcmusculoskeletdisord.biomedcentral.com/articles/10.1186/1471-2474-12-203*

Langevin, Helene M. et al.: Ultrasound evidence of altered lumbar connective tissue structure in human subjects with chronic low back pain, in: *BMC Musculoskeletal Disorders 10*, 2009, Art.-Nr. 151. Online unter: *https://doi.org/10.1186/1471-2474-10-151*

Moon, Kyeong Min et al.: Proprioception, the regulator of motor function, in:

BMB Reports 54(8), 2021, S. 393–402. Online unter: *https://doi.org/10.5483/BMBRep.2021.54.8.052*

Overmann, Lea et al.: Myofascial release for adults with chronic neck pain and depression, in: *Acta Psychologica 247*, 2024, Art.-Nr. 104325. Online unter: *https://doi.org/10.1016/j.actpsy.2024.104325*

Sawicki, Gregory S. et al.: It pays to have a spring in your step, in: *Exercise Sport Sciences Reviews 37(3)*, 2009, S. 130–138. Online unter: *https://doi.org/10.1097/JES.0b013e31819c2df6*

Schilder, Andreas et al.: Sensory findings after stimulation of the thoracolumbar fascia with hypertonic saline suggest its contribution to low back pain, in: *Pain 155(2)*, 2014, S. 222–231. Online unter: *https://doi.org/10.1016/j.pain.2013.09.025*

Schleip, Robert; Klingler, Werner: Active contractile properties of fascia, in: *Clinical Anatomy 32(7)*, Special Issue on Fascia, 2019, S. 891–895. Online unter: *https://doi.org/10.1002/ca.23391*

Schleip, Robert: Die Bedeutung der Faszien in der manuellen Therapie, in: *Deutsche Zeitschrift für Osteopathie 1*, 2004, S. 10–17. Online unter: *https://www.fasciaresearch.de/publications/Scheip2004FaszienManuelleTherap.pdf*

Schleip, Robert; Bartsch, Katja: Faszien als sensorisches und emotionales Organ: Faszien als Sinnesorgan, *Osteopathische Medizin 24(1)*, 2023, S. 4–10. Online unter: *https://doi.org/10.1016/S1615-9071(23)00009-6*

Schleip, Robert: Faszien und Nervensystem, in: *Osteopathische Medizin 4(1)*, 2003, S. 20–28. Online unter: *https://www.fasciaresearch.de/publications/FaszienNS.pdf*

Stecco, Carla: *Atlas des menschlichen Fasziensystems*, Urban & Fischer in Elsevier, 2016.

Veeck, Christopher: Welche Rolle spielen Fibroblasten, Fibrocyten und Myofibroblasten in der Regeneration von Gewebe?, Vorwissenschaftliche Arbeit, 2016. Online unter: *https://doi.org/10.13140/RG.2.1.2673.6724*

Weinkauf, Benjamin et al.: Comparison of nerve growth factor-induced sensitization pattern in lumbar and tibial muscle and fascia, in: *Muscle Nerve 52(2)*, 2015, S. 265–272. Online unter: *https://doi.org/10.1002/mus.24537*

Wilke, Jan et al.: The lumbodorsal fascia as a potential source of low back pain: A narrative review, in: *BioMed Research International*, 2017, Art.-Nr. 5349620. Online unter: *https://doi.org/10.1155/2017/5349620*

Kapitel 4

Adorno, Theodor W.: *Die Dialektik der Aufklärung*, in: Adorno, Theodor W.: Gesammelte Schriften, Band 3, Suhrkamp, 1980.

Adorno, Theodor W.: *Minima Moralia*, in: Adorno, Theodor W.: Gesammelte Schriften, Band 4, Suhrkamp, 1980.

Adorno, Theodor W.: *Freizeit*, in: Adorno, Theodor W.: Gesammelte Schriften, Band 10.2. Kulturkritik und Gesellschaft II. Eingriffe. Stichworte, Suhrkamp, 2003.

Bartens, Werner: Gesunder Rücken dank Muckibude?, *Süddeutsche Zeitung*, 09.06.2024.

Chlebna, Rouven: »Es ist locker möglich, mit über 50 noch so fit wie ein 20-Jähriger zu sein«, Interview mit Henning Wackerhage, *Welt am Sonntag*, 21.04.2024.

Friedman, Danielle: The tissue that connects our muscles may be a key to better health. Fascia is more important than previously thought, *New York Times*, 11.09.2023.

DSSV – Arbeitgeberverband deutscher Fitness- und Gesundheits-Anlagen: Geschichte des Fitnesstrainings, in: DSSV – Arbeitgeberverband deutscher Fitness- und Gesundheits-Anlagen: Ikonen der Branche, Hamburg, 2015. Online unter: *https://www.dssv.de/geschichte-des-fitnesstrainings/*

Henseling, Marco: Die differenzielle Lernmethode, in: *Spielverlagerung*, 13.11.2014. Online unter: *https://spielverlagerung.de/2014/11/13/die-differenzielle-lernmethode/*

Huber, Sascha: Extreme Transformation. Die beste Motivation für dich! Vom Lauch zum Hulk, Video. Online unter: *https://youtu.be/nmOztAKCTGg*

Imler, Gregory: Are Ryan Gosling's Crazy, Stupid Abs for Real?, in: *Entertainment Weekly*, 20.07.2011. Online unter: *https://www.eonline.com/news/253141/are-ryan-gosling-s-crazy-stupid-abs-for-real*

Jasner, Carsten: Frisch, fromm, fröhlich, frei, in: *Geo Wissen (39)*, 2007.

Keller, Matthias: »Am Anfang gab's nur ein Bier« – Interview mit dem Sportphysiotherapeuten Hannspeter »Hape« Meier, in: *Sportphysio 8(1)*, 2020, S. 44–46. Online unter: *https://doi.org/10.1055/a-0965-9295*

Ernst, Tabea: Ihren Bauch trainiert sie im Sitzen, in: *Gala*, 18.09.2018. Online unter: *https://www.gala.de/lifestyle/sport-fitness/pamela-reif--so-trainiert-sie-ihren-six-pack-21815740.html*

Bertram, Cornelia: Nur zwölf Minuten: Effektives Sixpack-Workout ohne Gewichte, in: *Fit for Fun*, 27.07.2022. Online unter: *https://www.fitforfun.de/news/pamela-reif-nur-zwoelf-minuten-effektives-sixpack-workout-ohne-gewichte-418137.html*

Potter, Alison: Ryan Gosling: Film bosses photoshopped my hot abs, in: *sofeminine*, 01.07.2013. Online unter: *https://www.sofeminine.co.uk/news-celebrities/ryan-gosling-film-bosses-photoshopped-my-hot-abs-s629536.html*

Kapitel 5

Dehnen

Dynamisches Dehnen und andere Dehnmethoden einfach erklärt, in: *Erdinger Active Team*. Online unter: *https://erdinger-active-team.de/activeblog/dynamisches-dehnen*

Herbert, Rob D.: Effects of stretching before and after exercising on muscle soreness and risk of injury: systematic review, in: *BMJ (325)*, 2002, S. 468. Online unter: *https://doi.org/10.1136/bmj.325.7362.468*

Höss-Jelten, Christine: *Untersuchungen zu den unmittelbaren Wirkungen verschiedener Dehnmethoden auf ausgewählte Kraftparameter*, Technische Universität München, 2003.

Hutterer, C: Dehnen und Faszientraining: Was bringt es für die sportliche Leistung?, in: *Deutsche Zeitschrift für Sportmedizin*, 2019. Online unter: *https://www.zeitschrift-sportmedizin.de/dehnen-faszientraining-sportliche-leistung*

Lieber, Richard L.: Can we just forget about pennation angle?, in: *Journal of Biomechanics 132*, 2022. Online unter: *https://doi.org/10.1016/j.jbiomech.2022.110954*

Moosburger, Kurt A.: Was ist dran an Dehnen (Stretching)? Fakten und Mythen, in: *sport- und präventivmedizin 43(3–4)*, 2013. Online unter: *https://www.dr-moosburger.at/wp-content/uploads/pub046.pdf*

Panidi, Ioli et al.: Muscle architecture adaptations to static stretching sraining: A systematic review with meta-analysis, in: *Sports Medicine 9(47)*, 2023. Online unter: *https://doi.org/10.1186/s40798-023-00591-7*

Schnabel, Günter; Harre, Dieter: *Trainingslehre - Trainingswissenschaft: Leistung - Training - Wettkampf*, Krug, Jürgen (Hrsg.), Meyer & Meyer, 2011.

Wohlann, Tim et al.: Effects of daily static stretch training over 6 weeks on maximal strength, muscle thickness, contraction properties, and flexibility, in: *Frontiers in Sports and Active Living 5*, 2023. Online unter: *https://doi.org/10.3389/fspor.2023.1139065*

Wunderlich, Sylvia: Wissen zur Muskeldehnung, in: *VPT Magazin 2(9)*, 2016, S. 16–17.

Geschichte und Kritik der Orthopädie

Heinze, Robin; Römmelt, Benedikt: Kundensegmentierung im Fitnessstudio. *Sciasmus - Sport und Mangement 3(3)*, 2012, S. 33–48. Online unter: *https://www.researchgate.net/publication/277173103_Kundensegmentierung_im_Fitnessstudio*

Herden, Birgit: Gute Geschäfte mit Plattfüßen, in: *Süddeutsche Zeitung*, 22.05. 2010.

Howick, Jeremy: *Doctor You. Introducing the hard science of self-healing*, Quercus, 2018.

Kerkhoff, Annette et al.: Definition eines Versorgungsstandards in der orthopädischen Einlagenversorgung, in: *Orthopädie-Technik 73(11)*, 2022, S. 53–60. Online unter: *https://360-ot.de/definition-eines-versorgungsstandards-in-der-orthopaedischen-einlagenversorgung/#:~:text=Der%20Versorgungsstandard%20bietet%20den%20Leistungserbringern,abgestimmten%20Hilfsmittels%20objektiv%20nachgewiesen%20werden*

Lagger, Ana: Schuheinlagen: Haltungsschäden auf Rezept, in: *DocCheck*, 09.09.2022. Online unter: *https://www.doccheck.com/de/detail/articles/40025-schuheinlagen-haltungsschaeden-auf-rezept*

Petermann, Anke: So steuern merr frehlich uffs Tornerfest …, in: *Nachspiel. Deutschlandfunk Kultur*, 24.05.2009. Online unter: *https://www.deutschlandfunkkultur.de/so-steuern-merr-frehlich-uffs-tornerfest-100.html*

Schjeldrup, Eivind S. et al.: Sleep positions and nocturnal body movements based on free-living accelerometer recordings: association with demographics, lifestyle, and insomnia symptoms. *Nature and Science of Sleep 9*, 2017, S. 267–275. Online unter: *https://doi.org/10.2147/NSS.S145777*

Schreber, Daniel G.M.: *Das Pangymnastikon, oder das ganze Turnsystem an einem einzigen Geräthe ohne Raumerforderniss als einfachstes Mittel zur Entwicklung höchster und allseitiger Muskelkraft, Körperdurchbildung und Lebenstüchtigkeit*, Friedrich Fleischer Verlag, 1875.

Kapitel 6

Attia, Peter; Gifford, Bill: *Outlive. Wie wir länger und besser leben können, als wir denken*, Ullstein, 2024.

Jochum, Austin: Developing rhythm in athletics with Stefan Crainic, Video, 08.12.2023. Online unter: *https://youtu.be/2x6RpPNvu8Q*

Demann, Frank W.: *Wing Shun für Insider II*, Books on Demand, 2020.

Demann, Frank: Warum Fahradfahren sie krank machen kann, in: *Senmotic*, 13.11.2023. Online unter: *https://faszien-senmotic.de/2023/11/13/warum-fahrrad-fahren-sie-krank-machen-kann/*

Fastner, Gabi: 22 min. crawling Fitness, Video, 27.02.2023. Online unter: *https://youtu.be/RT8CUsyoF_4*

Feldenkrais, Moshé: *Das starke Selbst. Anleitung zur Spontanität*, Suhrkamp, 1992.

Feldenkrais, Moshé: *Die Entdeckung des Selbstverständlichen*, Suhrkamp, 1987.

Flury, Hans: *Die neue Leichtigkeit des Körpers*, Deutscher Taschenbuch Verlag, 1995.

Hallett, Vicky: Walking is the sixth vital sign. Here's how to do it right, in: *National Geographic*, 29.11.2023. Online unter: *www.nationalgeographic.com/premium/article/mobility-walking-health-exercise-technique*

Kosel, Jürgen: Radfahren: Orthopäden lieben diese Tricks, in: *DocCheck*, 12.04. 2024. Online unter: *https://www.doccheck.com/de/detail/articles/47754-radfahren-orthopaeden-lieben-diese-tricks*

Liebmann, Ronny: *Das Geheimnis einer mühelos aufrechten Körperhaltung. Rundrücken adé, Rückenschmerzen passé*, Books on Demand, 2013.

Meinel, Kurt; Schnabel, Günter: *Bewegungslehre Sportmotorik. Abriss einer Theorie der sportlichen Motorik unter pädagogischem Aspekt*, Krug, Jürgen (Hrsg.), Meyer & Meyer, 2007.

Rottenschlager, Andreas: Star-Coach Ido Portal: »Ich wurde oft aus Fitness-Studios geworfen«, in: *The Red Bulletin*, 10.04.2018. Online unter: *https://www.redbull.com/at-de/theredbulletin/bewegungsexperte-ido-portal-im-interview*

Raichlen, David A. et al.: Sitting, squatting, and the evolutionary biology of human inactivity, in: *Procedings of the National Academy of Sciences 117(13)*, 2020, S. 7115–7121. Online unter: *https://doi.org/10.1073/pnas.1911868117*

Schönegge, Heike: Das neue Warm-up für Sportler, in: *Fit for Fun*. Online unter: *https://www.fitforfun.de/sport/movement-prep-das-neue-warm-up-fuer-sportler-236681.html*

Sylla, Judith: Dr. Schleip: »Faszien sind unser reichhaltigstes Sinnesorgan«, in: *#Beatyesterday*, 08.11.2017. Online unter: *https://de.beatyesterday.org/active/fitness/dr-schleip-faszien-sind-unser-reichhaltigstes-sinnesorgan*

Treacy, Daniel et al.: Mobility training for increasing mobility and functioning in older people with frailty, in: *Cochrane Database of Systematic Reviews 6*, 2022. Online unter: *https://doi.org/10.1002/14651858.CD010494.pub2*

Verstegen, Mark; Williams, Pete: *Core Performance: Das revolutionäre Workout-Programm für Körper und Geist*, riva, 2011.

Willenborg, Kristina: Indigene Völker und Gesundheit. Die Bedeutung traditioneller Wissenssysteme im Gesundheitskontext, in: *impu!se (71)*, 2011, S. 2–3. Online unter: *https://www.gesundheit-nds-hb.de/fileadmin/Publikationen/Impulse/impulse-nr71-web.pdf*

Kapitel 7

Psychologie des Elfmeterschießens

Jordet, Geir: *Unter Druck. Was wir aus der Psychologie des Elfmeterschießens fürs Leben lernen können*, DuMont Buchverlag, 2024.

Krutzler, David: Knackpunkt Elfmeter: Der Penalty und die Psycho-Tricks, in: *Der Standard*, 13.12.2022. Online unter: *https://www.derstandard.de/story/2000141729628/knackpunkt-elfmeter-der-penalty-und-psycho-tricks*

Reich, Philipp: Roberto Baggios Penalty in die Erdumlaufbahn lässt ganz Italien weinen, in: *watson*, 17.07.2024. Online unter: *https://www.watson.ch/!424576546?utm_source=mail&utm_medium=social-user*

Wilson, Mark et al.: The BASES Expert Statement on the Psychological Preparation for Football Penalty Shootouts, in: *The Sport and Exercise Scientist (38)*, 2013, S. 8–9. Online unter: *https://bases.org.uk/imgs/545_expert_statement_on_psychological_preparation_for_football_penalty_shootouts557.pdf*

Placeboeffekt und Selbstheilungskräfte

Gibis, Sonja et al.: Wie wirksam ist der Placeboeffekt?, in: *Apotheken-Umschau*, 31.03.2023. Online unter: *https://www.apotheken-umschau.de/medikamente/wie-wirksam-ist-der-placeboeffekt-951939.html*

Hartmann, Corinna: So funktioniert der Placebo-Effekt, in: *Quarks*, 27.01.2021. Online unter: *https://www.quarks.de/gesellschaft/wissenschaft/so-funktioniert-der-placebo-effekt/*

Schlusswort

Myokine

Muskeln: Training produziert heilsame Myokine, in: *NDR*, 07.02.2023. Online unter: *https://www.ndr.de/ratgeber/gesundheit/Muskeln-Training-produziert-heilsame-Myokine-,muskeln122.html*

Schuster, Nicole: Die Muskel-Apotheke des Körpers, in: *Pharmazeutische Zeitung*, 15.02.2024. Online unter: *https://www.pharmazeutische-zeitung.de/die-muskel-apotheke-des-koerpers-145439/*

Zunner, Beate: Myokine, in: *sportärztezeitung (3)*, 2019. Online unter: *https://sportaerztezeitung.com/rubriken/kardiologie/4721/myokine/*

Körperhaltung und Psyche

Martin-Luther-Universität Halle-Wittenberg: Mit Siegerpose zum Super-Ego: Welchen Einfluss hat die Körperhaltung auf die Psyche?, Pressemitteilung, 16.05.2022. Online unter: *https://pressemitteilungen.pr.uni-halle.de/index.php?modus=pmanzeige&pm_id=5399#:~:text=Dabei%20zeigte%20sich%2C%20dass%20es,fühlt%22%2C%20sagt%20Persönlichkeitsforscherin%20Prof*

Studie: Körperhaltung hat deutlichen Einfluss auf das Selbstvertrauen, in: *Der Standard*, 17.05.2022. Online unter: *https://www.derstandard.de/story/2000135797274/studie-koerperhaltung-hat-deutlichen-einfluss-auf-das-selbstvertrauen*

Alle Links wurden im Juli 2024 überprüft.

FSC
www.fsc.org
MIX
Papier | Fördert gute Waldnutzung
FSC® C083411

Das bei der Produktion dieses Buches entstandene CO_2
wurde durch die Finanzierung von Klimaschutzprojekten kompensiert:
climate-id.com/17531-2110-1001/de

2. Auflage 2025

Umschlaggestaltung: Lübbeke Thoben Naumann, Köln
Satz: Fagott, Ffm
Gesetzt aus der Adobe Caslon Pro
Druck und Verarbeitung: CPI books GmbH, Leck
Gedruckt auf säurefreiem und chlorfrei gebleichtem Papier
Printed in Germany
ISBN 978-3-7558-0027-9

www.dumont-buchverlag.de